家族革命

清水浩昭・森謙二
岩上真珠・山田昌弘
編集

弘文堂

はしがき

　今，家族は大きく変わったと考える人が多い。「家族が変わった」という意識は，世代が異なっても，たとえば戦前に青春期や子ども期を送った世代，戦後生まれの団塊の世代やそれに続く新人類の世代でも，おそらく共通の認識であるだろう。結論から先に述べるとするならば，変わったのはこれらの世代が共通の体験としてもつ「近代家族」である。市民の誰もが結婚し，家族の中で子どもを生み育てること，自然の成り行きとして男は夫となり父となり，女は妻となり母となることが当たり前とされた社会が壊れようとしているのである。どのように変わろうとしているのか。多くの人々が不安と少しばかりの好奇心をもってこれを眺めている。

　この変化について，「家族はおかしくなっている」と理解する人も多いだろう。どこがどのようにおかしくなってきているのか，その声を聞くとすれば限りがない。ある者は神戸市や長崎市等で起こった児童殺傷事件をあげる人もいるだろうし，また大人（親）による子どもの虐待をあげる人もいるだろう。夫婦間の不倫や家庭内暴力（DV），あるいは増大する離婚に目を向ける人もいるだろう。さらに，近年の少子化や非婚化・晩婚化を取り上げる人もいるだろう。ともかく，何もかもがおかしくなってきているのだと感じる人さえいる。

　他方では，この変化を肯定的に捉える人もいるだろう。家族の役割（機能）だと考えられていたことが家族外の社会へ移譲されるようになると，個々人が家族に依存する度合いが低くなってくる。そこでは，家族役割から解放された個々人（特に，妻や母としての役割を持つ女性）の自由度（自律性）が高まってくる。このような現象を「家族の個人化」と呼んでいる。家族が多様化すること，あるいは「任意制家族」の議論もこの延長線上の問題である。

また，結婚しなくても，家族がなくても，人は充分に生きていくことが可能になった。つまり，結婚することも，家族を持つことも個々人の選択の問題として考えられるようになった。「家族のライフスタイル化」と呼ばれる現象がこれである。「家族の個人化」「家族のライフスタイル化」を手放しで肯定的に捉えることができるかどうかは，なお議論の余地があるだろうが，家族機能が次第に「解除」され，家族の中で個々人の自由度（自律性）が高まっていることは多くの人々が認めるであろうし，またこれが家族内における男女の不平等を批判してきたフェミニズム運動の成果であることも誰もが認めるだろう。

　本書が対象にしたのはこのような「近代家族」の揺らぎであり，「近代家族」の解体現象である。本書を「家族革命」としたのも家族が劇的に変化する現象を捉えてのことである。書名として「家族革命」ということばを使っている書物として，私たちが知る限り，俳優の白川和子さんの『私の家族革命』[1999年] とアメリカに住む家族社会学者の賀茂美則さんの『家族革命前夜（イブ）』[2003年] の2冊があった。白川さんの書物は「私の家族」の革命であり，賀茂さんは，家族崩壊ではなく，家族構造に革命的変化が起こっていることを強調している。私たちは，賀茂さんの枠組みよりももう少し広い枠組みで「家族革命」を捉えている。つまり，皆婚社会の「崩壊」ということばに象徴されるように，結婚すること，家族を持つことが選択できるようになったことである。この変化を「生殖革命」との関わりで見ていくと，その問題の本質が見えてくるように思う。
　また，本書は，「近代家族」を踏まえながら，家族の現在をめぐる状況についてある程度網羅的にまとめたものである。家族について勉強する大学生の講義や演習のテキストとして，また社会人の教養講座のテキストとして編集されたものであるが，一般の方々が「家族の現在」について知る書物としても一定のまとまりを示すことができたように思う。編集方針として，執筆者の方々に，中立的な立

場に立って執筆をするよりも，自分の主張を明確にしてほしいとお願いした。この本の読者にとっても，またこの本をテキストに講義をする人にとっても，その方が好都合であると考えたからである。家族は誰にとっても身近な問題であり，誰もが家族についての想いを懐いている。中立的な立場に立つよりは，読者と執筆者の立場の異同をはっきりさせ，議論を活性化させた方がよいと考えた。編者に関しても同様である。編者の主張は，序章「21世紀，家族は生き延びるか？」にまとめておいた。編者の家族についての考え方も同一ではない。それぞれの編者の想いをここから汲みとり，議論の糧にしていただければ，私たちの望外の喜びである。

2004年1月

編者一同

付記（凡例を兼ねて）
1. 本書は編者4人が同等の立場で共同編集したものであるが，それぞれの専門を考慮して各章ごとに担当編者を定めた。分担は以下の通りである。

   Ⅰ（森謙二）　　Ⅱ（森）　　Ⅲ（岩上真珠）　　Ⅳ（清水浩昭）
   Ⅴ（山田昌弘）　Ⅵ（山田）　Ⅶ（岩上）　　　　Ⅷ（清水）
   Ⅸ（森）

2. 各節末尾の参考文献は，著(編)者のアルファベット順に配列してある。
3. いくつかの節の末尾の〈用語解説〉は編者の責任で付したものである（本文中には＊を付して用語解説のあることを示してある）。

目　次

はしがき…………………………………………………………………… i

序章　21世紀，家族は生き延びるか？
──四つの視点から──……………………………………… *1*

1. 近代家族の解体　　　　　　　　　　　　　　　森　　謙二　*1*
   1 結婚と家族のゆくえ／2「家族の個人化」現象と市場原理／3 家族革命と自己決定
2. 個人の尊厳を基軸とする「家族革命」　　　　　岩上　真珠　*6*
   1 家族のカタチにこだわらない／2 自由で，悩ましい社会の到来／3 シティズンシップと家族の政策化／4 家族を「選択」する時代
3. 家族革命の後に来るものは　　　　　　　　　　山田　昌弘　*10*
4. 「家族革命」の多様性　　　　　　　　　　　　清水　浩昭　*13*
   1 人口革命と「家族革命」／2 少子化と家族構造および就業構造／3 少子化と家族構造および子どもの養育／4 少子化と結婚の条件／5 高齢化と介護／6「家族革命」の多様性

I　家族の現在……………………………………………… *19*

1. 皆婚社会の崩壊　　　　　　　　　　　　　　　岩上　真珠　*19*
   1 結婚の「皆婚化」／2 女性のライフコースの変化／3 未婚期の長期化と生涯未婚率の上昇／4 結婚のライフスタイル化
2. 夫婦別氏　　　　　　　　　　　　　　　　　　森　　謙二　*29*
   1 選択的夫婦別氏の議論は尽くされたか？／2 家の名・夫婦別氏（姓）・妻の生家への帰属／3 夫婦同氏と近代家族
3. 祖先崇拝の変貌　　　　　　　　　　　　　　　森　　謙二　*38*
   1 死者と家族／2 多様な祖先崇拝の形態／3 祖先崇拝の動揺と日本

型近代家族の解体
　4. 戸籍の問題　　　　　　　　　　　　　　　岡本　朝也　*47*
　　1 何が問題なのだろうか／2 登記としての戸籍／3 余計なものがある／4「家」としての戸籍とその変容／5 未来の戸籍

Ⅱ　近代の家族………………………………………………*54*
　1. 近代家族の形成と展開　　　　　　　　　　岩上　真珠　*54*
　　1 近代家族の登場／2 近代家族の特徴／3「愛情」の陥穽／4「家庭」の出現と主婦／5 近代家族の揺らぎ
　2. 近代家族の中の女性　　　　　　　　　　　西村　純子　*61*
　　1 女性とケア役割／2 主婦の誕生／3 日本における主婦の誕生と大衆化／4 おわりに
　3. 日本型近代家族の形成　　　　　　　　　　森　謙二　*68*
　　1 日本型近代家族形成の担い手／2 近代家族の形成と家／3 明治国家と日本型近代家族／4 日本型近代家族のゆくえ

Ⅲ　ライフコースと家族………………………………………*76*
　1. 家族とライフコースの変化　　　　　　　　安藤　由美　*76*
　　1 ライフコースの視点から家族を見る／2 成人期への移行の変化とその意味／3 親との同居イベント経験から見た戦後の家族変動
　2. 女性のライフコース　　　　　　　　　　　嶋崎　尚子　*86*
　　1 21世紀の女性の役割モデルは？／2 ジェンダーによるライフコース分岐の先延ばし／3 家族と仕事の折り合い／4 母親イメージ
　3. 家族の個人化　　　　　　　　　　　　　　岩上　真珠　*92*
　　1 家族の個人化／2 家族の脱制度化／3 ライフコース論の登場／4 個人のウェルビーイングと家族／5「家族の中の個人」からの転換／6「関係の質」を問う時代

IV 少子化と家族……99

1. 人口変動と家族　　　　　　　　　　　　　清水　浩昭　99
1 人口と家族に関する研究動向／2 少子化と家族をめぐる施策と研究の展開／3 施策と研究の展開をめぐる問題点と今後の課題

2. 出生力転換と少子化　　　　　　　　　　　岩澤　美帆　106
1「少子化」の誕生／2 夫婦の子ども数の長期的推移／3 出生力転換／4 早婚・皆婚時代から少子化へ

3. 少子社会への対応　　　　　　　　　　　　森田　明美　113
1 少子社会への対応のはじまり──エンゼルプランと子育て支援──／2 少子社会対策としての新エンゼルプラン／3 少子社会への対応に必要な視点

V 恋愛と結婚……121

1. パートナー選びと結婚戦略　　　　　　　　山田　昌弘　121
1 結婚の定義／2 恋愛結婚の誕生／3 未婚化の実情

2. 夫婦の役割構造　　　　　　　　　　　　　永田　夏来　127
1 変化する性別役割分業観／2 性別役割分業成立の背景／3 現在の日本における性別役割分業の現状／4 新しい分業をめざして

3. 夫婦の情緒関係と離婚　　　　　　　　　　永田　夏来　135
1 増加する離婚件数／2 離婚増加の背景／3 ジェンダーと離婚／4 夫婦の情緒関係／5 まとめ

VI 子どもの成長と教育……144

1. 子育て　　　　　　　　　　　　　　　　　西村　純子　144
1 やっぱり母親？／2 産むことと育てること／3「母性」とは？／4 父親と子育て／5 おわりに

2. 若者と家族　　　　　　　　　　　　　山田　昌弘　*152*
　1 パラサイト・シングル現象から見えてくるもの／2 若者期の親子関係／3 日本的親子関係／4 パラサイト的親子関係の問題点
3. 学校と家族　　　　　　　　　　　　　渡辺　秀樹　*158*
　1 家族と学校の関係史／2 発達過程としての家族から学校へ／3 学校支配のなかの家族／4 学校と家族との結合／5 学校と家族の分離

Ⅶ　中年期の生活と家族……………………………………………*167*

1. 中年期の夫婦　　　　　　　　　　　　嶋崎　尚子　*167*
　1 中年期の時刻表／2 世代間ではかる女性の自己実現──下世代からの圧力──／3 サンドイッチ世代の憂鬱
2. 女と男の生活世界　　　　　　　岩上　真珠・柳　信寛　*174*
　1「中年期」家族のライフステージ／2 夫婦の役割関係──規範と実態のギャップ──／3 中年期女性のネットワーク／4 パートナーシップの確立
3. 中年期の将来設計　　　　　　　　　　　岩上　真珠　*184*
　1 老後への準備期／2 子どもに頼らない生活／3 貯蓄と資産／4 ライフコース・スケジューリング

Ⅷ　高齢期の家族……………………………………………………*193*

1. 老後の生活　　　　　　　　　　　　　菊池　真弓　*193*
　1 経済面／2 健康面／3 人間関係／4 社会参加・余暇活動／5 新たな老後の生活をめざして
2. 家族と扶養　　　　　　　　　　　　　清水　浩昭　*200*
　1 年齢構造と高齢者扶養／2 高齢者扶養／3 高齢者扶養の現状と課題
3. 家族と社会保障　　　　　　　　　　　下夷　美幸　*207*
　1 高齢期の社会保障／2 高齢期の所得保障──年金保険──／3 高齢

期の医療保障——老人保健制度——／4 高齢期の介護保障——介護保険
——

IX　家族革命……………………………………………………………214

1. 産む性としての女と男　　　　　　　　　舩橋　惠子　214
1 育児が家族をつくる／2 男性の産育参加の二類型／3 女性は産む性だろうか／4 男も産む——男性の生殖責任——／5 問われる両性育児規範

2. 生殖革命と揺らぐ親子関係　　　　　　　　家永　登　221
1 生殖革命とは何か／2 生殖なき性行為／3 性行為なき生殖／4 生殖補助医療と親子関係　5 まとめにかえて——最近の動向から——

3. 家族革命のゆくえ　　　　　　　　　　　　森　謙二　230
1「近代家族」の揺らぎと家族革命／2「日本型近代家族」の揺らぎと日本的経営／3「家族の個人化」のゆくえ

事項索引……………………………………………………………………238

序章 21世紀,家族は生き延びるか?
――四つの視点から――

❶ 近代家族の解体

森　謙二

1 結婚と家族のゆくえ

　21世紀,家族は生き延びることができるだろうか。多くの人々は,楽観的に「家族がなくなることなど考えられない」と答えるかも知れない。しかし,果たしてそう言いきれるであろうか。

　質問の仕方を変えてみよう。「あなたは家族なしで生きていくことが可能ですか」と尋ねてみよう。少し躊躇するかも知れないが,これからは「家族なしでも生きていくことができる」と答える人が多くなるだろう。茨城県日立市が実施したアンケート調査(平成13年8月,対象は20歳から50歳の日立市民,有効回答者数1,848人)では,「人は結婚すべきか」の問いに対し,「結婚すべき」＝33.1％,「どちらでもよい」＝65.1％,「わからない」＝2.4％,「無回答」＝1.2％という結果が出た。全体のおよそ3分の2に近い人々が結婚するかどうかはどちらでもよいと回答したのである。

実際に，結婚をしない人も多くなってきた（25頁の図3を参照）。1920年代から70年まで男性の生涯未婚率は2.0％以下であったが，80年代以降急激に生涯未婚率が上昇していく。女性の未婚率の急な上昇が生涯未婚率に反映されるにはもうしばらく時間を必要としている（岩上論文「皆婚社会の崩壊」）。男性の生涯未婚率が12.6％に達しているのを見ると，人は一生の中で結婚をして子どもを作り，家族をつくるという図式が崩れつつあることがわかる。これを「皆婚社会の崩壊」と呼んでおこう。

もっとも，皆婚社会と言っても，それは「近代」のなかで創られた神話と言えるかも知れない。前近代においては，「厄介」等として家の中で生涯独身で過ごす者，貧困のために他家に奉公人として入り生涯独身を余儀なくされる者等，アトツギ以外の子どもが未婚のまま生涯を終えるケースも多かった。その意味では，ほとんどの人人が結婚をするという皆婚社会の形成は近代の産物であり，その近代の枠組みが今壊れようとしているのである。

20世紀の最後の20年，日本でも「近代家族」の枠組みが壊れ，家族は多くの問題を抱えるようになった。家族から多くの機能が解除され，家族の親密性にもかげりが生まれてきた。離婚率の上昇，家庭内暴力，子どもの非行，さらに非婚化・晩婚化とともに少子化が社会問題化し，パラサイト・シングルということばに代表されるように自立しない青年層が話題になり，家族や地域社会のなかで社会化されない少年たちの存在も指摘されるようになった。「近代家族」が意味を持っていた時代にも，実際の家族が多くの問題を抱えるにしても，家族の存在そのものに懐疑の目を向けることはなかった。今や，家族の存在そのものに懐疑の目が向けられるようになった。

2 「家族の個人化」現象と市場原理

「近代家族」の揺らぎは，「家族の個人化」現象とともに展開する。「家族の個人化」は，岩上真珠があとで述べるように「家族に関わる

行為の決定が個人の意思にもとづいて行われるようになる」という状況を示す分析概念である。つまり、結婚をすること、子どもを産むこと、離婚や再婚をすること等々、家族をめぐる行為が個人の決定・選択にもとづいて行われることが可能になった現代の家族の状況を説明している。家族をめぐって個々人の自由度が増してくること、そして家族が脱制度化すること、これらの現象はこれまでジェンダー論の立場からも好意的かつ積極的に評価されてきた。

もっとも、このような「家族の個人化」は、男女の不平等を徹頭徹尾批判してきたフェミニズム運動の成果であることも重要であるが、同時に近代家族のさまざまな機能が解除された結果であることも認めなければならない。

家族から生産機能が解除される中で近代家族は形成された。市民社会は生産領域であり、社会的労働と商品交換のための市場として展開する一方で、家族は消費共同体として純化されていった。家族は市民社会＝生産領域へ労働力を供給する源であり、市民社会（＝市場）は家族の消費の欲求に応えなければならなかった。父（＝夫）が生産領域の労働力の担い手になり、母（＝妻）が消費のための労働（家事労働）の担い手となるという近代の性的分業体制は、このような市民社会と家族の分離を前提としたものであった。また、市場原理が貫徹する市民社会が成熟してくると、家内的親密領域としての家族にも商品化の論理が次第に浸透するようになる。

たとえば、家電製品などの耐久消費財（冷蔵庫・炊飯器・掃除機・皿洗い機等々）の家族領域における浸透は家事労働の質的かつ量的な軽減につながった。また、衣食住という消費生活のあらゆる領域で商品化が進められた。市場から衣食住に関わるあらゆる消費財を手に入れるようになった。母親が幼い子どものためにセーターを編む姿も、妻（母）が家族のために沢庵を漬ける姿も高度成長期の中で次第に消えていった。つまり、衣食住のあらゆる領域での商品化が家事労働を軽減させたのである。性的分業の組み替え作業も意識改革の結果というだけではなく、軽減化された家事労働を前提として

現実化されたものであり,家事労働が軽減化されたがゆえに結婚した女性の社会的労働への従事や男女の分業体制の見直しが可能になったとも言える。

家族機能が縮小・解除されていくのは家事領域に限定されるわけではない。家族領域のすべてに妥当する問題である。性や生殖をめぐる領域（性と生殖の商品化），子どもの社会化に関わる領域（教育領域），そして扶養,子育てや介護の領域にも妥当するようになった。国や地方自治体の提供する社会保障制度やその他の行政サービスも外部社会への家族機能の移譲と深くかかわりを持っていた。扶養の色彩を持つ母子家庭への手当制度,老齢年金制度,介護保険,保育施設や老人ホームの設置等,多様な装置を公的なサービスが用意するようになった。そして,家族機能の外部への移譲は,家族と社会の分離をあいまいなものにするようになる。子育てネットワークや介護ボランティアのように,あるいは国や地方自治体の援助のもとで展開されるさまざまな家族の支援事業のように,親密圏そのものが公共領域にも展開するようになった（公共的親密圏の形成）。

家族領域で行われていたものが商品化し,商品交換を媒介して欲求が充足されていくとすれば,個々人は家族を媒介にしなくても生活が可能になる。つまり,個人は,子ども期を除けば,必ずしも家族集団の保護がなくても生活をすることが可能になった。その意味では,「家族の個人化」は家族機能が外部社会に委ねられていく「家族の社会化」の表裏一体になった現象である。

3 家族革命と自己決定

皆婚社会の崩壊・少子化・非婚化・家族の個人化等,これらの現象はバラバラに起こっているものではなく,家族に依存しなくても生きていくことができること,いわば家族機能の縮小あるいは解除の中で起こった現象である。つまり,家族領域の中で行われていたさまざまなことが商品化されて市場領域の中で充足されるか,あるいは地方公共団体を含めた公共的親密圏にその役割を移すことによ

って，家族員（特に女性）が家事労働や育児等から解放される中で，個々人の自由度は増えていったのである。

　個々人の自由度が増していくとはどういうことなのであろうか。「近代家族」のなかでは，男も女も性的分業体制の枠組みの中でしか生きていくことができなかった。男性も仕事をしながら（社会的労働に従事しながら）膨大な家事や育児をすることができなかったし，女は一定の年齢を超えて定職に就くことは困難であったし，定職を持ちながら膨大な家事労働や育児をこなすことは事実上難しかった。また，社会は結婚をすること・子どもを持つことを黙示的に強制し，男女ともに結婚することなく生きていくことが困難であった。しかし，家族領域で行われていたあらゆることが商品化され，市場領域の中でその欲求が充足されるようになると，個々人が家族の拘束から解放されるようになった。そして，家事労働の領域で起こったこの商品化の展開は，家事労働を軽減しただけではなく私たちの生活を快適に，便利に，豊かにした。昔の手作りの衣類や食材という「懐かしさ」を度外視すれば，私たちは「豊かになった生活」を謳歌することができるようになった。個々人がその「豊かさ」の中でライフスタイルの選択が可能になった。結婚をすること，子どもを持つこと，家族を持つことまでもライフスタイルの問題として考えるようになった。

　しかし，人間の欲求は際限なく肥大化していく。性の商品化はどうであろうか。あるいは，生殖の商品化はどうであるか。生殖革命は「性行為なき生殖」（家永論文）を可能にし，生殖を結婚から分離した。また，人々の欲求に応じて生殖領域も商品化され，その結果として親子（家族）関係を人為的に創設（あるいは遺伝学的な親子関係を否定することもある）しようとしている。この問題は多くの議論を必要としているが，少なくとも自己決定の論理だけであらゆる「性行為なき生殖」が許されるわけではない。自己決定は自ずと限界を持った概念である。

　家族は公共圏にもその機能を移譲してきた。消費の結果としての

ゴミ処理も，育児や教育の一部分も，社会保障や老齢年金等の扶養に関わる機能も，国や地方公共団体等の公共圏にその機能を委ねるようになってきた。むしろ，個々人の生活は家族に依存する度合いを縮小するが，商品交換社会（市場）や公共圏に依存する度合いは逆に大きくなってきている。「家族の個人化」が進めば進むほど，個個人の社会への依存度は高まってくる。ここでも自己決定論の限界性が見えてくる。つまり，個人と他者（社会）との相互依存性が深まれば深まるほど，個人の責任と社会の倫理性が問われることになる。

「近代家族」の解体が「皆婚社会の崩壊」「家族の個人化」という二つの現象に象徴されているとすれば，それは「個人主義の帰結」であったとしても「個人主義の勝利」ではない。家族が生き延びていくためには，男女の共生と同時に，相互依存の中で生きているという個々人の自覚（自己形成としての教養）が問われることになる。

2 個人の尊厳を基軸とする「家族革命」

岩上　真珠

1　家族のカタチにこだわらない

家族とは何だろう。おそらく多くの人にとって，家族と言えば「夫婦・親子」という特定の関係性が想定されるのではなかろうか。この想定の暗黙の前提は，子どもたちにとっては「血縁でつながった両親」が，また大人の男女にとっては，妻または夫およびその配偶者との子どもが，一緒に生活していることであろう。ところが，この前提が近年揺らいでいるのである。1970年代の終わり頃から，先進社会では離婚率が上昇し，また結婚によらない出産も増える中で，離婚や未婚の母による一人親家族，子連れ再婚同士のステップ・

ファミリー，結婚しない同棲カップル，同性同士の結婚など，以前ならば例外として切り捨てられていたさまざまなカタチの「家族」が，それぞれに固有のライフスタイルとして容認されるようになった。法的保障も整備されてきている。子どもがどちらかの親と一緒に住んでいない，一緒に住んでいるけれど親でも配偶者でもない，あるいは「親」が何人もいるといった事態を，家族の解体とみなすか，あるいは家族の新たな事態とみなすかは，「家族」観による。

　今日では，人々は家族に，カタチよりも「心地よさ」を求めているようである。本当の家族とは，愛情や深い信頼で結ばれているべき，と多くの人が考えるようになった。かつて，「血のつながり」は関係の強さの象徴として，あるいは抜き差しならない宿命として重要視された。今日では，血のつながり自体よりも，愛情や信頼といった関係性の中身のほうが重視され，それに対応して，家族もまた「こうであるべき」というカタチにこだわらなくなった。もっとも，こうしたいわば「カタチにとらわれない家族」を可能にしたのは，社会の豊かさの実現と個人の生活水準の向上であることは疑いない。とりわけ，女性が一人で（も）生きられる社会と，個人がどのような生き方を選ぶかは自由であるべきとする価値観の浸透を抜きにして，家族の多様化と脱制度化を語ることはできない。

2　自由で，悩ましい社会の到来

　今日の民主的社会で最も重要な価値の一つは，「自由」である。個人の行動と選択は個人の責任において自己決定されるべきという，近代個人主義の基本的理念は，20世紀後半に至って，単なる政治スローガンからやっと現実のものとしてわれわれの前に立ち現れてきた。男性が女性を，親が子どもを，一部の権力者がその他大勢の人々を，無条件に支配し私物化することは許されないということが，人類共通の価値として是認され，定着しつつある。

　自由な社会はまた，選択性の高い社会でもある。選択性の高い社会は，多様な価値が併存することを条件としている。多様性を容認

する社会に生きるとは，多様な価値の中から，自らのスタンスを確認しつつ特定の価値を選択することが絶えず要求されることでもある。個人は，人生の節目節目に「責任ある」自己決定を迫られることになった。

　自己が「決定」の当事者であり，かつ主人公である民主的な社会は，多くの犠牲を払いながら長い苦闘の果てに人類が手に入れた大きな「果実」である。しかし，選択と決定を何かにつけて迫られることは，実際には悩ましいことであり，それ相応の覚悟を要する。自分で選択をしない（できない）ことは，不自由ではあるが一面ではラクなことでもある。「人生を人任せにしない」とは，選択に伴うリスクを自分自身が引き受けることにほかならない。民謡「おてもやん」のように，（「結婚」がうまくいかなかった）結果の責任転嫁はできないのである。今日，男女ともになかなか結婚に踏み切れないのは，一人でいる以上のメリットを結婚に見出せないこともさることながら，（全面的に個人が負うことになる）結婚にともなうリスクに対して慎重になっているからでもあろう。

　21世紀社会は，しかし，基本的には個人がリスクを負いながら自立して生きるハイ・モダニティ（超近代）の社会なのである。

3　シティズンシップと家族の政策化

　ここで問題なのは，子ども，高齢者，障碍者に代表される，支援が必要な人々の「権利」をどう守るかということである。誰もが自立すべき社会は，誰もが尊厳を維持できる社会でなくてはならない。そうでなければ，力なき者は社会の周辺に追いやられてしまう。これまで，家族がその防御の砦とみなされていた。しかし，「安全の砦」たる家族の中で，すべての個人が権利を擁護され，尊厳を維持できたかどうかはきわめて疑わしい。家族を一心同体視する風潮の中で，子が親に，妻が夫にしばしば抑圧されていたことは，今日の児童虐待やドメスティック・バイオレンスを持ち出すまでもなく，想像に難くない。「安全の砦」とされてきた家族は，これまでも，決

して一人ひとりの「個人」を守ってはいなかったのである。家族は，無条件で「幸福な島」なのではない。

ハイ・モダニティの社会は，個人を意思や判断の主体として位置づけるとともに，どのような「個人」であれその尊厳が脅かされてはならない，という理念に支えられている。その意味で，個人化の進んだ21世紀社会では，さまざまなかたちで個人の生き方をバックアップすることが国や社会にますます要請されてくるだろう。とりわけ高齢化社会の進行のなかで，自らのライフコースのいずれかで，誰もが多かれ少なかれ他者のサポートを必要とする時代になった。20世紀の最後の四半世紀以降，福祉は特別なものではなくなってきた。そうしたことを背景に，一人ひとりの個人の尊厳を守り，福祉を実現するために，家族の政策化が進んでいる。政策の対象として家族は，個人の尊厳と生き方を支える「ツール」としての意義を問われるようになってきた。

個人化の進んだ社会では，個人の権利の擁護とともに，「責任の分担」も大きなテーマである。なかでも，ケアの責任をどう分担するかは，個人が尊厳をもって人生を送るためには不可欠の課題である。これまで，ケアは家族内で女性が行うものとされてきた。しかし，今日では男女を問わず，また家族を持っているかどうかにかかわらず，またどのような家族であろうとも，「ケアを受ける権利」と「ケアする責務」，そして愛するものを「ケアする権利」は，誰にも等しく備わるべきだと考えられるようになった。この，社会の成員であることによって生じる権利と責務を，シティズンシップという。

21世紀社会は，このシティズンシップを社会の成員間でより実質的に平等化していく方向に進むことがめざされている。このことは，女性の仕事役割，男性のケア役割への参加の促進と並んで，高齢者や障碍者の社会参加の可能性を広げる社会のあり方を示唆している。ハイ・モダニティの社会では，「誰でも自立し，社会に参加する応分の権利と責務をもつ」という個人の位置づけのもとで，それぞれの家族の形成がなされることになろう。

4 家族を「選択」する時代

いまや,人々は生き方を「選択」し,そして家族を「選択」する時代に入った。家族をつくるかつくらないか,どのような家族をつくるか,ゆるやかな枠組みはあるものの,それは,個人の生き方の従属変数となった。かつて,個人の生き方が家族制度の従属変数であった時代(前近代)から,規範的な家族像と個人の生き方との折り合いをつけようと葛藤した時代(近代)を経て,いまや,家族は個人の尊厳を守り,生き方を支える一つのツールとしてとらえられるようになっている。個人と家族の関係は相対化してきたのである。

したがって,自立した複数の個人が,一つもしくは複数の家族を形成する場合には,互いの尊厳を守りながらどのように連帯するか,新たなルールと倫理が求められることになろう。家族の形成と維持には,絶えざる「相互調整」が不可欠な時代となった。個人は,自らが「選び取った」家族に対する責任をつねに自覚することを要請されるはずである。

21 世紀,家族は,より高次の理念の下で,より個別化した存在になるだろう。それゆえ,個人にとってのその存在意義はむしろ大きくなるかもしれない。家族制度は,世代の再生産というよりも,人類共通の責務であり権利であるケアの制度としての色彩を強めつつ,ゆるやかに再編成されていくことになると思われる。

❸ 家族革命の後に来るものは

山田　昌弘

革命(revolution)とは,今まで人々を抑圧してきた古い社会制度を壊して,理想的な制度を作ろうとする過程で起こるものである。

王政を一気に倒したフランス革命やロシア革命のように，急激な制度変化もあれば，産業革命のように，ゆっくりしたテンポで，いつのまにか馬車や手工業が，蒸気機関車や工場に変わっていたというものもある。

現在日本家族で進行中のプロセスを，本書のタイトルとなった「家族革命」と呼んでもかまわないだろう。1980年頃から，家族の多様化や個人化が進み，固定的な家族規範に縛られることがない家族のあり方も選択可能になってきた。

例えば，夫婦の役割分担で言えば，「夫が仕事，妻が家事」という規範に縛られず，夫婦共働きも多くなり，妻が働き夫が家事をする専業主夫家庭も珍しくなくなっている。結婚しないで出産するのはよくないという規範に縛られず，未婚の母を選択する人も出てきている。結婚して子どもを持たず共働きするDINKSカップルも選択できるし，夫婦仲が悪ければ，離婚も選択肢に入れることができる。

人に迷惑をかけない限り，自分の好きな家族形態を選択することが認められるようになっている。このような形で，家族の自由化，つまりは，家族規範からの解放が進んでいるというのが，「家族革命」進行中の現代日本の家族の姿であろう。

しかし，革命によって人々の幸せが増すかどうかは別の問題である。家族規範から解放され，好きな家族形態を選んでよいと言われても，自分の理想とする家族形態が実現するとは限らない。そして，現状をみると，理想的な家族を実現している人は，圧倒的に少数なのである。

ポーランド出身の社会学者ジグムント・バウマン（Zygmunt Bauman）は，平均的な能力の持ち主は，自由を嫌悪するものだと述べている［バウマン 2001］。確かに，近代化によって，親の職業を継ぐ必要はなくなった。しかし，職業選択の自由といっても，誰もが好きな仕事に就けるわけではない。好きな仕事どころか，現在日本では，若者が定職に就けるかどうかも怪しくなっている。よほど能力に優れたものなら好きな職業に就くことはできるが，多くの人は

何らかの形で妥協を強いられる。

　同じように，好きな家族形態をとりたいと言っても，相手が同意しないことには実現できない。例えば，共働きをしたいと言っても，配偶者がイヤだと言えば，実現しない。イヤだと言われるだけならましだが，そんなこと言うやつとは別れると言われかねない。親が子どもに介護して貰いたいと思っても，子どもから「イヤ」と言われる可能性もある。

　自分が自由を持てば，相手も自由を持つ。自分がこのような家族を作りたいと言っても，相手が同意しなければ実現しない。それ以上に，相手から「家族をやめる」と言われる可能性と隣り合わせなのである。

　家族革命は，好きな家族を選ぶ自由と同時に，相手から選ばれない可能性を増やすのだ。

　経済力や魅力がある人なら，好きな家族形態をとったり，相手を選ぶ自由が実現するだろう。しかし，どちらもない人にとっては，自分の理想的な家族形態を諦め，相手の理想に合わせることを強いられたり，そもそも，結婚できなかったり，離婚されたりする可能性が高まる。

　フランス革命にしろ，ロシア革命にしろ，新しく権力を握った一握りの人々にとってはパラダイスだったろうが，権力に逆らった人には投獄・死刑が，一般大衆には抑圧が待っていた。産業革命によって，資本家たちは巨額の富を築くチャンスに恵まれる一方，多くの労働者は貧しいままであった。

　現実に日本家族も，家族に関する強者と弱者に徐々に分解し始めている。高収入の男女同士で結婚して，共働きで豊かな生活を謳歌する一方，フリーター同士が出来ちゃった婚で結婚生活を始めざるをえず，子どもを邪魔に思い虐待をしてしまうケースも増えている。

　しかし，革命はなされてしまった。家族革命も同様である。一度味わった「理想的な家族」を作る可能性という自由を取り上げることは不可能である。それゆえ，個人としては，自由化された環境を

生き抜くために，経済力や魅力をつけながら生活する必要に迫られる。社会的には，この革命の混乱を収拾するために，新たな家族に関するルール作りを行うことが，至急の課題となっている。

❹ 「家族革命」の多様性

清水　浩昭

1　人口革命と「家族革命」

　人口学では，人口動態が「多産多死」から「多産少死」を経て「少産少死」に到達する過程を人口転換と称しているが，これを人口革命（人口動態革命）と呼ぶこともある。しかし，「家族革命」については，家族研究者の間で共通認識が成立していないように思われる。したがって，「家族革命」については，それぞれの研究者の概念規定に基づいて用いられているが，一般的に言えば，家族の構造的変化（状況の変化ではなく規範の変化）を意味することになろう。しかし，本書では，皆婚社会の「崩壊」に象徴されるような家族の劇的変化を「家族革命」とした。それは，家族への依存度の低下，家族を形成しない動きが顕在化しつつあることを意味している。このような動向を念頭において「家族革命」の諸相をみると，日本列島には劇的な変化（「家族革命」）を遂げた領域・地域と，基本的に変化していない領域・地域が存在しているように思われる。

　このような私なりの見方・考え方に基づいて，「家族革命」の内実を少子高齢化と家族，とりわけ介護（養育）と家族に関わる問題に焦点をあてて考察してみよう。

2　少子化と家族構造および就業構造

　『平成15年度厚生労働白書』（厚生労働省）によれば，合計特殊出

生率(出生率)の高低には地域差が存在しているという。白書では,労働時間,三世代同居率との関連で合計特殊出生率の地域差を分析している。そこで,この分析結果を紹介すると,男女とも長時間労働者率が高い地域ほど合計特殊出生率が低く,長時間労働者率の高い地域のなかでも南関東,京阪神などの大都市地域では通勤時間も長い。このような状況が重なって,長時間労働者率が高い地域ほど合計特殊出生率が低いことに繋がっていると分析している。次に,三世代同居率と合計特殊出生率との関係を見ると,南関東,北海道,近畿などの三世代同居率の低い地域ほど出生率が低く,東北,北陸などの三世代同居率の高い地域ほど出生率が高いという動向が明らかになっている。このような動向が生じてきた要因として,白書では南関東,近畿などの大都市地域を抱えた地域が核家族化が進展しているために,父母となる人々が仕事で忙しく,また,祖父母の協力も得られにくいため,家庭内の「子育て力」が不足している。一方,東北,北陸では三世代同居率が高く,家庭内において一定の「子育て力」が得られる状況にある。このことが出生率を高める動因になっていると分析している。この分析結果は,「家族革命」と適合的に連関しない地域が存在していることを意味している。

3 少子化と家族構造および子どもの養育

「第1回21世紀出生児縦断調査」(厚生労働省)によれば,核家族世帯と三世代同居世帯における普段の保育者をみると,核家族世帯では普段の保育者が母(98.1%),父(49.8%),祖母(11.5%),祖父(4.7%)であるが,三世代同居世帯では普段の保育者が母(95.0%),祖母(53.2%),父(39.2%),祖父(25.4%)となっている。次に,『平成15年度厚生労働白書』によれば,有配偶女性の労働力率と合計特殊出生率および出産後の常勤雇用で残る割合との関連をみると,出生率の低い南関東,近畿,北海道などの大都市圏を含む地域の有配偶労働力率よりも,出生率の高い北陸,東北の有配偶労働力率の方が高くなっている。これを出産後に常勤雇用で残る割合を出生順位別

に出産半年前の就業形態で見ると，北陸，東北では第 1 子出産前に約 60%，第 2 子および第 3 子出産前も約 30% 近くが働いているが，南関東，近畿，東海，北海道では第 1 子出産前には約 40 〜 50% を占めていた常勤雇用者率が，第 2 子，第 3 子出産前には約 10% 台に低下している。これは，家族構造の地域差と深く関わって現出したものと考えられる。というのは，三世代同居率の高い北陸，東北では，一つの家庭に二人の主婦が存在する必要がない。そのことが常勤雇用労働率が高くても出生率の相対的高さをもたらしていると考えられるからである。この動向も「家族革命」と促進・助長的な関係にない地域が存在していることを示唆していると言えよう。

4　少子化と結婚の条件

　出生率は結婚（晩婚化・非婚化）とも関連しているが，最近，小倉加代子が女性の学歴と晩婚化に関する研究成果を提示しているので，紹介しておきたい［小倉 2003:30-39］。小倉によれば，女性の結婚の条件は，学歴に対応して高卒の「生存」（結婚しなければ食べていけない層で，結婚は「生存」を賭けた最後のチャンス），短大卒の「依存」（夫は仕事と家事・妻は家事と趣味的な仕事ができるような結婚），四大卒の「保存」（結婚によって今の自分の生活が変わらないという保障）を条件にしている。このような結婚の条件が満たされなければ結婚しない。そのことが晩婚化・非婚化を促進し，少子化を招来することになるとしている。このような研究成果も「皆婚社会の崩壊」ないし「皆婚社会の持続」を階層差（学歴差）から吟味することの必要性を教示しているように思われる。

5　高齢化と介護

　人口高齢化の進展に伴って生ずる諸問題のなかで高齢者介護の問題は，21 世紀における重要な検討課題の一つとされている。この介護問題は，家族・親族による「私的介護」から「社会的介護」の方向に変化するのが世界の趨勢であるとされてきたが，「私的介護」と

「社会的介護」の共生という視点で問題を検討してみると,三世代同居率の高い地域では「私的介護」に依存する割合が高く,三世代同居率の低い地域では「社会的介護」に依存する度合いが高いという地域差が存在している。さらに,高齢者が要介護状態になると,子世代世帯との同居を求めて親世代が人口移動する形態（「親移住型同居」）や故郷に残してきた高齢者の介護のために子世代が移動する形態（「子移住型同居」），子世代の「別居介護」,「遠距離介護」等々の現象が見られる。このような現象を見ると,日本社会には人口高齢化の進展に伴って,介護形態を大きく変動させた地域と,介護を家族に依存する地域,つまり「家族革命」とは相反する生き方を「良し」とする地域が共在していることになる。

6 「家族革命」の多様性

「家族革命」の問題は,変化の側面を強調するか,変化していない面を強調するかによって見方・考え方が異なってくるが,少子高齢化の問題を地域という視点で考えると,劇的な変化を遂げた地域,変化が緩慢な地域,あるいは地域の持つ固有の文化に則して対応している地域等が存在していることも考えられる。とすれば,日本列島には「家族革命」を成し遂げた地域と,その前段階にある地域,あるいは「家族革命」とは無縁な地域が共在していることになる。また,これを変化という視点で見ると,今後「家族革命」に向かってひたすら邁進する地域,「家族革命」以前の状況に「先祖がえり」する地域が現れる可能性も視野に入れておかなければならない。このような考え方に基づいて,「家族革命」の問題を考えるとすれば,光吉利之が提示した分析指標（「規範的要素」と「状況的要素」）を用いて,「家族革命」の動因を抉り出す作業を行うことが次の研究課題となってくるのではなかろうか。

参考文献
バウマン, Z.(森田典正訳) 2001 『リキッド・モダニティ──液状化する社

会——』大月書店
Cheal, David 2002 *Sociology of Family Life*, Palgrave
フェラロッティ，フランコ（古城利明，ロベルト・マッヂ，元島邦夫訳）
　1985 『オールタナティブ社会学——操作テクニックとしての社会学から批判社会学へ——』合同出版
岩上真珠　2003　『ライフコースとジェンダーで読む家族』有斐閣
目黒依子・渡辺秀樹編　1999　『講座社会学2　家族』東京大学出版会
光吉利之　1979　「家族の変化」光吉利之・土田英雄・宮城宏『家族社会学入門』有斐閣新書，34-66頁
野々山久也・清水浩昭編　2001　『家族社会学のアプローチ』ミネルヴァ書房
小倉千加子　2003　『結婚の条件』朝日新聞社
山田昌弘　2004　「家族の個人化」『社会学評論』vol.54-4

I　家族の現在

❶ 皆婚社会の崩壊

岩上　真珠

Key Words　皆婚社会　未婚期の長期化　生涯未婚率
結婚のライフスタイル化

1　結婚の「皆婚化」

　結婚制度があるからと言って，その社会のすべての男女が結婚するわけではない。もっと限定的に言えば，たとえ結婚意思があったにせよ，誰もが結婚できるわけではない。身分制度が厳しかった前近代の社会では，一部の聖職者以外にも一生独身で暮らす男女は決して少なくなかった。「結婚」は特定の身分に関わる社会的，政治的な契約だったのである。生涯召使身分として，あるいは貧しさゆえに結婚できない男女は一定の割合でつねにいたし，また「家族のため」に独身を通す男女も多かった。有吉佐和子*の小説『華岡青洲の妻』には，青洲をめぐる妻と母の確執とともに，兄青洲の医業を

支えるために，機織などをしながら生涯独身で家計を支える妹たちが描かれている。

西欧近代社会成立後,「愛する人と結婚して一生を送る」というライフコースが理想とされるようになり，結婚は規範化され，理想化される一方,「適齢期」の男女には結婚へ向かわせる社会的圧力がかけられた。つまり，結婚することがノーマルとされ，結婚しない男女には社会的なスティグマが押されたのである。とはいえ，こうした結婚観はもっぱら中産階級のものであった。結婚が大衆化して結婚の「実態」が「理想」に追いつき，実質的に「基本的に誰もが結婚する社会＝皆婚社会」になるのは，20世紀以降のことである。

もっとも20世紀に入ってからも，奉公の年季や弟妹の世話，親の面倒をみるために，結局，生涯独身を通したとか，40歳を過ぎてから結婚したといった例は，庶民にとってはそれほど稀なことではなかった。家族史家のハレーヴン（T. K. Hareven）は,「ある人が結婚するタイミングは，その家族の状態にかかっていた」と，個人の都合や年齢よりも家族の都合が優先された当時の結婚のあり方を論じている。ちなみにハレーヴンは，こうした結婚タイミングをめぐる優先順位が，アメリカ社会では1930年代を境に家族的条件から社会的な年齢規範へと徐々に移行したことを指摘している［ハレーヴン1990］。

2 女性のライフコースの変化

皆婚社会とは，結婚が当たり前と考えられ，また，結婚することが義務であると同時に理想でもあるような社会である。こうしたなかで「よい伴侶を得ること」は，人生の大きな目的とみなされた。とりわけ女性にとってはそうであった。結婚は，男性中心的な社会の枠組みのなかで，女性が生活の基盤を得，また，よりよい地位を得る唯一の手段でもあったからである。ところが，20世紀半ば以降，産業構造の変化と女性への高等教育の普及は，女性の立場と生き方に大きな影響を与えた。女性は，自らの意思と能力で自立する手段

をもつようになった。結婚は，相変わらず多くの女性の「あこがれ」であり続けはしましたが，次第に人生の唯一の目的ではなくなってきた。

　日本では，1960年代の高度経済成長以降，職業構造の変化と女性労働力の受け皿の拡大にともなって，若い女性を中心に事務系の職業に就く人が増加した。いわゆる「花のOL」の登場である。当初「結婚まで」と考えられていた女性の雇用労働市場への進出は，実質的に女性の選択肢を徐々に拡大していくことになった。やがて，「寿退社」などという女子社員の結婚退職を促す企業文化に抗して，現実には「出産まで」勤める女性たちが多くなり，さらに80年代からは「結婚・出産後も働く」ことを希望する人たちが増え始めた。「結婚も仕事も」という「両立型」のライフコースを希望する人はその後も増え続けている（図1）。いずれにせよ，学卒後の未婚女性の就労は一般的となり，結婚・出産によって一時期もしくは長期にわたって仕事を辞めるにせよ，ずっと続けるにせよ，職業は女性のライフコース設計にとって欠かせない要素となってきた。

3　未婚期の長期化と生涯未婚率の上昇

　女性の社会進出の活発化と軌を一にして，80年代以降，結婚年齢の上昇が顕著になってきた。今日では平均初婚年齢が男女とも30歳前後となった（2000年国勢調査で，男性30.8歳，女性28.6歳）。いわゆる晩婚化の進行である。晩婚化の背景は女性の就労だけではないが，ライフコースの変化に対応できない労働環境・社会環境が，仕事をもつ未婚女性を結婚に向かわせない方向に拍車をかけていることは十分に推測される。例えば，結婚退職の企業内慣行，仕事の継続と出産や子育ての両立への制度的支援の不備，子どもは母親が育てるべきとする一部に残る根強いジェンダー役割意識など，まだまだ女性のライフコースの変化に周囲が追いついていない現状がある。もし，女性が仕事も結婚も願うとすれば，その両立が困難な状況がいまもってそれほど改善されていないなかで，結婚を躊躇させる要素はあまりにも多い。

I 家族の現在

図1 調査別にみた，未婚女性の理想・予定のライフコース
および男性の女性に期待するライフコース

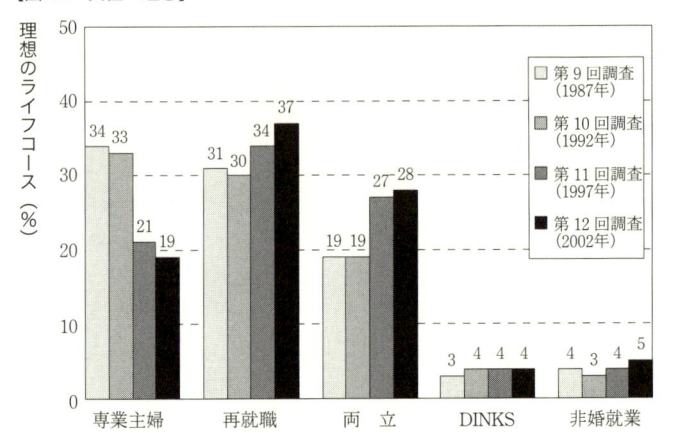

【図1a 女性：理想】

理想のライフコース（％）

	専業主婦	再就職	両立	DINKS	非婚就業
第9回調査(1987年)	34	31	19	3	4
第10回調査(1992年)	33	30	19	4	3
第11回調査(1997年)	21	34	27	4	4
第12回調査(2002年)	19	37	28	4	5

【図1b 女性：予定】

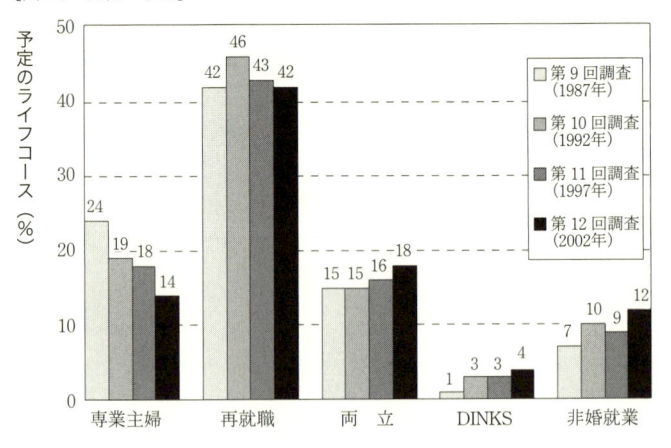

予定のライフコース（％）

	専業主婦	再就職	両立	DINKS	非婚就業
第9回調査(1987年)	24	42	15	1	7
第10回調査(1992年)	19	46	15	3	10
第11回調査(1997年)	18	43	16	3	9
第12回調査(2002年)	14	42	18	4	12

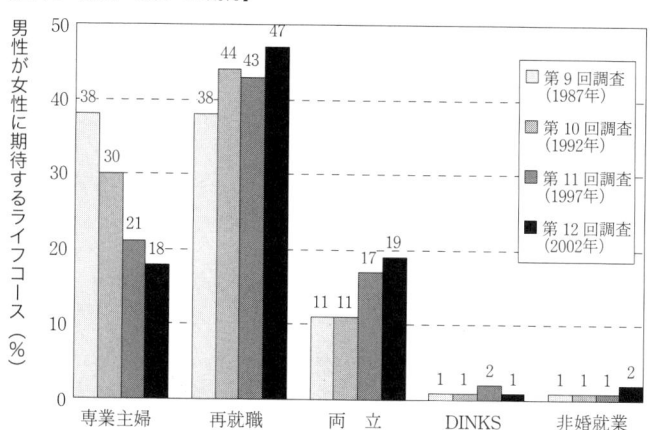

【図1c 男性：女性への期待】

男性が女性に期待するライフコース（％）

	専業主婦	再就職	両立	DINKS	非婚就業
第9回調査（1987年）	38	38	11	1	1
第10回調査（1992年）	30	44	11	1	1
第11回調査（1997年）	21	43	17	2	1
第12回調査（2002年）	18	47	19	1	2

注：対象は18〜34歳未婚者（全国）。
ライフコースの説明：「専業主婦」＝結婚し子どもを持ち，結婚あるいは出産の機会に退職し，その後は仕事を持たない
　　　　　　　　　「再就職」＝結婚し子どもを持つが，結婚あるいは出産の機会にいったん退職し，子育て後に再び仕事を持つ
　　　　　　　　　「両立」＝結婚し子どもを持つが，仕事も一生続ける
　　　　　　　　　「DINKS」＝結婚するが子どもは持たず，仕事を一生続ける
　　　　　　　　　「非婚就業」＝結婚せず，一生仕事を続ける
出典：国立社会保障・人口問題研究所，第12回出生動向基本調査 独身者調査概要，2003

　それとともに，「独身でいること」の自由を，男性と同様女性も謳歌できるようになった。図2は，独身の利点を未婚の男女に尋ねたものだが，女性は男性以上に「自由であること」を独身の利点としてあげている。ちなみに同様の調査で，未婚男性の30％，未婚女性の25％が結婚に「利点がない」と答えている。結婚することはいまだに多数派の選択ではあるが，すでに高い割合で結婚に「こだわらない」人たちが現れてきているのである。

　他方，選択的にせよ，結果的にそうなったにせよ，生涯未婚率は着実に上昇してきている。ここでいう生涯未婚率とは，45〜49歳および50〜54歳の未婚率の平均値で表わした50歳時の未婚率のこ

図2 調査別にみた，独身生活の利点

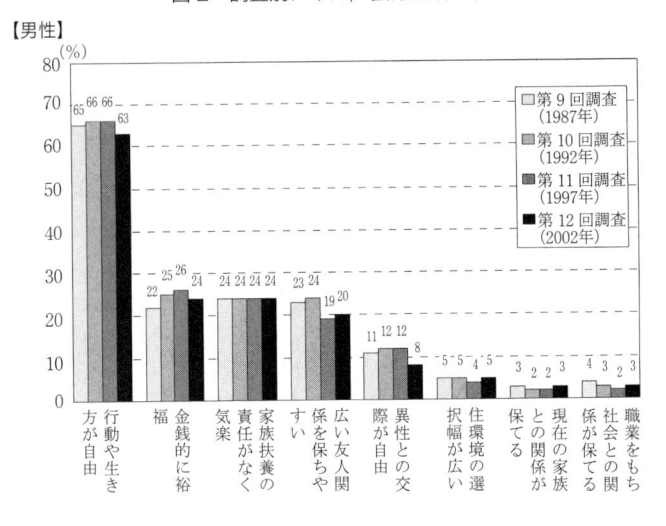

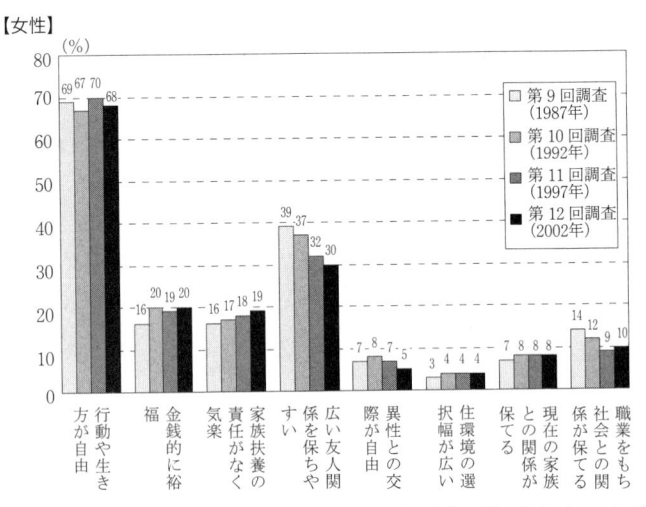

【男性】

項目	第9回(1987)	第10回(1992)	第11回(1997)	第12回(2002)
行動や生き方が自由	65	66	66	63
金銭的に裕福	22	25	26	24
家族扶養の責任がなく気楽	24	24	24	24
広い友人関係を保ちやすい	23	24	19	20
異性との交際が自由	11	12	12	8
住環境の選択幅が広い	5	5	4	5
現在の家族との関係が保てる	3	2	2	3
職業をもち社会との関係が保てる	4	3	2	3

【女性】

項目	第9回(1987)	第10回(1992)	第11回(1997)	第12回(2002)
行動や生き方が自由	69	67	70	68
金銭的に裕福	16	20	19	20
家族扶養の責任がなく気楽	16	17	18	19
広い友人関係を保ちやすい	39	37	32	30
異性との交際が自由	7	8	7	5
住環境の選択幅が広い	3	4	4	4
現在の家族との関係が保てる	7	8	8	8
職業をもち社会との関係が保てる	14	12	9	10

注：18～34歳未婚者のうち何％の者が各項目を主要な独身生活の利点（二つまで選択）として考えているかを示す。

出典：国立社会保障・人口問題研究所，第12回出生動向基本調査 独身者調査の結果概要，2003

1 皆婚社会の崩壊　25

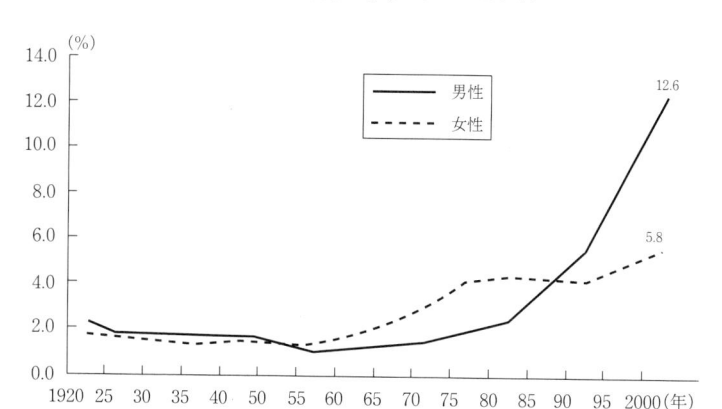

図3　生涯未婚率の推移（1920-2000年）

注：ここでいう生涯未婚率とは、45〜49歳と50〜54歳の未婚率の平均値で、50歳時の未婚率を示す。
出典：総務省統計局『国勢調査報告』による。

とである。それまで男女とも2%未満で推移してきた生涯未婚率は、女性は1970年から、男性は1980年から上昇し始め、2000年時点での生涯未婚率は男性12.6%（男性は急カーブを描いて上昇）、女性5.8%であった（図3）。しかし、今後この数値は男女ともさらに上昇すると予測されており、1970年代以降の出生コーホート（同年出生集団）の50歳時点においては、男性で25%弱、女性で20%弱の、高い生涯未婚率が見込まれている（図4）。こうした高い生涯未婚率予測は、結婚が「万人」の理想であり、かつ規範であった時代から、すでに離れ始めていることを物語っている。

4　結婚のライフスタイル化

　結婚するのかしないのか、結婚するとすればいつ、誰とするのか、現在では、それらはすべて当事者の選択に委ねられることがらである。結婚は、多くの社会で今もって社会制度であり続けてはいるが、

図4 出生コーホート別未婚率

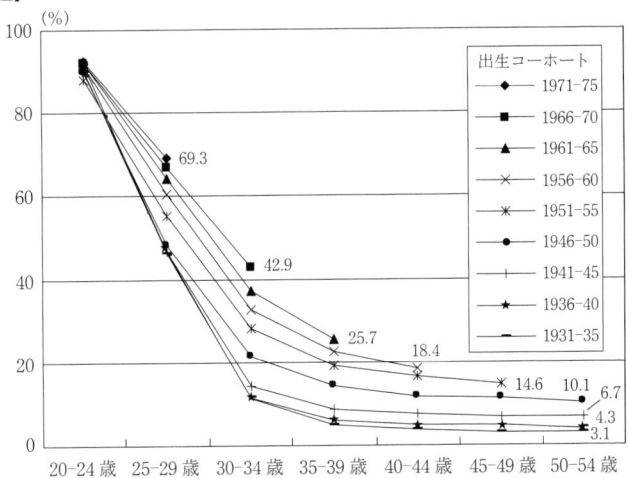

【男性】

出生コーホート
- 1971-75
- 1966-70
- 1961-65
- 1956-60
- 1951-55
- 1946-50
- 1941-45
- 1936-40
- 1931-35

69.3
42.9
25.7
18.4
14.6
10.1
6.7
4.3
3.1

20-24歳　25-29歳　30-34歳　35-39歳　40-44歳　45-49歳　50-54歳

【女性】

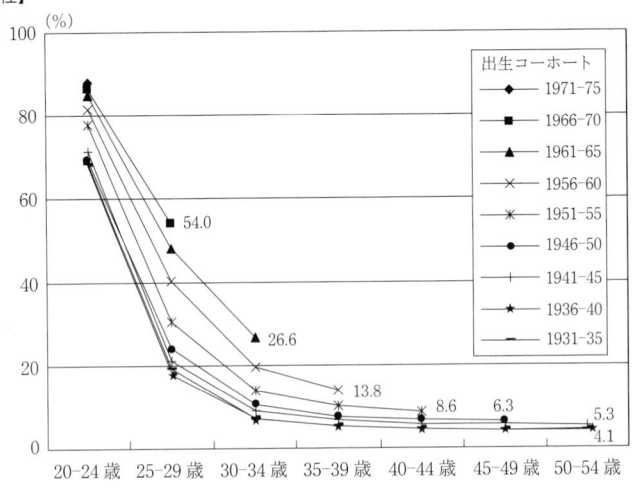

出生コーホート
- 1971-75
- 1966-70
- 1961-65
- 1956-60
- 1951-55
- 1946-50
- 1941-45
- 1936-40
- 1931-35

54.0
26.6
13.8
8.6
6.3
5.3
4.1

20-24歳　25-29歳　30-34歳　35-39歳　40-44歳　45-49歳　50-54歳

出典：国勢調査より作成

その規定力は相対化している。

かつては、結婚外の妊娠・出産は厳しくとがめられ、産んだ母親も生まれた子どもも社会的に大きな差別的扱いを受けた。そうした点で、結婚制度は外的にも強く擁護されていた。しかし、20世紀後半からの個人の尊厳や基本的人権を重視する意識の高まりにより、親がどういう状態で生まれたかということは、子ども本人には何の責任もないことだという考え方が法的に支持されるようになった。つまり、非嫡出子差別撤廃の方向へと社会が動き始めたのである。このことに拍車をかけたのは、1970年代以降のフェミニズムの広がりであろう。女性に妊娠させた男性をとがめず、産んだ女性だけに責任を押し付け、非難を向けてきた社会のあり方に疑問を呈する声は、結婚制度そのものを問題視する動きとも結びつくことになった。

今日、結婚制度を否定している社会はないが、他方で、結婚によらない出産を差別することもなくなりつつある。一部の社会ではまったく差別はない。シングル・マザーも多い。また、デンマーク、ノルウェー、スウェーデン、オランダ、カナダなど、ホモ・セクシュアリティーの結婚を法的に公認している国もある。フランスでは1999年に、同棲しているカップルに結婚に準じる権利を与えるPACS法＊を施行した。結婚の形は多様化し、「結婚して一人前」規範も弱化した。日本でも、20代、30代においてシングルでいることは、珍しいことではなくなった。ある新聞社の世論調査では、20代、30代男女の6割が「必ずしも結婚する必要はない」と答えている［読売新聞　2003］。

要するに、「結婚すること」もまた一つのライフスタイルであり、それは一人ひとりの個人が選びうる選択肢となったのである。先進社会においては、「家族」形成において必ずしも結婚を必要としない時代になりつつある。望めば誰もが結婚できる社会にあって結婚しない選択が増大しつつあるという意味で、「皆婚社会」はポスト産業社会において崩壊したと言えるであろう。

参考文献

有吉佐和子　1966　『華岡青洲の妻』新潮社

ハレーブン, タマラ・K.（正岡寛司監訳）　1990　『家族時間と産業時間』早稲田大学出版部

Hareven, T.K., 2000 *Families, History, and Social Change : Life-Course & Cross-Cultural Perspectives,* Westview Press

林　瑞枝　2000　「フランスの『連帯の民事契約（パックス）法』——カップルの地位——」『時の法令』1610号　大蔵省印刷局

国立社会保障・人口問題研究所　2003　『第12回出生動向基本調査　結婚と出産に関する全国調査　独身者調査の結果概要』

――――――　2003　『人口統計資料集』

読売新聞　2003年9月13日付夕刊

※ 用語解説 ※

有吉佐和子　1931-83年。高度成長期，社会派の作家として有名。『恍惚の人』（新潮社）は1972年にベストセラーとなる。その他『華岡青洲の妻』(1967)，『出雲の阿国』(1969)，『複合汚染』(1975)などの作品が有名。

ＰＡＣＳ（Pacte Civil de Solidarité）　1999年11月にフランスで制定された法律。「連帯市民協定法」「連帯民事協約法」などと翻訳される。同性愛者や婚姻制度に縛られたくないカップルを社会的に認め，結婚に準じる地位を与えたもの。

❷ 夫婦別氏

森　謙二

Key Words　夫婦別氏（姓）　家制度　女性の帰属
　　　　　　　家族名（family name）　近代家族

1　選択的夫婦別氏の議論は尽くされたか？

　夫婦別氏（姓）の論議が続いている。1996年（平成8）に法制審議会が「民法の一部を改正する法律案要綱」を答申し，選択的夫婦別氏（姓）制が法制化されるかと思われたが，この導入に慎重な意見があり，世論調査ではその支持を拡大しているものの，法制化は現在（2004年3月）に至るまで実現されていない。

　もともと，夫婦別氏の議論は，結婚によって氏（姓）が変わることによって生じるさまざまな不条理に対して，女性からの異議申し立てがその端緒であった。「さまざまな不条理」というのは，①結婚による氏の変更によって，女性が職業上不利益を被ること（職業上の不利益），②結婚する女性の多くが事実として氏を変更している現実の不条理性（つまり，男女平等ではない），③結婚による氏の変更を希望しない者あるいは氏の存続を希望する者が，婚姻届を出さないで事実婚を選択し，また婚姻届を出しても形式的に離婚をするなど，法律婚制度の形骸化を招く可能性があること，④夫の氏を名乗ることが「家の嫁」という妻に従属的な地位を強いることになり，あるいは氏の変更によって女性に自己喪失感を与えることがある，などというようなものである。

　たしかに結婚による氏の変更を通じて，氏を変更することが多い女性が様々な不利益や負担を抱えるようになるのは容易に理解されうる。しかし，この問題がいかなる論理の下で選択的夫婦別氏制の採用に結びついたのか（＝なぜ選択的夫婦別氏制でなければならないの

か)が別に議論されなければならない。

 たとえば，法律上「氏名」は住所（あるいは本籍）とともに個人を特定する呼称であると規定される。が，現実には夫婦同氏は家族の一体性を表現する装置としての役割を果たしてきた。

 選択的夫婦別氏制は，夫婦同氏でも夫婦別氏でもどちらでも個々人の選択にゆだねるというものである。ここでは二つの問題がある。国家は婚姻後の氏について異なった価値を持つ二つの制度を採用することになる。では，夫婦となる男女が同氏か別氏のどちらを選択するか合意できなかったとき，裁判所はどのような規範でこれを決定するのだろうか。さらに，夫婦同氏でも別氏でもよいというのであれば，なぜ法は婚姻による氏の決定についての規定をおく必要があるのか。国家が氏について規制をする根拠がどこにあるのか，という問題も生じる。

 さらに，「民法の一部を改正する法律案要綱」（前掲）で採用した選択的夫婦別氏制が，すでに述べた問題を解決する唯一の方法であるのかという疑問も生じる。1995年（平成7）の「婚姻制度等の見直し審議に関する中間報告」とその「説明」のなかでは夫婦別氏制に関して三つの案について議論している。ただ，夫婦別氏の早期の導入をめざすためなのか，妥協の産物としての選択的夫婦別氏が考案されたという印象は否めないし，結果的には改革の理念を不明確にしているように思う。と同時に，夫婦別氏の家族法全体の体系のなかでの位置づけも明確になっていない。とりあえず夫婦別氏をという一点突破的な制度改革を目標としているのであろうか。制度改革の意図や理念が明確ではない。

 次項以下では，家族と氏（姓・苗字）の問題に関して，日本の近代家族の形成を念頭におきながら，大枠の流れを素描してみたい。

2　家の名・夫婦別氏（姓）・妻の生家への帰属

 話の本筋に入る前に，いくつかの問題について確認をしておきたい。まず，私たちが日常的に使っている氏・苗字（名字）・姓という

ことばは同意義に用いられているが、厳密には歴史的起源を異にするものである。

明治維新の折、朝廷は真っ先に幕府から松平姓を与えた諸侯に対して原姓に復するように求めた。もともと、姓は天皇が与えるべきものであり、姓を持つことは天皇の臣民であることを意味した。したがって、幕府が勝手に臣下に姓を与えることは、朝廷には越権行為と映っていたのであろう。大雑把に言えば、賜姓ということばに象徴されるように、姓が天皇から与えられた称号であるのに対して、氏は一族の名称であり、苗字は一族が分節化した家の名称である。もちろん、幕藩体制の下では、苗字の名乗りを許されたのは士族階層であり、苗字もまた身分制支配と密接な繋がりを持っていたことに変わりはない。

庶民階層の多くの人々が古くから苗字を持っていたことは周知のことであるが、全ての臣民に氏（苗字・姓）の呼称を公的に認めるのは1870年（明治3）のことである。何をもって法律上の氏にするかについては規定がなく、姓・氏・苗字（名字）のいずれを「氏」に定めてもよかった。したがって、姓・氏・苗字（名字）の区別は現実性を持たなくなり、法的には家の名としての「氏」の概念が確立していくことになる。しかし、この段階では「氏」が必ずしも family name を示すものではなかった。

ところで、1876年（明治9）に夫婦別姓の指令が出されたことはよく知られるようになったが、この時期には夫婦別氏の指令以外にも重要な布告や指令が出されている。1872年（明治5）に一人一名主義の原則と改姓・改名の禁止の布告が出されるが、伝統社会における襲名の慣行が否定されたこともあり、改姓・改名は「古来の慣習」であるとして、改姓・改名の禁止の撤回を求める異論が相次いだ。この間の事情を詳細に論ずることはできないが、改姓・改名の自由を容認しようとする動きが太政官*法制局の中であったものの、それは実現せず次のような原則ができあがることになる。

まず、改名に関しては原則として禁止政策を維持しながら、営業

の都合や由緒によりやむをえない場合には改名を許すという緩和策を採用し、改姓に関しては復姓（由緒ある本姓に復すること）以外には、原則として認めない方針をとった。さらに、分家に際して新しく姓を立てることは明治政府＝太政官は一貫して認めなかった。つまり、従来の氏と苗字は一体のものと見なされ、本分家集団（同族集団）は同一の氏（苗字）であるべきとされた。また、1876年（明治9）には全ての家＝家族に対して氏（姓）を持つことが強制され、その家族から分肢した新しい家族（分家）も同一の氏をもつことが強制された。しかも、その変更も原則として認めず、家の名称は固定されることになった。氏（姓・苗字）が家や親族集団の名称となる条件は整ってきたが、なお家族集団の構成員が統一した氏を持つわけではなかった。つまり、夫婦は別姓（氏）であるとされたのである。

　明治政府はなぜ夫婦別氏であることにこだわったのであろうか。太政官法制局は、妻が夫の苗字を称することを不可とする理由として、①妻は夫の身分に従うとしても、姓氏と身分は異なること、②皇后藤原氏であるのに皇后を王氏とするのははなはだおかしいこと、③これまでの歴史の沿革を無視するものであること、をあげている。姓氏と身分は異なるという表現の中には、姓氏（苗字）は人の出自を示すものという太政官の認識がある。つまり、養子縁組は出自の変更を伴うものであるが、結婚は出自を変更させるものではないと太政官は主張しているのである。

　この問題を考えるためには、出嫁女の生家への帰属に関わる習俗に触れなければならない。つまり、結婚によって妻が夫の家にはいるというのは自明のことではなかった。

　妻の生家への帰属と関連して、結婚後出嫁女（妻）あるいはその夫の労働力を妻の生家で維持・確保しようとする習俗である。この習俗は、①結婚後も妻の労働力を生家に提供するもの（石川県能登半島周辺地域の「ヒヲトル」婚、新潟県南魚沼郡六日市町の「ハンブンハタラキ（半分働き）」、新潟県佐渡郡小木町琴浦の「ナカマズキ」、山形

県西田川郡温海町の「シュウトノツトメ」，新潟県西蒲原郡巻町五ヶ浜の「カケ」，長岡市福島町の「半デマ」），②夫の労働力を生家に提供する習俗に分類することができる。つまり，夫の労働力の妻家への提供は，妻の対価としてあるいは妻の労働力の代替という性格をもつからである（岩手県九戸郡山形村や都南村の「年期婿」，青森県下北半島や秋田県の「帰り婿」，山形県庄内地方の「アキタイ婿」，新潟県刈羽郡小国町丸太・西頸城郡名立町丸田の「カカノネング（カカの年貢）」，同県西頸城郡青海町須沢・糸魚川市中谷地の「マメネンゴ」の習俗）。

　さらに，出嫁女の生家への帰属をそのまま維持する習俗も報告されている。①出嫁女が生家の檀那寺を継承する習俗（新潟県に広く分布する複檀家制，千葉県・茨城県・埼玉県の利根川周辺地域の男女別檀那寺制や男女別墓制はその崩れた形態），②出嫁女の死後その遺体や遺骨が生家に帰される習俗＝帰葬の習俗である（青森県や新潟県のモライモドシ＝貰い戻し，岩手県のホトケモライ（仏貰い），秋田県のシニイトマ（死暇），新潟県のシニモライ（死貰）やホネワケ（骨分け），明治13年の『全国民事慣例類集』の備後国[広島県]御調(みつぎ)郡の「出家シテ二三人ノ子ヲ生ミシ者モ死去スルハ元籍ノ檀那寺ヘ葬埋スル事アルナリ」の事例）。

　夫婦別氏の指令は華士族の慣行をモデルにしたものであろうが，妻が婚姻後も生家に対する成員権を持ち続けるような習俗が北陸・東北地方に広範に残っていたことも注目すべきであり，石川県の伺いもこの地域に分布する同様の習俗の存在を踏まえたものであるとするならば，この伺いの意義も見えてくるであろう。

3　夫婦同氏と近代家族

　明治民法は，「妻ハ婚姻ニ因リテ夫ノ家ニ入ル」（第788条第1項）と規定した。妻は明確に夫の家にはいることが規定され，夫婦同氏の原則が確立した。明治民法は夫婦を単位とした家族を前提としていない。氏は「家の氏」であり，家族全員がこの家の氏を称するよ

写真1　金沢・野田山＝旧金沢藩主前田家の墓地

この写真の前に次のような説明がある。「八条宮智忠親王妃富子御墓；元和7年（1621）三代藩主利常公四女として生まれ，母は天徳院。寛永19年（1642）八条宮智忠親王の妃となる。寛文2年（1662）京都にて逝去され，霊柩を利常公の墳側に帰葬した。御墓は明治36年より宮内省（現宮内庁）の管轄となっている……」。

写真2　茨城県久慈郡里美村の夫婦別姓の墓

明治初年の神葬祭のお墓では，夫婦別姓の墓を比較的多く見ることができる。

大教院が編纂した近衛忠房・千家尊福『葬祭略式』（明治5年）によると，妻には「姓名妻某氏霊位」として墓碑には生家の氏を記することが規定された。明治14年の大社教葬祭式にも「女ハ表ニ実家ノ姓ヲ以テ記シ」とある。

うになった。家族全員がこの家の氏を称するようになるのは明治民法によって制度化されたものであり（明治民法第746条「戸主及ヒ家族ハ其家ノ氏を称ス」），この段階ではじめて氏＝苗字が family name としての性格をもつようになった。また，夫婦同氏の制度化が前近代の伝統に根ざしたものでないことにも注意を向ける必要がある。むしろ，夫婦別氏の慣行が前近代の伝統に根ざしたものであり，古い家制度に根ざした習俗であった。その意味では，夫婦同氏の制度化は親密圏としての家族の一体性を維持しようとする新しい装置として作りあげてきたものであったと考えるべきであろう。

1948年（昭和23）に施行された現行民法は「夫婦は，婚姻の際に定めるところに従い，夫又は妻の氏を称する」（第750条）と規定した。現行民法の下では，夫婦と子どもを単位とした家族集団を前提として，その家族集団に対して同一の氏を称することを求めている。明治民法における夫婦同氏が家族の世代的な連続性（＝家）を前提にしているのに対し，現行民法は核家族を前提して夫婦同氏を規定している。もっとも，この制度上の違いは現実にはそれほど重要性を持たなかった。というのは，現行民法の下でも祭祀条項は温存され，また家族の連続性を維持する養子制度も温存され，高度成長のもとでも家的伝統は維持されてきたからである。この意味では，夫婦同氏制は，近代に形成された新しい「家」の枠組みと家族的親密性を重要視する近代家族の二つの枠組みが結びつきながら展開してきたものである。つまり，夫婦同氏は明治以降に制度化されたものであり，近代家族の形成とともに定着をしてきたものであると考えることができるだろう。

もっとも，近年においてはその事情は若干異なるようになってきた。つまり，家的伝統をもった日本型近代家族の維持が困難になってきたことである。少子化の中で家族の世代的な連続性を維持することが困難になり，家族名が消える家が出てくるようになった。このような状況の下で，家族名の連続性を維持するためにも夫婦別氏を要求する人も現れてくる。もちろん，夫婦別氏制は，ジェンダー

論の立場から女性の権利擁護のために展開されたものであり，家族の集団性よりも家族を構成する個々の人間の権利擁護に力点をおくものである。むしろ，近年においてこのような「家族の個人化」を制度的にも容認すべきであるとする傾向も強い。その意味では，日本型近代家族の黄昏時にこのような要求が出てくることは，二重の意味で理解されうることである。

それにもかかわらず，「選択的夫婦別氏の議論は尽くされたか？」と問わなければならないのは，制度のもつ意味や法の体系性を考えたとき多くの疑問が生まれてくるからである。

選択的夫婦別氏(姓)に対する疑問は次の三点に要約することができる。一つは，選択的夫婦別氏制は女性の権利を擁護しようとする人々からも家制度の維持を図ろうとする人々からも幅広く支持される傾向にある。また，選択的夫婦別氏制が「同氏」も「別氏」も認める選択度＝自由度の高い制度であるとする議論もある。しかし，夫婦同氏(姓) に期待し，夫も姓でもなく妻の姓でもなく，第三の姓をつけたいと考えたとしても，選択的夫婦別氏制の下ではこれを実現することができない。「選択的」と言いながらも，選択肢は限定されているのである。

また，すでに述べたように，「氏 (姓)」や「名前」は歴史に多様な意味を持ちながら展開してきた。国家は，現在「氏」や「名」にどのような意味を持たせようとしているのであろうか。「氏」と「名」が個人を特定する記号に過ぎないのであれば，国家がなぜ夫婦同氏とか夫婦別氏について議論する必要があるのかという問題である。また，「夫婦別姓」「夫婦同姓」のどちらでもよいというのであれば，「名付け」「改姓」「改名」をめぐってもなぜ国家がこれを規制する必要があるのかが問われる。「氏名 (名前)」をめぐる問題は根本的に考え直す時期にきているように思われる。今回の選択的夫婦別氏ではこの種の議論は展開されていない。

さらに，問題なのは，選択的夫婦別氏制が家族を構成する個々人

の権利を擁護するという立場に立ちながら，同じ法の体系の中に家的伝統を引き継いでいる祭祀条項*が残ることである。「系譜・祭具及び墳墓の所有権は，……慣習に従って祖先の祭祀を主宰すべき者がこれを承継する」（民法897条）が残され，祭祀承継をした者が配偶者の死亡や離婚によって復氏した場合，承継した祭祀をどうするかについて民法は規定している（751条・769条）。これらの規定相互の整合性をどのように理解するのであろうか。選択的夫婦別氏制は異なった価値観を持つ人々にも支持される構造を持っていることはすでに述べたが，選択的夫婦別氏（姓）制と祭祀条項の民法（家族法）の中での併存は法の体系性の大きな矛盾として認識されるのではないだろうか。

参考文献
久武綾子　2003　『夫婦別姓──その歴史と背景──』世界思想社
星野澄子　1994　『夫婦別姓時代──氏名とわたしの自然な関係──』青木書店
法務省民事局参事官室　1995　『婚姻制度等の見直しの審議に関する中間報告及び報告の説明』
黒木三郎・瀬野精一郎・村武精一編　1988　『人の名・族の名・家の名──氏──』三省堂
高橋菊江・折井美耶子・二宮周平　1995　『夫婦別姓への招待──いま，民法改正を目の前に──』有斐閣
上野和男・森謙二編　1999　『名前と社会──名付けの家族史──』早稲田大学出版部

※ 用語解説 ※
太政官　明治初年の内閣制度の設置（1885年）まで存続した令制の最高行政官庁。1871年7月の太政官制の改革にともない，全国一般に布告する制度・条例に関する件は太政官より発令するとしたが，現実には各省の布告も平行して発布された。

祭祀条項　祖先祭祀を規定した民法の条項。法的には祭祀の承継は祭祀財産（系譜・祭具・墳墓）の承継として現象する。明治民法では祭祀の承継を家督相続の特権として位置づけ（第987条），現行民法では祭祀の承継者（祭祀主宰者）を慣習によって定めるとした（第897条）。

3 祖先祭祀の変貌

森　謙二

Key Words　祖先祭祀　無縁墳墓　人口移動
少子化　祭祀承継

1　死者と家族

　日本型近代家族の特徴を一言で表現するならば，祖先崇拝の機能を組み込んだことだろう。近代になっても祖先の祭りを維持することが求められたために，日本の近代家族の中では「あとつぎ」の観念が残り，定位家族*と生殖家族*の連続性が求められた。しかし，20世紀末になると，少子化の中であとつぎの確保が困難になり，日本型近代家族の解体が始まった。

　家族がその構成員の死とどのように関わるかはすぐれて文化的な問題である。すでに述べたように，西欧社会では10世紀の頃キリスト教の受容とともに祖先崇拝の機能が家族から解除された。偶像崇拝を禁止するキリスト教の下では死者の祭祀が教会の祭祀に組み込まれ，家族が死者の祭祀を承継するという構造は西欧社会では形成されなかった。もっとも，死者の埋葬義務は家族にあるとされてきた。ヘーゲル（G. W. F. Hegel）は，『精神現象学』の中で，ギリシャ神話のアンティゴネの挿話を引用しながら，家族による死者の埋葬義務を最後の道徳的義務と位置づけており，ホルクハイマー（M. Horkheimer）も『権威と家族』のなかで，ヘーゲルを引用しながら，遺体を墓地（あるいは教会）に運ぶことを家族の最後の道徳的義務と考えた。しかし，子孫による遺体や遺骨の承継を求めていない。

　西欧社会では遺体は伝統的に教会に置かれてきたが，近代になると遺体が墓地におかれるようになった。墓地に運ばれた遺体（死者）の管理は伝統的に教会へ委ねてきたが，近代に至るとその機能を国

家（地方自治体）が代替するようになり、死者に対する墓地の提供は国家（地方自治体）の責務とされるようになった。

日本では、10世紀の頃から上層階層において徐々に死者の祭祀を家族・親族によって承継していくという慣行が形成された。これが庶民階層に浸透するにはなおしばらくの時間が必要であったが、およそ17世紀になって小農の家の自立とともに庶民階層でも祖先崇拝の観念が形成され、死者は家族や親族によって葬られ、その祭祀は子孫によって引き継がれた。もっとも、遺体や遺骨は「自然」に帰るとされ、また一定の年忌を経過するとトモライアゲを行い個々の死者の祭祀を終了するとしたので、必ずしも超世代的に遺体や遺骨の承継が行われていたのではない。しかし、死者の埋葬だけではなく、死者の祭祀は子孫によって引き継がれるべきとする儒教的な祖先崇拝の倫理が徐々に形成されていった。明治民法では家督相続の特権として墳墓の承継が規定され、また火葬の普及によってカロートに遺骨を埋蔵する習俗が浸透したために、家族の遺骨が一つの墳墓に合葬されるようになり、一つの墳墓の承継が先祖の墓の承継と同意義に理解されるようにもなった。さらに、近代日本の家族は祖先祭祀（崇拝）の機能を組み込んだままであり、死者の埋葬も広義の祖先祭祀の一環として捉えられてきた。つまり、死者を埋葬することと墳墓の承継は区別されることなく、超世代的に家族（家）によって私的に継承されるべきであるとされ、墓地の確保も第一義的には家族が行うべき義務として理解された。

もっとも、明治民法が規定した家の祖先祭祀、つまり長男による一系的な祖先祭祀あるいは長男による祭祀権の独占という構造は、立法者による理念化された祭祀のあり方を規定したものであり、必ずしも伝統的な祖先祭祀のあり方を反映したものではなかった。

2 多様な祖先崇拝の形態

伝統的な日本の家族のなかでは、死者の祭祀は多様な形態で行われていた。そのいくつかの習俗を挙げておこう。

位牌分け　親が死亡したとき親の位牌を子どもの全てに配る習俗。また，単に位牌を分けるだけではなく，親の葬儀費用を分担する地域もある。栃木県那須郡馬頭町では，喪家で設ける帳場には施主（跡継ぎ）の帳場だけではなく，子どもの数だけの帳場が設けられており，その子どもと義理深く交際をしている場合には施主だけではなくその子どもの帳場にも香典を出すとされる。そして，子どもたちは「手伝い金」と称して施主にお金を渡し，子どもたちは葬儀費用の一部を分担していた。この習俗の特徴は，祭祀の承継が家の原理ではなく，親子で行われていることであり，子どもたちが共同で祭祀を承継していることである。このような習俗は北関東地方から中部地方にかけて，そして伊豆諸島に分布している。

トウマイリ　親が死亡した後その子どもたち全員が定められた日（一般には，8月初旬から盆が始まるまで）に生家に集まり，墓参りをする習俗。親が死亡した初盆には，その子どもの家でも（子が婚出した女性であれば婚家でも）新盆の棚を作り，死者の供養をする。また，トウマイリはしばしば二代にわたって行われることがあるが，姪や甥たち（子の子からみれば従兄弟たち）が生家にトウマイリに来るようになる。この習俗の特徴は，親の祭祀をその子たちが共同で承継することであり，さらに自己の母の親（母方の両親）の祭祀までも引き継ぐ。トウマイリは奈良県の大和高原に分布する習俗であるが，同様の習俗は近畿地方によく見られるものである。

分牌祭祀　夫（父親）と妻（母親）の位牌が分けられ，別々の場所で祭祀される習俗。一般には隠居習俗と複合した形態をとる。本家（＝母屋）を継いだ長男が父親の位牌をまつり，隠居分家となる次男が母親の位牌をまつるのが普通であり，年忌法要もまた父親は長男家で，母親は次男家で行われることになる。特徴的なことは，父親と母親の位牌が別の家でまつられていることである。この習俗は，西南日本には点々と分布し，さらに北関東地方にも分布している。

複檀家制　夫と妻，男と女でそれぞれが属する檀那寺を異にす

る習俗。ここでは家を構成する人々が同一の檀那寺に属するのではなく，寺院からみれば，一家が複数の檀家に属しているので「複檀家」と呼ばれる。この態様は複雑で多様であり，結婚や縁組みによって移動があっても檀那寺を変更しない形態，家の構成員が男女によって異なっている形態，檀那寺の継承に関しても子どもは父親の檀那寺を継承する形態，あるいは男子は父親の，女子は母親の男児の継承をする形態等のように地域によって大きな違いがある。この習俗は北陸・東山道・中部地方から関東地方にかけて比較的色濃く分布している。

分牌祭祀・位牌分け・トウマイリは死者の祭祀の承継に関わる習俗であり，複檀家制は檀那寺の継承に関わる慣行であり，全体として非〈家〉的と解釈されることがあるが，内容的には同じ性格を持っているわけではない。

位牌分け・トウマイリは，親の祭祀をその子たちが共同で承継する習俗を示したものであり，全ての子は親の祭祀供養を行う権利・義務を持つことを示している。理念化された家の論理のもとでは，家長が先祖祭祀の権利を排他的に独占し，あとつぎである長男がこの地位を継承することを原則としている。明治民法はこれを「家督相続の特権」という表現で規定した。この意味では，家の祖先祭祀と祭祀の共同承継を内容とする習俗とは異質の構造を持つ。さらに，トウマイリ習俗に見られるように，家の継承のラインにそった人々だけを〈先祖〉として意識するのではなく，母親の親もまた〈先祖〉として意識する考え方にも注目しておかなければならない。ここでは，双系的な社会構造のもとでの〈先祖〉観が表現されている。

分牌祭祀は父親と母親の祭祀を分割して相続する形態である。ここでは長男による排他的・独占的な祭祀の承継とは異なった習俗を読みとることができる。

複檀家制は多様なバリエーションを持つが，その中でも他家から来た嫁が結婚後も生家の檀家に属する習俗に注目したい。これは，

出嫁女が生家の檀家を引き継ぐだけではなく，出嫁女の葬儀や埋葬をも生家で行う習俗とも結びついている。「夫婦別氏」の節（Ⅰ-2）でも述べたが，出嫁女が結婚によって生家への帰属権を喪失していなかったことを示すものであり，この延長線上に「婦女人ニ嫁スルモ仍ホ所生ノ氏ヲ用ユ可キ事」(明治9年3月17日，石川県伺いに対する太政官指令)とする夫婦別氏の指令が出されることになる。この背景には家制度をめぐる武家階層をも含めた古い伝統的な習俗や慣行が横たわっており，女性の帰属をめぐる「旧い家」のあり方の一つを示すものであった。

わが国では，親子による祭祀承継の習俗は普遍的に見られたものの，長男による排他的・独占的な祭祀の承継という構造は必ずしも普遍的なものではなかったし，妻が結婚によって夫の家にはいるという枠組みも普遍的なものではなかった。明治民法は，多様な祖先祭祀の習俗を「家督相続の特権」という言葉を通じて概念化し，理念化された家の祖先祭祀という枠組みを規定したものであると言える。

3 祖先祭祀の動揺と日本型近代家族の解体

家督の単独相続制は，家の断絶（絶家）を道徳的悪とする社会のもとでは実子（長男）による相続だけではなく，養子（婿養子を含む）によって補完されなければならなかった。したがって，家の祖先祭祀が強調されればされるほど，祭祀承継者を確保するために養子（非血縁者）による祭祀の承継が増加し，結果的には非血縁者による祭祀の承継，つまり日本に特殊な祖先祭祀の慣行が形成されることになった。

明治国家のもとでは，経営体としての家の重要性は低下したが，祭祀承継の母胎としての家は強化され，祖先祭祀の担い手としての家が強調された。祖先祭祀を維持し，家の承継を確保するための養子制や絶家再興のような様々な装置が必要とされた。しかし，社会の近代化の中では，家の承継を脅かす要因は複合的でしかも避ける

ことはできなかった。

その一つは，人口移動である。人が移動しても墓地が一緒に移動するわけではない。戦前には人々の大きな移動の契機はいくつかあった。明治初年，幕藩体制の崩壊とともに江戸（東京）を中心として江戸詰めの旧武士たちの帰郷，つまり人の大規模な移動が発生した。また，明治20年代以降になると，近代化＝資本主義化に伴う人々の移動が始まる。もっとも，この時代の人々の移動は家の解体ではなく，新しい家（日本型近代家族）の創出でもあった。つまり，立身出世を求めて都市へ移動した人々は，柳田国男が論じたように没落した家を再興して新しい家の先祖となり，新たなる家々の第一祖となることを求めた。けれども，人々の移動が続く社会の中では新たに創出された家がそれ以降も承継されていくという保証はなかった。大正期から昭和初期になると動揺する家に対して危機感が抱かれるようになる。森岡清美が新興宗教の分析を通じて一系的な祖先祭祀の動揺について分析したのもちょうどこの時代を対象としたものである。そして，昭和7年（1932）には承継者がいなくなった無縁墳墓を改葬する法的手続きが整備された。

人々の移動は，戦後の高度成長期にも激しくなる。特に戦後の混乱期を経た人々の移動は，近代化＝民主化が標榜されていたにもかかわらず，程度の差はあったにせよ明治期の人々の移動と同様に新しい家の創出という側面をもった。その意味では，「新しい家の先祖」は明治以降繰り返し再生産され，増大する人口とともに新しい家が絶えず創出されてきた。と同時に，新たに創出された家が人々の移動とともに断絶する傾向は以前にも増して激しくなった。

それに加えて，少子化がこの問題に拍車をかける。少子化はアトツギの確保を困難にした。我が国では昭和30年代から合計特殊出生率の急速な低下が始まるが，昭和49年（1974）以降合計特殊出生率が人口置換水準（2.08）を切り，それ以降2.0を回復することなく少子化が進行する。昭和49年のこの時代は，戦後生まれのいわゆる団塊の世代が結婚適齢期に達した時代であり，この時期から本格的な

少子化が始まったことになる。そして，少子化によってアトツギの確保が物理的に困難になったとき，親の世代の家族と子の世代の家族との連続性を前提とした「日本型家族」の存続が事実上不可能になったのである。

また，少子化のなかで祖先祭祀をめぐる意識も変容するようになる。この意識の変容は団塊の世代以降のなかで顕著に見られる。まず，お墓を親子によって承継していくという構造に疑問を持ち始めてきたことである。表1は自分の墓を継いでくれるアトツギについて尋ねたものである。ここでは「決まった人がいる」と回答した人が4割程度に低下したということだけではなく，お墓を継いでもらうことを希望しないという人が増加してきていることに注目したい。実際に，家族墓に代わり，少しずつアトツギを必要としない散骨や合葬式共同墓*が普及していることにもそれが表現される。

さらに，祖先を祭祀するという意識そのものも少しずつ変容している。表2は祖先祭祀の意識について尋ねたものである。「祖先の祭祀は子孫の義務か」という問いに対して「そう思う」（＝積極的肯定）「どちらかと言えばそう思う」（＝消極的肯定）の合計では87.7%と祖先祭祀を肯定する傾向が相変わらず強い。しかし，ここでも大きな変動の兆しを読みとることができる。まず，積極的肯定と消極的肯定を比較した時，前者の選択する人の割合が減少し，後者を選択するものが増えている。特に20歳代では平成10年段階で積極的肯定＝50.8%・消極的肯定＝32.1%であったものが，平成15年段階でそれぞれ25.0%・52.8%とその数値が逆転し，積極的肯定が著しく減少する。30歳代・40歳代・50歳代でも同様の傾向が窺える。また，「そう思わない」（積極的否定）と「どちらかと言えばそう思わない」（消極的否定）の合計値は平成10年（1998）と比較して平成15年には2.6%増え，40歳代を除いて各世代でその割合が増えている。

祖先祭祀をめぐる環境や意識は大きな変貌を遂げつつある。これまで死者たちは子孫によって祀られてきた。死者たちが子孫によって祀られなくなったとき，死者たちはどこに行くのだろうか。死者

表1 あなたのお墓を継いでくれる人はいますか（年齢×性別）

数字は構成比 (%)

あなたのお墓の承継者		20-29歳	30-39歳	40-49歳	50-59歳	60歳以上	男・計	女・計
決まった人がいる	平成15	12.7	25.0	30.9	46.4	68.3	40.4	43.3
	平成10	8.3	29.8	47.0	60.6	76.8	48.9	53.3
期待する人がいるが決まっていない	平成15	19.3	33.3	45.9	32.5	21.1	28.5	30.2
	平成10	17.1	36.1	31.6	24.6	13.8	22.0	24.8
決まった人も期待する人もいない	平成15	52.4	32.1	13.3	11.4	6.4	22.8	17.1
	平成10	23.8	15.7	10.5	6.0	5.3	13.9	7.6
墓を継いでもらうことを希望しない	平成15	11.3	8.8	9.4	8.3	3.9	7.6	7.8
	平成10	5.2	6.7	3.3	2.1	0.8	3.2	3.0
無回答・わからない	平成15	4.2	0.8	0.4	1.4	0.2	0.7	1.7
	平成10	45.6	11.8	7.6	7.0	3.3	11.9	11.3

表2 年齢別の祖先祭祀についての意識

祖先の祭祀は子孫の義務か		20-29歳	30-39歳	40-49歳	50-59歳	60歳以上		男・計	女・計
						60-69歳	70歳以上		
そう思う	平成15	25.0	32.9	45.1	48.4	63.9	—	47.2	45.8
	平成10	50.8	49.0	57.2	65.3	75.0	82.2	62.3	63.9
どちらかと言えばそう思う	平成15	52.8	50.8	42.5	41.2	29.7	—	39.2	43.1
	平成10	32.1	37.6	27.0	27.4	19.3	11.1	26.1	26.0
どちらかと言えばそう思わない	平成15	10.8	7.9	6.0	4.8	2.8	—	6.0	5.7
	平成10	3.6	7.5	9.5	1.1	2.4	1.6	3.8	5.1
そう思わない	平成15	10.4	7.9	6.4	5.5	3.0	—	7.0	5.1
	平成10	10.4	5.1	4.6	4.2	2.4	3.1	6.0	3.6
無回答・わからない	平成15	0.9	0.4	0.0	0.0	0.7	—	0.6	0.3
	平成10	3.1	0.8	1.6	2.1	1.0	1.6	1.8	1.5

出典：平成10年は「墓地に関する意識調査」（厚生科学特別研究事業，主任研究者　森謙二），平成15年は「お墓をめぐる意識調査」（日本学術振興会科学研究費補助金研究，代表者　鈴木岩弓）による。

たちを葬り祭祀する新たな装置を作ることなく，祖先祭祀を維持する環境が崩れつつある。死者たちは，さまよいはじめている。

参考文献

藤井正雄・義江彰夫・孝本貢編　2003　『家族と墓（新装版）』早稲田大学出版部

石川利夫ほか編　1988　『生者と死者——祖先祭祀——』三省堂
孝本　貢　2001　『現代日本における祖先祭祀』御茶の水書房
森　謙二　2000　『墓と葬送の現在——祖先祭祀から葬送の自由へ——』東京堂出版
―――――　2001　「家（家族）と村の法秩序」水林彪ほか編『法社会史』新体系日本史 2，山川出版社
森岡清美　1984　『家の変貌と先祖の祭り』日本基督教団出版局

※ 用語解説 ※

定位家族（family of orientation）・生殖家族（family of procreation）　生まれ育った家族（定位家族）と結婚して創設した家族（生殖家族），生育家族と創設家族ともいう。

合葬式共同墓　家族ではなく，不特定の人々を合葬する墳墓（あるいは納骨堂）。戦争で独身を余儀なくされた女性たち（女の碑の会）が 1990 年に京都の常寂光寺に「志縁廟」を建立したこと，新潟の寺院が「安穏廟」を設置したのがそのはじまり。伝統的には同族集団・村落共同体・信徒集団が一つの墓を「総墓」と呼んで共有するケースもあった。現在では地方自治体（東京都や一部の市町村），寺院が経営主体となって合葬式共同墓を経営することが多い。

④ 戸籍の問題

岡本　朝也

Key Words　戸籍　本籍地　氏　個人情報の登記

1　何が問題なのだろうか

　社会学やジェンダー研究，それに社会運動の世界では，しばしば戸籍が問題視される。しかし，その具体的な問題点は必ずしも明確ではない。典型的には「婚外子差別を引き起こす」「天皇制を支える」「国家による個人情報管理である」ということが言われるのだが，それらには反論がありえる。そのひとつは，皇族に戸籍がないのは天皇制の問題であり，婚外子差別の原因は家族や結婚の制度であって，戸籍は単に情報を管理しているだけだというものだ。情報の管理にしても，出生年月日，婚姻，親子関係の情報を登記・証明したいというニーズがある以上，国家がそれをすることが無条件に間違いだとは言えない（企業や共同体がやったほうがよいという理由はない）。

　このように考えてゆくと，そもそも戸籍には問題がないように思えてくる。しかし，それは早計である。多くの人が違和感を表明するのには，それなりの根拠がある。実際国家や家族のあり方にまで言及しなくても，戸籍には二つの問題が指摘できる。それは，①情報を記録する仕組みが不合理で使いにくいこと，②特定の生活様式を擁護するように見えること，の二つである。本節ではこの問題を検討する。まず，戸籍の実態を見よう。

2　登記としての戸籍

　法律や行政を専門に扱う人々は，おおむね戸籍を個人の状況を登

録する制度として理解し、その精密さと確実性を高く評価する。この場合、戸籍は基本的に個々人の出生、婚姻、親族関係などの状況（「身分事項」と呼ばれる）を記録するためのカードだと見なされることになるが、実際の戸籍について調べると、確かにそうした面があることがわかる。戸籍はＢ４サイズのカードで、本籍地＊の市区町村役場に地番順に整理して保管されている。用紙は戸籍そのものの情報を記載する欄と、個人の情報を記載する欄に分かれていて、戸籍の情報の欄には本籍地の住所と戸籍筆頭者＊の名前が記載されており、個人の情報の欄には、その戸籍に入っている人の名前（名のみ、姓なし）、性別、両親の姓名、続柄と身分事項が記載されている。戸籍は原則として婚姻の度に新しく編製され（転・分籍や、離婚、帰化、出生などで編製される場合もある）、夫婦とその未婚の子までが記載される。出生・死亡の際には該当者が戸籍に追記・削除され、また、養子縁組や離婚の際にも追記・削除が行われるが、その場合には前にいた戸籍や次に入る戸籍の情報が書かれ、相互参照が可能なようになっている。

　以上は、証明書類としての戸籍の説明である。しかし、戸籍にはもっと別な面もある。次項では、本籍地、戸籍筆頭者、氏の三つから、その点を確認する。

3　余計なものがある

　本籍地は、戸籍の最初の欄に書いてある住所・地番である。一方、戸籍筆頭者は、個人欄の最初に名前が書いてある人のことで、この人の姓名は本籍地欄の下の欄にも書かれる。また、戸籍の氏は筆頭者の姓と同じもので、その戸籍に入っている人は全員がこの姓を名乗ることになる。

　登記の実務の立場からは、これらのものは単なる記号だと説明される。たとえば、本籍地と戸籍筆頭者は、個々の戸籍を特定するためのインデックスであると言われる。本籍地によって保管されている市町村と保管庫の中での位置が特定され、同じ本籍地に複数の戸

籍が置かれている場合には，戸籍筆頭者によって目的の戸籍が特定されるというのだ（だから，本籍地は日本国内のどこでもよく，戸籍筆頭者にも特権はないとされる）。一方，氏は，戸籍法第6条が「戸籍は，市町村の区域内に本籍を定める一の夫婦及びこれと氏を同じくする子ごとに，これを編製する（後略）」と規定するように，あらかじめ個人に付けられた記号のようなものだとされている。しかし，これらの言い方は必ずしも正確ではない。本籍地・筆頭者・氏は，単なる記号ではないのだ。

まず，本籍地について。本籍地は実在する住所・地番でなければならないとされている。末尾の番号に至るまで，実在の住所と正確に同じでなければならない（しかし，実際にその土地に何があるかは関係ないし，所有者の了解もなくていい）。これはずいぶん奇妙な規定である。市町村名が架空だと不都合が生じるのはわかるが，町名や番地が実在のものでなければならないのはなぜか。管理に混乱が生じるのかも知れないが，それなら通し番号か何かにすればよいはずである。本籍地は明らかにインデックス以上のものなのだ。

第二に，筆頭者について。戸籍の氏は筆頭者の氏によって決まり，他のメンバーはその姓を名乗ることになる。例えば婚姻の際には夫か妻の氏を選択して新戸籍を編製するが，姓を選択した方の人が自動的に筆頭者になり，配偶者はその氏を名乗る。筆頭者が養子縁組をした場合には，戸籍員全員の姓が変わるし，離婚や分籍に際しては筆頭者でない人が戸籍から出てゆく形になっている。つまり，戸籍筆頭者はたまたまその戸籍の先頭に書かれているために姓名がインデックスに利用されている人ではない。筆頭者は（それが重要なことであるかどうかは別にして）戸籍の所有者として扱われているのだ。

最後に，氏について。氏は個人にではなく戸籍に付けられ，しかも固有である。氏は戸籍の数だけあり，それぞれが全て違うものなのだ。たとえ表記と読み方が同じでも（これを「呼称上の氏が同一である」という），戸籍が違えば別の氏であるとみなされる（「民法上の氏が同一でない」という）。例えば，離婚後に筆頭者でない方の人が

新しく自分を筆頭者とする戸籍を編製する場合があるが、このとき希望者は婚姻中の姓を名乗り続けることができる。山田太郎と離婚した花子が山田姓のままでいられるのだ。だが、法的にはここで姓が変わったことになっている。離婚後の山田花子は離婚前の山田花子と違う姓を名乗っているのだ。それは、花子の戸籍が変わったからである（このため、花子の子どもは手続きをしてからでないと太郎の戸籍から花子の戸籍に移ることができない）。また、元の戸籍に戻る場合は、その現在の姓を名乗ることになる。親元の姓が、何らかの理由で（例えば田中から鈴木に）変更されていたとしても、離婚した花子は（山田を名乗らない場合は）「旧姓」である鈴木に復籍するのだ。この場合、（同じ戸籍に付いているので）田中と鈴木は同じ「民法上の氏」だとみなされる。つまり、戸籍法上は姓は個人の名前の一部ではないのだ。それは、戸籍への所属を表す符号として機能するのである。

こうしてみると、戸籍はかなりややこしい仕組みになっていることがわかる。戸籍は実在する住所に置かれ、筆頭者のものとみなされ、メンバーがその氏を名乗るような登記単位なのだ。こうした仕組みは、情報登録の制度としてはあきらかに問題がある。第一に、ある情報（出生年月日など）を登録・検索するために余計な情報（両親の婚姻状況など）を入手しなければならず、システムとして不合理である。第二に、この方式では筆頭者のもとでメンバーが一体となって活動する家族が、制度の理解や情報へのアクセスで最も有利になるようになっており、その意味で戸籍は特定の生活様式を擁護するという、本来期待されない働きをしていると言える。つまり、戸籍には余計なものが付いているのだ。それはなぜなのだろうか。理解する鍵は戸籍の歴史にある。

4 「家」としての戸籍とその変容

現在の戸籍制度は明治4年戸籍法（1871年）によって作成された壬申戸籍＊をその直接の祖先にしている。壬申戸籍は江戸時代末期

に長州藩が作った制度を改善したもので，それ以前の人別帳などとも共通する特徴を持っていた。江戸時代の戸籍や人別帳は人を「家」単位で登録するとともに，その「家」の人を村や町のメンバーとして認めるという機能を持っていたが，壬申戸籍もこれとよく似た働きをしたのだ。その結果として，①戸籍には戸主の妻子や兄弟・居候など実際に家に住んでいる人と（出稼ぎなどで）他の土地に居住している人の両方が登録され，また②人々の間に故郷の村のメンバーであり続けるために転居しても戸籍は移さないという習慣が生じることになった。

その後，社会の発展とともに生活は変わり，転居もさかんになったが，その移動に際して戸籍＝本籍地を移さない人々が多かった。つまり，移動が必ずしも「家」の分割を意味しなかったからである。このため，戸籍が居住の事実を表さないことになり，本籍地と住所は大きく乖離するようになった。また，同居しなくても同籍できるため，戸主の子孫たちは分家をしない限り同じ戸籍にとどまり続けることになり，同居していない何組もの親子や夫婦を含む親族が一つの戸籍の中に記載されることもあった。戸籍は肥大化し，複雑になり，現実の家と乖離するようになった。戦後になって，家制度の廃止・戸籍法の改正（1948年）によって戸籍は夫婦を単位とするように改められ（同時に戸主も筆頭者に変えられた），戸籍は単純化・簡素化し，1952年の住民票＊の導入によって本籍地が住所と完全に切り離され，本籍地は単なる見出し項目になった。こうした改革は「家」を廃止した結果だと言われているが，戸籍が完全に昔のスタイルから切り離されたわけではない。姓や本籍地のなかには「家」としての性格が強く残されていることになったのである。

5　未来の戸籍

現在の戸籍の姿は，以上のようなものである。では，今後はどのようなものになるべきだろうか。登記・証明制度という観点から以下のような改善点が指摘できる。まず，本籍地と戸籍筆頭者の存在

はあきらかに不合理であり，整理番号に置きかえるべきだと思われる。これに伴って氏に関する考え方を改め，少なくとも離婚や養子離縁の際には両親・元配偶者の姓や旧姓を，戸籍と関係なく自由に選んで名乗れるようにする必要があるだろう。要するに「家」的な要素を戸籍から完全に排除してしまうのだ。最終的には，戸籍は廃止してしまうのがよいと思われる。出生や婚姻の届書をコンピューター化すれば，それらをリンクして相互参照することで個人情報の把握は簡単にできるし，そうなればどの戸籍に登録すべきかという問題も，氏の問題も起こらない。もちろん，これは特定の家族様式の擁護や排除を意味しない（家族のあり方，夫婦や子どもの姓の選択については，別な議論が必要である）。戸籍がなくても「家」を守ることはできる。しかし，現在の制度のもとでは家族に縛られたくない人は生きづらい。このようなことは問題であり，改められなければならない。公共の制度は特定の価値観を強要するものであってはならない。個人情報の登記と証明は価値観中立的で合理的な制度によって担われなければならないのだ。

参考文献

福島正夫　1967　『日本資本主義と「家」制度』東京大学出版会

長谷川善計・竹内隆夫・藤井勝・野崎敏郎　1991　『日本社会の基層構造――家・同族・村落の研究――』法律文化社

石井良助　1981　『家と戸籍の歴史』創文社

戸籍法50周年記念論文集編纂委員会編　1999　『現行戸籍制度五〇年の歩みと展望』日本加除出版

戸籍と天皇制研究会編　1996　『戸籍解体講座』社会評論社

大藤　修　1996　『近世農民と家・村・国家――生活史・社会史の視座から――』吉川弘文館

佐藤文明　2002　『戸籍って何だ――差別をつくりだすもの――』緑風出版

利谷信義・鎌田浩・平松紘　1996　『戸籍と身分登録』早稲田大学出版会

※ 用語解説 ※

本籍地　一般には戸籍の所在地。都道府県，市区町村，地番号または街区符号の番号で表示される。

戸籍筆頭者　　現行戸籍法のもとで編製される戸籍簿の筆頭に記載される者。ただし，戸籍簿上に明記される用語ではなく，第1列下段の〈氏名〉欄に記載され，上段の〈本籍〉欄と併せて「戸籍の表示」と呼ばれる。

壬申戸籍　　1871年（明治4）4月4日の太政官布告戸籍法によって編製された戸籍。71年7月14日に廃藩置県が行われ，新しい府県制度の下で実施され，72年（明治5）中に一応完成した。この明治5年の干支をとって壬申戸籍と呼ばれている。

住民票　　住民基本台帳法に基づいて作成された個人または世帯の記録票。かつて，本籍以外の一定の場所で，90日以上住所または居所を持つことを〈寄留〉と呼んだ。1914年の寄留法を廃止して51年に制定された住民登録法の下で，国民健康保険・国民年金・食糧配給に関する届出など住民の届出に関する制度を設けたが，1967年に住民基本台帳法が公布され，住民の居住関係の公証・選挙人名簿の登録その他の住民に関する事務の処理の基礎となった。

Ⅱ 近代の家族

❶ 近代家族の形成と展開

岩上　真珠

Key Words　近代家族　産業社会　夫婦家族制
性別分業　愛情

1　近代家族の登場

　現在，私たちの多くが思い描く家族像とは，「互いに愛情で結ばれた夫婦と子どもからなる集団」ではなかろうか。家族とは昔からこういうものだと思われがちだが，どこまで「昔」に遡るかという点はけっこう重要な論点である。それというのも，家族は歴史的な産物であり，時代や社会が異なれば，異なる様相を示してきたとされているからである。実は，前述のような家族観は，登場してから2世紀あまりしか経過していないというのが，今日の家族研究者の大方の見方である。それは，ヨーロッパで産業化が進行し始めた18世紀後半になって出現したと考えられている。この，近代社会におい

て登場した新たな家族モデルが,「近代家族」と呼ばれるものである。

「近代」という時代の幕開けは,いくつかの市民革命を経た18世紀後半だとする説が一般的だが,それを特徴づけるのは「経済の産業化」と「個人主義」だとされる。近代家族とは,まさにそうした「近代」という時代に対応して出現した家族とみなすことができる。最初に近代家族が登場したのは,世界に先駆けていち早く産業革命を成功させたイングランドにおいてであると言われている。

アメリカの社会学者ムーア(W. E. Moore)は,産業化がもたらした影響のうち,家族との関連では次のような点を指摘している。すなわち,1.国民経済の商業化されたシステムへの生産部門の繰り込み,2.農業人口の大幅な減少,3.個人の生涯のうちでも,世代間を通じても,高度の労働移動を要求する職業構造の成立,4.地理的・社会的な広範な移動性がもたらす拡張的親族組織への否定的な影響および,大人の世代間,大人のきょうだい間における密接な絆の後退,5.広範な「家族の解体」による伝統的パターンの崩壊と不完全ながらも新しい制度の成立,6.配偶者選択と親子関係への個人主義の影響,7.家族が経済的単位でなくなることによる女性の社会的地位の低下,といった点である[ムーア 1968:122-130]。要するに,近代家族は,産業化の過程で家族から生産が切り離され,基本的に家族が消費の単位になったことに由来する一連の社会的動向と関連して形成されたものである。また同時に,行為主体としての「個人」が社会システムの前面に登場してきたことに対応して,「個人」と「個人」の関係のあり方が,はじめて意識されるようになった家族でもある。

2 近代家族の特徴

近代家族はまず,夫婦を中心とする小規模の単位をなす。上述の,「不完全ながらも新しい家族制度」とは,新たに登場した夫婦中心の家族のあり方,つまり夫婦家族制を指している。夫婦家族制とは,結婚によって家族が形成され,子どもを生み育て,すべての子ども

たちは適当な時期に親元から離れて自らの家族を形成すると同時に，親のほうは再び夫婦だけとなり，どちらか一方の死によってその家族は終焉するというパターンを描く。理念的には，夫婦を基軸に家族の形成と終焉が想定されている一世代限りの家族である。それは，世代間の連続性と家族の永続性を強調する伝統的家族に代わって，配偶者相互および子どもへの義務と責任を強調する新たな家族制度と見なすことができる。近代家族とは，近代産業社会に成立したこうした新たな家族制度(夫婦家族制)にもとづく家族のことであるが，この近代家族の特徴は，ほぼ次のようにまとめられている［落合 1989: 18］。

1) 家庭領域と公共領域の分離
2) 家族成員相互の強い情緒的関係
3) 子ども中心主義
4) 男は公共領域・女は家庭領域という性別分業
5) 家族の集団性の強化
6) 社交の衰退
7) 非親族の排除
8) 核家族

社会における近代化，産業化，都市化の進展とともに，それに対応して18世紀後半から19世紀にかけて，こうした特徴で彩られる「近代家族」がヨーロッパを中心に制度化されるようになった。また，近代家族を取り巻く社会生活の新たな舞台装置として，それまでの地域集団や親族集団に代わって，消費社会，学校，余暇文化などが登場してくる。生活の舞台装置が大きく転換したのである。

新たな舞台装置のなかで登場してきた近代家族では，理念的には，夫婦相互の信頼や愛情という夫婦イデオロギーが強調されるようになった。とはいえ，初期においては前近代の家父長制的な傾向を色濃く残していた。その後も，公共領域はもっぱら男性の領域とされたことから，社会的，経済的，また精神的にも，男性（夫／父）を中心とする家族のあり方が，20世紀後半に至るまで続くことになる。

その意味で，近代家族は構造的にも実態としても，父権（夫権）的家族であったと言ってよい。産業革命以降の，男性を主な経済活動の担い手とする社会システムと，それに呼応するように組み込まれた，家族内の男性（夫／父）がもっぱら経済活動を担当し家族（妻や子どもたち）を扶養するという性別分業の形が，近代家族が装備した基本的な相貌だったのである。

3 「愛情」の陥穽

　近代家族が備えたもう一つの相貌は，家族成員間の愛情の強調である。「家族は互いに愛情で結ばれる（べき）」という言説が，近代家族が奏でる主旋律の一つであった。夫婦相互の愛情を基軸に，子どもに対する愛情も強調されるようになった。それは，子どもの教育や家庭内のしつけという形で実践された。言い方をかえれば，「子ども」は親から保護されると同時に，管理される対象として位置づけられるようになったのである。

　この「愛情」イデオロギーは，性別分業を支える重要な装置でもあった。しつけの分担においてもそうである。「厳父慈母」という言葉があるが，子どもを慈しむことと，ときには体罰を伴って厳しく監督することとは，矛盾することなく異なるジェンダーの親に，すなわち母親と父親に割り当てられ，そうすることが文化的規範となった。母親が子どもの世話をやくのも，父親が子どもを厳しく監督するのも，どちらも「愛情ゆえ」という構図が成り立った。こうしたジェンダーによる親役割の分担は，性別分業の一環として，家族システム内におさまったのである。同様に，夫が仕事をして妻子を養うのも，妻が食事の支度をし，室内を清潔に保ち，子どもや病人の世話をするのも，すべて「愛情ゆえ」の崇高な行為と見なされた。男女がそれぞれのジェンダーに応じて，割り当てられた役割をきちんと引き受けることこそ，家族としての愛情表現のもっとも端的な形とされたのである。

4 「家庭」の出現と主婦

　近代家族においては，女性と子どもの居場所は家庭であった。家庭とは，生産活動から解放された家族が，日常生活をともにし，食事や会話，日々の身近な活動を通じて情緒的な結びつきを確認する「場」と考えられた。家庭は何よりも家族相互の「愛情表現」の場であり，子どもたちの教育の場と考えられ，それが近代家族にもう一つの彩を添えた。家庭的家族の顔である。女性たちは，こうした「場」の女主人公として，大きな役割を果たすことが期待され，女性たち自身も誇りを持ってその役割，すなわち「主婦」を引き受けたのである。

　ただし，男性一人の稼ぎによって「妻子」を養うことができるのは，19世紀までは一部の富裕な中産階層に限られていた。ましてや，妻が「家庭」にいて子どもを教育し，家庭内を整えることは，産業化のなかで大量に生まれた労働者階級には無縁の役割であった。家庭の女主人としての主婦という役割は，明らかに使用人のいる中産階級を前提にした発想である。育児も，料理も，掃除も，実際には使用人たちが行っており，主婦はその監督役であった。しかし，性別分業を前提として家庭における女性の役割を強調する中産階級のイデオロギーは，次第に階級を超えて広がり，労働者階級の女性たちを圧迫するようになる。産業社会の拡大につれて，主婦役割は理想化されると同時に大衆化され，20世紀の最初の四半世紀頃までには，家庭内のあらゆる仕事は「主婦たる妻」自身が引き受ける役割として位置づけられるようになっていった。こうして「性別分業」と「愛情」に支えられた「近代家族」の理想像は，「よく働く頼りになる夫と料理の上手な優しい妻，しつけの行き届いた子どもたち」の核家族に結実することになる。

5　近代家族の揺らぎ

　20世紀に入り，近代家族モデルは産業化された社会で次第に広が

っていった。性別分業の構図を維持したまま，恋愛結婚の制度化とともに，夫婦イデオロギーと愛情イデオロギーは確実に浸透し，家族はより個人主義的な傾向を強めてきた。アメリカの社会学者のバージェス（E. W. Burgess）はロック（H.J.Locke）との共著『家族』[1945] において，この変容を「制度から友愛へ」と表現している。家族を「相互作用するパーソナリティの統合体」とするバージェスは，夫婦の人格的結合にもとづく家族を「友愛家族」と呼んだが，この友愛家族概念で想定される家族像，すなわち個人主義を前提にした「愛情によって支えられた性別分業型民主的家族」像は，20世紀半ばに近代家族が到達した一つの姿であった。

しかし，20世紀の終わりの四半世紀に至って，高度に産業化した社会を中心に，近代家族モデルと決別する傾向が現れ始めた。一つは，固定化されたジェンダー役割への疑問であり，いま一つは，核家族を家族の境界とする夫婦家族制の相対化である。個人主義の浸透は，個人の意思を尊重し，家族員相互の思いやりの態度を強調することになったが，結果的に，話し合いによる家族運営と男女のより平等な関係への指向を促進した。また，職業は男女双方のものとなり，ジェンダーに固定化された家庭内性別分業はまったく「時代遅れ」のものとなってきた。

こうした状況のなかで，話し合いによる問題解決と性別によらない分業のあり方を前提とする，「平等主義的共働き家族」といった新しい家族理念も登場するようになった。また，個人の選択性の増大は，生き方においても多様な方向性を描き始め，「典型的な」核家族で生活しない人たちも増えた。愛情イデオロギーの浸透は，愛情がないカップルの関係継続を困難にするとともに，「愛情があれば」結婚にこだわらないカップルを生み出した。もはや，必ずしも結婚が家族の前提ではなくなってきている。かつて，性別分業的な近代家族を支え，強化してきた愛情イデオロギーが，1970年代以降，家族の脱制度化と「近代家族」離れに拍車をかけているのは皮肉な結果である。個人の尊厳と選択性に重きをおく社会のなかで，「近代家族

の次」の家族をめざして，私たちはどのような選択をするのであろうか。

参考文献
Burgess, Ernest W. and Locke, Harvey J. 1945 *The Family : From Institution to Companionship*, American Book

正岡寛司 1988 「家族のライフスタイル化」正岡寛司・望月嵩編『現代家族論』有斐閣

ムーア，ウィルバート・E．（松原洋三訳） 1968 『現代社会学入門6 社会変動』至誠堂

落合恵美子 1989 『近代家族とフェミニズム』勁草書房

ショーター，エドワード（田中俊宏ほか訳） 1987 『近代家族の形成』昭和堂

山田昌弘 1994 『近代家族のゆくえ——家族と愛情のパラドックス——』新曜社

近代家族の中の女性

西村　純子

Key Words　ケア役割　家内領域と公共領域
主婦の誕生

1　女性とケア役割

　近代家族の諸特徴のうちで最も基底にあるのは，市場経済に対応した家内領域と公共領域の分離である。家族と市場の分離は，人びとの働き方や共同体のあり方を大きく変えた。ここでは近代家族における女性の位置づけを論じるにあたって，まず家族と市場の分離のインパクトを確認しておきたい。

　家族と市場の分離は，仕事の場が生活の場から分離することを意味する。働く場としての職場と，心身を癒す場としての家族は明確に区別される。そして食事や衣服をととのえることや情緒面でのケアなど家族のなかで提供されるサービスは，「家事」として市場労働とは区別されるものとして成立する。つまり家族と市場が分離することによって，家族は生産から分離され，ケアの場として特化されることになる。

　女性は，このようなケアの場としての家族に位置づけられた。すなわち，家内領域と公共領域の分離は，家内領域を女性に，公共領域を男性に割り当てる性別分業システムの成立とワンセットであり，近代家族の成立とは，家内領域＝女性＝ケア役割という図式の成立を意味する。

　ケアとは「世話をすること」であり，その具体的な活動とは通常，家族のなかでは家事や育児を指す。しかしケアには単に家事や育児が行われること以上の意味が含まれている。家事や育児などの活動の最も重要な要素は，他者の必要や欲求を満たす手助けをしたり，そ

のための環境を整えたりすることである［江原 2001：129］。つまり女性に期待されるケア役割とは，家族メンバーのニーズに気を配ってその場その場で行動すること，家族メンバーの気持ちを推しはかって情緒的なサポートを提供すること，といった他者を「気づかう」役割である。

こうした家庭内でのケア役割を担当する存在として登場したのが，「主婦」である。以下では，女性とケア役割の結びつきが，歴史的にいかに成立してきたかを確認するにあたり，主婦の誕生のプロセスについてみていきたい。まずイギリスにおける主婦の誕生のプロセスについて述べた後，日本の状況について論じる。

2　主婦の誕生

オークレー（A. Oakley）［1986：44-76］は，イギリスにおける主婦の誕生プロセスが，社会の産業化と密接に結びついていたことを明確に示している。

工業化以前の時代，イギリスにおける主たる産業は農業と繊維工業であった。17〜18世紀初頭の時代，綿織物の生産に携わっていた家は，小さな工場さながら，原材料を綿布に織り上げるまでの全工程を家の中で行っていた。こうした生産のしくみを家内工業制と呼ぶが，そこでは女性の労働が大きな役割を果たしていた。

イギリスでは18世紀半ば以降，産業革命の時代を迎える。紡績機が発明され，機械が次第に大型化してくると，家よりも工場のほうが作業場として都合が良い状況が生じ，人々は工場労働者となっていった。ただし最初の小規模繊維工場では，家族労働の伝統が尊重され，一家は丸抱えで工場に雇われ，父，母，子にそれぞれ仕事が割り当てられていた。

そこから「労働者保護」の名のもとに，最初に子どもが排除され，次に女性が排除されるようになる。

初期の工場労働は原生的労働関係と言われ，人々は低賃金で過酷な労働に従事せざるをえなかった。人々にとっては家族全員が賃金

を持ち寄って生活を維持するのがやっとの状態であった。この原生的労働関係は，人間の労働力の肉体的限界を無視して成立しているようなものであり，労働者は体を壊したり，病気で死んでいったりすることもあった。そうした状況は，結果的に労働力の安定的な供給をおびやかすものであった。

当時の国家にとって労働力の安定的な供給は，産業を発達させ「強い」国家の建設をすすめていくうえでの至上命題であった。そのため国家はそうした状況に対して労働力保全策というかたちで介入することになる。それが一連の工場法*である。

工場法において，まず保護の対象となったのが子どもである。1819年にまず16歳未満の夜業が禁止され，ついで1833年には，18歳以下の夜業禁止，13歳未満の9時間労働制などが定められ，次第に年少者・児童の労働市場への参加が制限された。こうしてまず子どもが工場労働から離され，大人と子どもの生活空間が分離することになった。

しかし労働市場への参加を制限された子どもは，その養育者を必要とする。そのため，次に子どもの養育役割を担う者として，既婚女性が労働市場から排除されるようになる。1844年の工場法では，成人女性の労働時間を1日12時間に制限した。これ以後も工場法は次々に改定され，女性の労働時間のさらなる短縮や女性の残業の禁止が規定される。

こうした女性と子どもの労働市場からの排除が，家族賃金の発達をともなっていたことも重要である。つまり男性に女性や子どもを養い，家族を維持していくために十分な賃金が支払われるようになり，そうした状況においてはじめて，主婦が誕生するのである。

またこうしたプロセスを補強するように，次第に強調されてくるようになるのが「女性の居場所は家庭である」という考え方である。こうした考え方はイギリスでは19世紀の中ごろまでには中流階級の女性に定着し，19世紀末には労働者階級にも受け入れられるようになった。

このようにイギリスの例をみると、主婦の誕生の契機は社会の産業化であったことがわかる。主婦という存在、あるいは女性が家庭を守り男性が外で働くという性別分業は、社会の産業化とそれによる職住分離という事態のなかで成立してきたのである。

3 日本における主婦の誕生と大衆化

それでは次に日本における主婦*の誕生プロセスをみていきたい。

日本では工場労働に従事したのは主に農村から出稼ぎに来た未婚女性であったため、イギリスのように既婚女性が工場労働から退出することによって主婦が誕生するというプロセスは経なかった［瀬地山 1996：120-125］。

日本において主婦の誕生を可能にしたのは、労働者の生活水準の上昇である。日本では第一次世界大戦後、輸出の好調と国内市場の発達によって絹業および綿業、食品、印刷等の軽工業部門の生産額が増加するとともに、重化学工業化も進展した［中川 1985：88-89］。

こうした日本の産業化の進展のなかで、都市部には新中間層と呼ばれる、一定の学歴を持ち管理労働の末端を担うホワイトカラーが登場する。彼らは他の労働者と比べて比較的高い賃金を得ており、こうした層の妻たちにおいて、生産労働から切り離され、家庭においてもっぱら家事・育児にあたる「主婦」としての生活が可能になった。そしてこの層において、母親の子どもに対する愛情を積極的に評価する態度、子どもの将来に配慮し、それゆえ子どもの教育に腐心する母親像が登場する［沢山 1984, 1990］。

またこの時期には新中間層の妻だけでなく、熟練労働者層や都市下層においても賃金水準が上昇し、主婦が誕生する条件が整ってきた。第一次大戦後の重化学工業部門の熟練労働者の賃金水準は、不熟練労働者、小・零細経営労働者の賃金水準に対してかなりの優位を占めるようになった。しかも経験あるいは熟練に対応した賃金決定のあり方は、結婚して子どもを持つにつれて生活費が増大していくという、ライフステージの変化に対応するものであった［中川 1985：

100-106, 386-389]。また都市下層においても同様に賃金が上昇し、それにともない明治末から大正初期には約7割だった妻の有業率は、この時期には44%にまで低下している。つまり1920年ごろの大正中期から末期にかけて、日本における近代主婦が一般化する条件がほぼ整ったと考えられる。

しかしこの当時、人口の大部分は農民層であったことには留意が必要である。その意味で大正期には主婦はまだ社会のごく少数を占めるにすぎなかった。日本における主婦の大衆化は、第二次世界大戦後の高度経済成長期を待たねばならない。図1は第二次世界大戦後の日本の産業別就業者割合の変化である。図を見ると戦後すぐの時代においては第一次産業が日本の主要な産業であると言えるが、その後急速にその割合は減少している。代わって第二次、第三次産業の割合が伸び、高度経済成長期を経てその割合は完全に逆転している。一方で女性の労働力率は『労働力調査』*によると、1950年

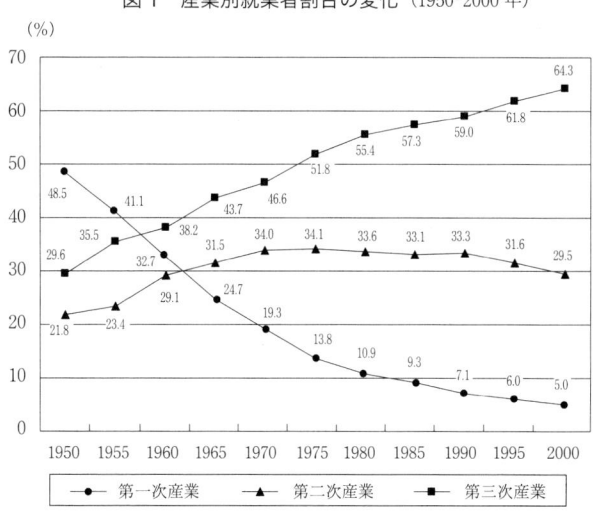

図1 産業別就業者割合の変化 (1950-2000年)

年	第一次産業	第二次産業	第三次産業
1950	48.5	21.8	29.6
1955	41.1	23.4	35.5
1960	32.7	29.1	38.2
1965	24.7	31.5	43.7
1970	19.3	34.0	46.6
1975	13.8	34.1	51.8
1980	10.9	33.6	55.4
1985	9.3	33.1	57.3
1990	7.1	33.3	59.0
1995	6.0	31.6	61.8
2000	5.0	29.5	64.3

注:総務省統計局『国勢調査』より作成。

代から高度経済成長期を経て，1970年代半ばまで低下し続けた。日本において主婦が大衆化するのは，社会の産業構造が農業中心から製造業およびサービス業を中心とする社会へ転換をとげる高度経済成長期においてである。

第一次産業従事人口の減少にともなうサラリーマン世帯の増大が夫単独稼働型の家計構造を生み出し，全体的な所得の上昇のなかで「主婦」の大衆化を押し進めたと言える。こうした大量に出現した無業の既婚女性を，マスコミは「専業主婦」と呼んだ。

4 おわりに

女性＝ケアの提供者＝主婦とするような見方は，今や家族のなかでの労働の配分にかかわるだけではなく，労働市場における仕事の配分や，日常生活において何を合理的な選択とするかに関する判断など，社会生活のあらゆる場面にかかわっている。しかしこれまで見てきたように，女性を家族内のケア役割＝主婦役割に特化する事態は，特定の歴史的条件のもとでつくられてきたものであり，それは西欧で産業化が始まってから200年，日本では100年にも満たない短い歴史でしかない。「近代家族」が，ある特定の歴史的諸条件の産物であって，家族の普遍的なあり方ではないのと同様に，女性とケア役割との結びつきも必然的なものではない。女性とケア役割との強い結びつきをほぐしたところに，「近代家族」を超えた女性と役割の新たな結びつきの可能性が開けるのではないだろうか。

参考文献
江原由美子　2001　『ジェンダー秩序』勁草書房
中川　清　1985　『日本の都市下層』勁草書房
オークレー，A.（岡島茅花訳）　1986　『主婦の誕生』三省堂
落合恵美子　1989　『近代家族とフェミニズム』勁草書房
沢山美果子　1984　「近代家族の成立と母子関係——第一次世界大戦前後の新中間層——」人間文化研究会編『女性と文化Ⅲ』JCA出版，117-144頁
―――　1990　「教育家族の誕生」『〈教育〉——誕生と終焉——』藤原書店，

108-131頁
瀬地山角　1996　『東アジアの家父長制——ジェンダーの比較社会学——』勁草書房

※ 用語解説 ※
工場法　　工場労働者の保護を目的とした法律。イギリスで1802年に制定された「徒弟健康風紀法 Health and Morals of Apprentice Act」が世界最初の工場立法と言われている。

主婦　　近代家族とともに誕生した近代主婦は、私的領域としての家庭の諸活動の決定者であるとともに遂行者とされる。日本の場合、19世紀末の近代西欧家族像の導入と儒教的価値観の混合による「家政」の担い手として定着した。

労働力調査　　総務省統計局が、1946年（昭和21）9月以降毎月、国民の就業および不就業の状態を明らかにすることを目的として行っている調査。

日本型近代家族の形成

森　謙二

Key Words　近代家族　立身出世　家制度
　　　　　　　祖先祭祀　「先祖になる」

1　日本型近代家族形成の担い手

　近代家族形成のメルクマールを，家族が生産領域から分離されること（家族が経営体＝労働組織としての性格を解消すること），夫婦や親子という家族関係が情緒的性格を持ち家族領域が親密圏として形成されることにおくとするならば，日本における近代家族の形成は明治20年代に始まったと言えるかも知れない。

　近代家族の形成の端緒となる担い手は都市における中間階層，柳田国男のいう「俸給生活者」であろう。1871年（明治4），一冊の本がベストセラーになった。発行部数は明治期を通じて百万部を超えたとされ，文部省はこれを倫理の教科書として配布したこともあった。スマイルズ（S.Smiles）『西国立志編』（中村敬宇＝正直訳）である。青年の上昇意欲（立身出世）を喚起したこの書物は，文明開化を主導し儒教倫理をもった当時の官僚エリートや没落した士族階層出身の青年たちの心を捉えた。

　立身出世を求めて地方から多くの青年たちが上京する。明治10年代の青年たちの「上京」運動は議会開設運動＝自由民権運動の展開と結びついていたが，明治20年代になると1886年（明治19）の「帝国大学令」，1894年（明治27）の「高等学校令」等，教育制度の整備を通じて，立身出世と教育が結びつくようになってきた。地方から立身出世を求めて上京する青年たちは寄留＊者として東京に留まり，多くの青年たちは政治・経済・文化・教育・軍隊等の各界のエリート層を形成するようになる。そして，このなかで士族階層出

身の多くの青年たちが官吏に登用された。

近代家族形成の担い手になるのは，主として地方から立身出世を求めて上京してきたこの階層の人々である。この人々の形成する家族は，二つの側面をもっていた。一つは，山路愛山や巖本善治によって日本に紹介された「スイート・ホーム論」や家族の親密性を表現した「一家団欒」「家庭之和楽」という新しい家族モデルが提示され，それを具現化していたことである。ここには文明開化の下で導入された西洋型の家族モデルを見いだすことができる。他方では，柳田国男が『明治大正史 世相篇』〔1931年〕で論じたように，彼らは新しい家の担い手でもあった。柳田は，貧しい士族の子弟であり苦学者であった栄達者たちが「恐ろしいほどの背後の刺激者を持っていた」として，そこに先祖＝祖霊の力を見ていた。地方から出てきても祖霊に対しての愛慕は衰えず，立身出世が先祖に対しての供え物であり，無理な忍耐をして家の名を興したというのが日本の立志伝のありふれた形式であった，と柳田は論じている。柳田が繰り返し「新しい家の先祖になる」あるいは「新たなる家々の第一祖」と論じたのは，立身出世を求めて都市に出てきた人々の新たなる家の創出を意味していた。

2 近代家族の形成と家

日本で新しい近代家族が創出されようとするこの時期に，民法典論争＊がおこった。民法典論争は，家族領域に限定して述べるならば，家族をめぐる個人主義と集団主義のイデオロギー上の対立の表現形態と言ってよいだろう。この論争の中では穂積八束の「民法出デテ忠孝亡ブ」というコピーが有名になり，個人主義的な性格を持つと見なされた旧民法＊（フランス民法をモデルにした1890年〔明治23〕公布の民法）が施行延期になり，集団主義的な性格を持つと見なされた明治民法＊（ドイツ民法をモデルにした民法）が明治31年に施行された。家族をめぐる集団主義の勝利はこの時代の風潮を表現するものであったし，天皇を中心とする明治国家の家族政策を端的に表現

するものであった。また，この家族をめぐる個人主義と集団主義の対立は現在に至るまで形を変えて何度も繰り返されてくる。

法典論争を通じては旧民法の個人主義的な性格が強調される傾向にあるが，1890年公布の旧民法が必ずしも個人主義的な性格を持つわけではなく，明治民法が斬新性を持つ部分もあった。例えば，家督相続に関しては，旧民法第294条では第1項において「家督相続人ハ姓氏，系統，貴号及ヒ一切ノ財産ヲ相続シテ戸主トナル」と規定し，第2項は「系譜，世襲財産，祭具，墓地，商号及ヒ商標ハ家督相続ヲ組成ス」と規定された。これに対して，明治民法は単純化して第987条において「系譜・祭具及ヒ墳墓ノ所有権ヲ承継スルハ家督相続ノ特権ニ属ス」と規定した。この変更に関して，明治民法起草者穂積陳重は商号や商標を家に属するというようなことは古い考えであると指摘して，商売と家の承継は別問題であると指摘している。つまり，旧民法はなお家業と一体になった家観念を引き継いでいるのに対し，明治民法＝穂積陳重は家業と一体になった家観念を否定しているのである。

明治民法にとって重要であるのは，経営体としての家ではない。明治民法が規定した家は，祖先祭祀の担い手としての家であり，明治天皇制国家によって強制された祖先祭祀という国民道徳の担い手であった。その意味では，家業・家産・家名を一体として継承した近世の家とは歴史的な性格を異にしたものであった。

明治民法は，家督相続と一緒に戸主の絶対的権限（戸主権）を規定し，「戸主の法」と呼ばれる親族法の体系に固執した。しかし，それは古い家制度を守るためではない。自らの国家を支える倫理的な基盤としての家の制度化に固執したのである。また，儒教イデオロギーもこの家を正当化するイデオロギーとして利用されたが，その表現の仕方はきわめて親密的な家族モデルに適合したものになっている。

図1～3は，修身の教科書＊に取り上げられた家族像であり，そのテーマは「孝」「恩」である。図1における親子は主従関係として

3 日本型近代家族の形成　71

図1　朝の両親への挨拶

『小学生徒心得』（1879年〔明治12〕，神奈川県）

図2　学校の先生に誉められたご褒美

『高等小学修身訓』（「孝行」，1892年〔明治25〕，末松謙澄編）

図3　病気になったとき薬を買ってくれた父と看病をしてくれた母

国定2期（「オヤ　ノ　オン」1911年〔明治44〕，尋常・高等小学校）

描かれているのに対し，図2と図3では親子の親密な関係が描かれ，特に図3では庶民家族の親密性が儒教的な表現＝「恩」として描かれている。儒教的な家族モデルそのものが変化しているのである。

　近代の家は経営体としてあることを期待されたわけではない。近代の家は，天皇制国家の倫理的な基盤として祖先祭祀を担う単位であり，超世代的に祖先祭祀を承継することが求められた。その意味では，日本型近代家族は，祖先祭祀の機能を組み込んだ家族であり，ここにこの家族の特質が端的に表現されることになる。

　日本型近代家族は，祖先祭祀の機能を組み込むことにより，独自の発展をすることになる。祖先祭祀の承継は一般的に親子による承継を必要とするために，親子による家族の世代的な連続性が強調されることになる。家族のアトツギの確保は祭祀承継のために不可欠のことであり，家長

(父・母) 夫婦とアトツギ (長男とその嫁) 夫婦が同居をするような直系家族の形態が理念型として描かれるようになった。さらに，アトツギを確保するためのさまざまな装置も温存されることになった。

3 明治国家と日本型近代家族

　明治20年代以降の都市における新しい「家」創出にはすさまじいものがあった。東京市では，1879年（明治12）の段階では25万世帯であったが，1907年（明治40）には52万世帯と倍増している。膨張する人口の中で平均世帯員数も4人から4.6人の間で推移している。都市住民の定着化を通じて新しい「近代家族」が形成され，女子教育あるいは良妻賢母教育の浸透とともに，家父長制家族の内部秩序として「男は外，女は内」という男女分業体制の観念が形成されていく。もっともそれは妻（主婦）が家事労働や育児の担当者として役割を与えられるだけを意味するのではなく，家族の衛生・栄養管理を含めた健康管理あるいは担い手として，国家の公衆衛生政策の末端の担い手として登場することを意味する。都市中間層において形成される家族では，「新たなる家々の第一祖」という意気込みのなかで「家族愛」に満ちた（その意味で子ども中心の）家庭が形成されることになる。

　また，都市下層民においても変化があらわれる。明法会*や霊友会*による祖先崇拝を〈教え〉とした新宗教の流行である。つまり，家が未成熟であった下層民に対して，家の祖先祭祀と異なった祖先崇拝の〈教え〉が浸透することになる。「先祖の法名を集めてお経をあげよ」という先祖供養を教えとしながら，その「先祖」は家の先祖ではない。「両親を生んだ親は，其の先代は八人あり，こうして十代前には千余人の親があります」というように，父方母方の双方を「先祖」と位置づけた。このような非家的な祖先崇拝が都市の下層民に受容されていく。衰退する家の祖先祭祀に対して，新宗教を通じて祖先祭祀の観念が再編成される姿と言えるだろう。

　都市における新しい家族の形成，人口の流動化（寄留民の増加），

家族観の分裂と多様化の中で「家」制度が弛緩し，その再編・強化が議論されることになる。1917年（大正6）の臨時教育会議を受けた1919年の臨時法制審議会*の設置（勅令332）とそこでの民法改正論議（1925年の親族編の改正要綱，1927年の相続編の改正要綱）が展開されたが，その改正案は戦争の激化の中で陽の目を見ることはなかった。

4 日本型近代家族のゆくえ

日本型近代家族は，民法が改正された戦後社会のなかでも再構成されながら維持されてきた。1948年（昭和23）の民法改正によって戸主権が廃止され，家督相続制も廃止されたが，祭祀の維持を次世代家族に委ねる祭祀条項は残され，家制度を維持するための養子制度も温存されてきた。

戦後の混乱期は，農村の家が都市における失業者の受け皿となった。高度成長期になると，農村の家が都市への労働力の供給源となり，都市では急速に核家族世帯が増加していった。高度成長期における農民層の分解と急速な核家族化の進行は日本社会に欧米型の「近代家族」を形成するかのように見えた。たしかに，1950年頃から主張され始めた家族制度復活論*や古い家の残滓を引きずった嫁・姑の対立は高度成長期の中でその姿を消していったし，1970年代後半になると家族の家父長制的構造よりもむしろ「父権の喪失」が問題となった。しかし，この時期の家族から家的性格が払拭されていたわけではなかった。恋愛結婚による結婚披露宴でもその案内板に「〇〇家と〇〇家の披露宴」と表示され，戦後都市へ流出し核家族世帯を構成した人々も自己が入る墳墓には「〇〇家之墓」と刻んだ。アトツギによる墳墓の承継の観念は残り，新民法に組み込まれた祭祀条項とともに祖先祭祀の観念は維持された。

戦後の高度成長期の中で展開した核家族は「大家族を夢見る核家族」[落合恵美子]であり，家的性格を払拭しない核家族であった。家は戦後においても家族を連続させる装置として生き続けており，こ

こに戦後日本家族の特徴があると言える。

しかし，20世紀末以降，日本型近代家族は大きく動揺をはじめてきた。1974年（昭和49）以降合計特殊出生率は人口置換水準の2.08を切り，少子化の流れが定着・深刻化してきた。この少子化の進行とともに，日本型近代家族を特徴づける親子による祭祀の承継（アトツギの確保）が事実上困難になり，先祖代々のお墓の承継もできなくなってきた（無縁墳墓*の増大）。日本型近代家族がどのように変貌していくのか，その方向性はまだ見えていない。多様であった家族機能が解除され，「家族の個人化」現象が拡大する傾向にあるとは言え，「パラサイト・シングル」に代表されるような親子を軸とした依存関係が解消されたわけではない。明治20年代法典論争をきっかけに起こった家族をめぐる個人主義と集団主義の対立は，形を変え内容を変えてこれからも繰り返し議論されていくだろう。

参考文献
比較家族史学会編 2002 『家族——世紀を超えて——』日本経済評論社
森 謙二 2000 「近代の家——日本型近代家族論へのプロローグ——」江守五夫先生古稀記念論文集『歴史と民族における結婚と家族』第一書房
牟田和恵 1996 『戦略としての家族——近代日本の国民国家の形成と女性——』新曜社
落合恵美子 1989 『近代家族とフェミニズム』勁草書房
——— 1994 『21世紀家族へ——家族の戦後体制の見かた・超えかた——』有斐閣
——— 2000 『近代家族の曲がり角』 角川書店
上野千鶴子 1994 『近代家族の成立と終焉』岩波書店
山田昌弘 1994 『近代家族のゆくえ——家族と愛情のパラドックス——』新曜社

※ 用語解説 ※
寄留 本籍以外の一定の場所において，90日以上住所または居所をもつこと。寄留制度は1871年（明治4）の戸籍法にも規定されたが，人口の流動化の進行に伴い，本籍を離れる人口が増加すると，寄留の重要性も増大した。1886年の二つの内務省令（出生死去出入等届出方及寄留者届出方，戸籍取扱手続）によって寄留制度の整備がなされた。日露戦争後の日本社会の発展はより整備された寄留制度

を要求し，1914年に寄留法と寄留手続令が制定された（→住民票〔53頁〕を参照）。

民法典論争・旧民法・明治民法　1890年に公布された民法典および商法典の実施可否をめぐって，延期派と断行派に国論を二分するはげしい論争が起こった。この法典論争は，個別に〈商法典論争〉あるいは〈民法典論争〉とも呼ばれるが，論争の焦点が民法典の実施可否に置かれていたこともあって一般に〈民法典論争〉と通称される。施行延期になったフランス民法典を模範としたものを「旧民法」と呼び，その後1893年に伊藤博文を総裁とする法典調査会を設けてドイツ民法の編成にそった民法を制定，1898年に施行した。この民法は現在も施行されているが，親族・相続の2編は1948年に改正されたので，元の2編を指して「明治民法」と呼んでいる。

修身の教科書　1872年（明治5）〈学制〉で修身が教科として設置された。1879年の「教学聖旨」によって仁義忠孝を核とした修身教育が始まり，1890年「教育勅語」発布以後，修身は〈勅語ノ旨趣〉に基づくべきことが定められた。「小学校教則大綱」では孝悌，友愛，仁慈，信実，礼敬，義勇，恭倹などの徳目があげられた。1903年には国定教科書が使用されることになった。本文図1は朝起きて子どもが両親に挨拶をしている光景，図2は学校で先生に褒められて両親からご褒美をもらっている光景，図3は病気になって子どもに父が薬を与えて母が看病している光景である。

明法会・霊友会　明法会は福島霊友会（後の「日本敬神崇祖自修団」），霊友会は東京系の霊友会（後の「大日本霊友会」）のこと。ともに昭和初期の霊友会系の新宗教集団で，教義としては法華信仰と先祖供養を結合していた。

臨時法制審議会　1919年に勅令332号によって民法改正について議論した審議会（総裁穂積陳重）。審議会設置の背景には「我が国固有の淳風美俗」＝家制度の動揺があった。1925年と1927年にいわゆる「民法改正要綱」を答申したが，これに基づいて実際の民法改正があったわけではない。

家族制度復活論　1954年（昭和29）に当時の自由党の憲法改正案要綱のなかで，憲法24条と関連して子の親に対する「孝養の義務」をおくこと，農地相続に関して家産制度を取り入れることを規定して大きな話題となった。

無縁墳墓　祭祀承継者がいない墳墓（あるいは，死亡者の縁故者がいない墳墓）。墓地の使用権は一般に永代と言われているが，祭祀承継者がいなくなると墓地使用権が取り消され，墳墓も無縁墳墓として一定の条件の下で改葬される（「墓地，埋葬等に関する法律」施行規則第3条）。これを墳墓の無縁改葬という。少子化の中でお墓の祭祀承継者がいなくなり，無縁墳墓が増大している。

III ライフコースと家族

❶ 家族とライフコースの変化

安藤　由美

Key Words　ライフコース　家族変動
成人期への移行　核家族化

1　ライフコースの視点から家族を見る

　本節では，家族のなかで個人がどのように人生出来事を通過していくかということを通して，家族と個人のライフコース双方の変化をあとづけてみたい。ライフコースとは，家族生活や個人の人生上の発達や歴史的変化を，個人の人生出来事の継起（連続的経験）としてとらえる視点および概念のことである。

　前半では，成人期への移行の歴史的変化とその意味について考えたい。成人期への移行とは，やさしく言えば，人が大人になる移り変わりのことである。多くの人は，家族のなかで生まれ育ち，大人になっていく。だから，個人の成人期への移行を見ることによって，

子どもを社会化して成人役割に送り出す家族の機能について知ることができる。また、ほとんどの人は、成人期への移行に際して、(親の) 家庭と学校の世界から、職業の世界へと生活の場が移る。したがって、成人期への移行のあり方は、家族と公的領域 (労働市場) との関係をも反映する。

後半では、日本の家族制度が戦後、欧米型の夫婦家族制に変化してきたかどうかを、結婚後の親との同居という出来事 (ライフ・イベント) の経験率の観点から検討してみる。こんにち、この出来事は家の継承というかつての目的が失われて、親の老後の看取りという意味合いに傾きつつあると考えられる。その限りにおいて、やはりこれも、さきの成人期への移行と同様、家族機能に関係する出来事である。

ところで、よく言われるように、家族機能の多くが、近代化・産業化とともに、家族外のセクター (行政や民間企業、あるいは第三セクター) へ移譲されてきた。そして、現在、かつて家族が担っていた諸機能分担のあり方をめぐって、さまざまに論議もされている。ライフコースの視点から家族を見ることは、こうした問題を考える手がかりを与えてくれるだろう。

2　成人期への移行の変化とその意味

成人期への移行の遅れと画一化

成人期への移行は、人生上のどの時点で経験されるのか。それは、時代を通して変わってきているのだろうか。この素朴な疑問に、調査統計資料を用いて答えてみよう。ところで、なにをもって成人期への移行とみなすか、あるいはその目印となる出来事が何かについては、さまざまな議論があるが、ここではさしあたり、学業終了 (以下、学卒)、初就職、初婚 (以下、結婚) の三つの出来事を取り上げる。

いくつかの官庁統計などからも明らかなように、日本人の成人期への移行は近年遅くなってきた。その理由は、戦後、高学歴化が徐

図1　未婚率の推移

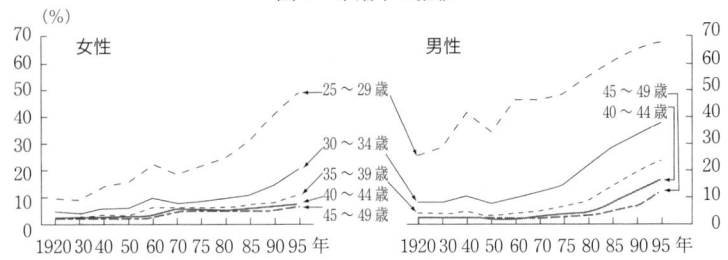

資料:『国勢調査報告』
出典:井上輝子ほか　1999

徐に進行したために,学卒と就職年齢が上がったことが一つあげられる。つまり,成人期への移行の入り口の遅れである。例えば,文部科学省の『学校基本調査』*によれば,日本では,戦後,高学歴化が徐々に進行し,1960年(昭和35)に10.3%(男女合計)であった大学への進学率は,2000年(平成12)には49.1%まで上昇した。これに伴って,当然学卒年齢の平均値も上昇してきた。

もう一つは,ここ約20年に急速に進行してきている未婚化・晩婚化のためである。国勢調査*資料によると,20歳代後半から30歳代前半人口の未婚率は,1975年から20年間で2倍以上に上昇し,もっか未曽有の未婚化・晩婚化が進行している(図1)。

では,このような移行の遅れは,個人のライフコース上では,実際にどのような出来事経験の順序となって表れているのだろうか。ここで,ある調査結果を紹介しよう。表1は,対象者の出生コーホート(同年代に生まれた人びとのグループ)別に,卒業,初就職,結婚(初婚)の三つの出来事の経験順序を比較したものである。ここに示されているように,出生コーホート間の違いとして一番大きいのは,卒業と同年に就職するパターン(表中「1b」)が増えてきたことである。これは,実際の順序は,卒業後に間断なく就職するパターンなので,全体としては,卒業→就職→結婚という順序がますます標準的になってきたことを指摘できる。

表1　成人期への移行出来事配列の出生コーホート間比較

(単位：%)

		結婚最終型[1]			結婚非最終型			コーホート計(人)
		1a 卒業先行[2]	1b 卒業就職[3]	1c 就職先行	2a 卒業先行	2b 就職先行[3]	2c 結婚先行	
男	20s	34.7	49.9	8.9	5.4	0.8	0.2	481
	30s	21.6	66.6	9.0	2.3	0.5	—	619
	40s	11.5	80.9	6.9	0.3	0.3	0.1	771
	50s	12.5	78.4	7.5	0.4	0.3	0.9	680
	60s	12.2	81.9	5.3	—	0.5	0.2	663
女	20s	29.7	32.0	3.4	34.7	—	0.2	525
	30s	28.9	38.2	2.3	30.1	0.6	—	655
	40s	12.1	71.3	5.7	10.3	0.2	0.4	836
	50s	10.8	75.8	7.5	4.8	0.4	0.7	724
	60s	8.3	82.3	7.8	1.3	0.1	0.1	719

注1)「結婚最終型」とは、卒業・就職・結婚のうち結婚を最後に経験したパターンを、「結婚非最終型」とは、結婚が最後ではなかったパターンを、それぞれあらわす。なお、結婚未経験者は前者に含めて集計した。
2)「卒業先行」は卒業が就職に先行、「卒業就職」は二つ同時、「就職先行」は就職が卒業に先行、「結婚先行」は結婚が一番先頭、の各タイプをあらわす。
3) 卒業・就職・結婚すべて同時 (38ケース) は、ここに含む。

資料：NFRJ 98 調査＊ (N＝6985人)、出生コーホートの表記は、例えば「20s」は1921～1930年出生をあらわす。ほかのコーホートもこれに準じる。
出典：安藤　2001

移行の標準性規範とその意味

　筆者は、このような調査結果は、日本では出来事のタイミングと順序に関する社会規範——標準性規範が強く存在するという、つとに言われてきた仮説を支持していると考えている。とりわけ、結婚には経済的な自立を前提とするという順序の規範が強く存在すると思われる。ちなみに、アメリカ合衆国では、このような標準的な順序パターンが減少し、結婚が卒業や就職よりも先に来るケースも増えてきているという調査結果がある［安藤 2003：115-120］。

　そして、この規範の存在は、近年の晩婚化をもたらしている一つの要因だと思われる。さきにもふれた、未婚率上昇の要因を、全体社会の経済的要因に求める議論がある。全体社会の経済状況が悪く

なっているために，親と同居する結婚適齢期にある独身者が，結婚するための経済的資源が足りずに，あるいは，生活水準が下がるのをきらって，結婚に踏み切れないというのが，晩婚化要因に関する仮説であると言ってよい [山田 1999]。

しかし，こうした経済的要因説に加えて，というよりも，このような経済的要因が働く前提条件として，出来事配列に関する規範が存在していると考えることができる。すなわち，卒業や就職を待たずに結婚を考えることは，若者の人生設計図には浮かんでこないのである。

上で述べた，成人期への移行出来事の順序についての標準性の規範の存在というのは，まだそれが充分に実証されていないという意味において，筆者の大胆な推察に過ぎない。けれども，もしそれが本当だとしたら，成人期に移行するための規則や期待を提供し，移行をスムーズに行わせるために存在するはずの社会規範が，かえって，今の日本の若い人たちが成人期に移行するのを困難にしているとは言えないだろうか。こうした規範と実態とのずれが解消するには，どちらかが変化する必要がある。例えば，学校を卒業しても，定職につかず，結婚もしない若者たちを，大人の仲間入りをしたと見なすのか，それとも，彼らがいずれは伝統的な成人役割を取得するまで待つのか。しかしそのゆくえには，まだ予断を許さないものがある。

3 親との同居イベント経験から見た戦後の家族変動

結婚・同居・家制度の変化

前項では，学卒から結婚までという，成人期への移行の現状を取り上げてみた。さて，結婚後，まず夫婦に期待されているのは子どもを作ることであるが，そのことについて論じるのはほかの章にまかせて，ここでは，それと同じくらいか，あるいはそれ以上に，当事者を悩ませることがら，すなわち，親（自分，配偶者双方の）との関係性について，考えてみよう。

日本人の大部分が農村に住んでいたころ――おおざっぱに言って，それは高度経済成長が始まる昭和30年代以前としておこう――までは，あととり（多くは長男）が配偶者（嫁）とともに，親と一緒に暮らす，父系直系家族世帯が理想とされ，それを実現・維持しようとする努力がなされてきた。このような慣行は，学者によってしばしば「家」制度とよばれ，これによって，家名，家業，家産，地域社会内での地位，あるいは家風や先祖祭祀といったものが，世代を超えて受け継がれるとともに，老人の扶養や看取りも，家の中で行われてきた。このような家族制度のもとで，あととりとして生まれた人は，家を継ぎ，親と一緒に暮らすことが当然の義務としてあったし，また，そうでない人は，生家の経済的負担にならないようなタイミングで家を離れることが期待された。

　産業構造も変わり，また欧米的な家族観が広まった今日では，あととりとか，親との同居といった考え方は，結婚に際して大きな比重を占めることがらではないかもしれない。しかし，他方で，高度経済成長期以降，急速な高齢化が進んでいる日本では，親の老後をどのように看取るかという問題は，子どもである立場の人の誰にとっても重要であり，また切実でもある。

核家族化の真相

　では，実際に，日本の家族形態は，戦後どのように変化してきたのだろうか。図2は，世帯統計の年次別推移を表したものであるが，ここからわかるように，いわゆる三世代家族世帯の比率は減少し，核家族世帯が増えている。しかし，三世代世帯の実数にはさほど大きな変化がないことにも注意しておきたい。

　同様のことが，高齢者が暮らす世帯形態の変化について表した表2についても言える。すなわち，子どもと同居している高齢者の比率は，この20年間で確かに下がっているが，人数自体は逆に増えている。

　ただ，こうした人口統計に表れた比率の変化から，わが国の直系家族制が戦後崩れてきたと結論を下すのは早計である。というのは，

図2 世帯形態の年次推移

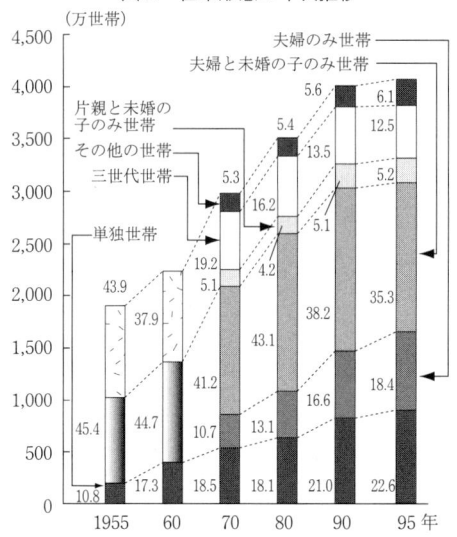

(万世帯)

グラフ内の数値(1955年→95年、単位%):

- 単独世帯: 10.8 / 17.3 / 18.5 / 18.1 / 21.0 / 22.6
- 三世代世帯: 45.4 / 44.7 / 10.7 / 13.1 / 16.6 / 18.4
- その他の世帯: — / — / 41.2 / 43.1 / 38.2 / 35.3
- 片親と未婚の子のみ世帯: 43.9 / 37.9 / 5.1 / 4.2 / 5.1 / 5.2
- 夫婦と未婚の子のみ世帯: — / — / 19.2 / 16.2 / 13.5 / 12.5
- 夫婦のみ世帯: — / — / 5.3 / 5.4 / 5.6 / 6.1

注:1955,60年は,「夫婦のみ世帯」と「夫婦と未婚の子のみ世帯」を,「片親と未婚の子のみ世帯」と「三世代世帯」と「その他の世帯」とをそれぞれ一括している。グラフ中の数字は%。

資料:国民生活基礎調査＊
出典:井上ほか 1999

表2 世帯形態別65歳以上の人が暮らす世帯形態の年次別推移

(単位:千人,%)

	総数	一人暮らし	夫婦のみ	子と同居	その他の親族と同居	非親族と同居
1980年	10,729 (100.0)	910 (8.5)	2,100 (19.6)	7,398 (69.0)	300 (2.8)	21 (0.2)
85	12,111 (100.0)	1,131 (9.3)	2,791 (23.0)	7,820 (64.6)	343 (2.8)	26 (0.2)
90	14,453 (100.0)	1,613 (11.2)	3,714 (25.7)	8,631 (59.7)	473 (3.3)	22 (0.2)
95	17,449 (100.0)	2,199 (12.6)	5,125 (29.4)	9,483 (54.3)	611 (3.5)	31 (0.2)
97	19,587 (100.0)	2,478 (12.7)	6,189 (31.6)	10,216 (52.2)	666 (3.4)	37 (0.2)

資料:厚生行政基礎調査＊(1980,1985)および国民生活基礎調査(1990以降)
出典:井上ほか 1999

直系家族世帯の比率は，あととり以外の子どもの数，つまりきょうだい数の多寡によって変動するからである（単純な例をあげれば，きょうだいが二人の場合，そのうち一人は親と同居し，一人は独立するから，直系世帯率は 1/2, すなわち 50% となる。一方，きょうだいが 4 人いたら，直系世帯率は 1/4, すなわち 25% となる）。実際，高度経済成長期に結婚した出生コーホートは，きょうだい数が多かったために，多くの人が結婚して核家族世帯を形成していった。このことは，戦後の核家族化の真相として，家族研究者の間では，すでに常識となっている［伊藤 1994］。

この時期に，結婚して核家族を作った人びとが，今や高齢期にさしかかっている。そこで，彼らと，そしてその子ども世代が，いったいどのような選択をするかが，当事者にとっては，悩みの種であることは言うまでもない。一方で，その行動を予測し，適切な介入をすることが，専門家や政策主体にとっては，大きな課題である。そのためには，戦後の変化はいったい何であったのかを，あらためてあとづける必要がある。

あととりの同居

このような問題を考える資料として，最後に，一つの調査結果を提示しよう。表 3 は，結婚後に親と同居した経験のある男性の比率を，あととり／非あととり別に，出生コーホート間で比べたものである。ここから明らかなように，あととりと非あととりの間には，結婚後の同居経験率の大きな違いが存在し，あととりは親と同居するのが標準的（規範的）と言ってよい。しかも，あととりの場合，結婚後の親との同居は，さきの傾向とは逆に，むしろ微増している。この調査結果を見るかぎり，あととりと目された人が，結婚後親と同居するという選択は，核家族世帯数が激増した戦後期においても，かなりよく実行されてきたことがわかる。

こうした結果に照らすなら，日本の家族制度が戦後，直系家族制から夫婦家族制に転換したという仮説命題［森岡 1993］は，留保しなければならないだろう。かつてのように，「家」を継承していくとい

表3　あととり・非あととり別、親との同居経験率

	あととり			非あととり		
	実数	経験率	自分の親との	実数	経験率	自分の親との
C-Ⅰ	67	76.1	98.0	104	44.2	45.0
C-Ⅱ	78	78.2	95.1	86	39.5	52.9
C-Ⅲ	61	80.3	95.7	94	23.4	40.9
C-Ⅳ	69	82.6	96.4	84	22.6	58.8
C-Ⅴ	42	69.0	96.4	69	21.7	86.7

注：早稲田大学人間総合研究センターによる「人生における出来事経験の世代間比較調査」(東京調査1988年，福島市調査1989年実施，有効標本：男性822人)の結果にもとづく。C-Ⅰは大正3～7年生，C-Ⅱは大正13～昭和3年生，C-Ⅲは昭和9～13年生，C-Ⅳは昭和19～23年生，C-Ⅴは昭和29～33年生の出生コーホートをそれぞれ表す。

出典：正岡ほか　1999　を一部改変

う意識は，今日では薄れてきているかもしれないが，実際には，子どものうち誰かが結婚後いずれは親と一緒に暮らす直系家族制は，戦後なくなるどころか，むしろその内実を変えて存続しているとは言えないだろうか。

参考文献

安藤由美　2003　『現代社会におけるライフコース』放送大学教育振興会
井上輝子・江原由美子　1999　『女性のデータブック　第3版』有斐閣
伊藤達也　1994　『生活の中の人口学』古今書院
正岡寛司・藤見純子・嶋﨑尚子　1999　「戦後日本におけるライフコースの持続と変化」目黒依子・渡辺秀樹編『講座社会学　2　家族』東京大学出版会
森岡清美　1993　『現代家族変動論』ミネルヴァ書房
山田昌弘　1999　『パラサイト・シングルの時代』ちくま新書

※ 用語解説 ※

学校基本調査　学校教育行政に必要な学校に関する基本的事項(学校数，在学者数，教職員数，学校施設，学校経費，卒業後の進路状況等)を明らかにすることを目的とする。対象は学校基本法に規定する学校および市町村教育委員会(悉皆調査)。毎年5月1日が基準。管轄は文部科学省生涯学習政策局調査企画課。

国勢調査　わが国の人口の状況を明らかにするため，大正9年以来ほぼ5年ごとに行われており，本邦内に常住する者を対象，平成12年国勢調査は17回目。総務省が管轄し，調査の法的根拠は統計法(昭和22年法律第18号)第4条第2項の

規定および「国勢調査令」等の政令あるいは総理府令による。

NFRJ98　1998年に実施された全国家族調査（National Family Research of Japan）の通称。NFRJ98は,「全国規模の家族および家族意識に関する信頼性の高い基本データの作成」を目的として日本家族社会学会によって実施された大規模標本調査で,初の本格的な公共利用データとして構築された。5年ごとのパネルでの継続調査が予定されている。

国民生活基礎調査・厚生行政基礎調査　保健,医療,福祉,年金,所得等国民生活の基礎的事項を調査し,厚生労働行政の企画および運営に必要な基礎資料を得ることを目的とした調査。昭和61年を初年として3年ごとに大規模な調査を実施している（平成13年は第6回目の大規模調査）。中間の各年は小規模な調査を実施。厚生労働省大臣官房統計情報部の所管。昭和28～40,42～60年は「厚生行政基礎調査」,41年は「厚生省生活総合調査」として実施。

女性のライフコース

嶋﨑　尚子

Key Words 　役割モデル　キャリア・ウーマン
自己主張する母親
家族と職業の調整

1　21世紀の女性の役割モデルは？

　新聞社の自社宣伝ポスターに「女は変わった。男はどうだ。」というキャッチコピーがある。納得してしまいそうなコピーだが、「女は変わった」とはどういうことなのだろう。「キャリア・ウーマン」を手がかりに考えてみたい。先日、大学受験をひかえた女子高校生から質問を受けた。「キャリア・ウーマンになるには、どうしたらよいですか」。彼女は、キャリア・ウーマンとして高度な専門職を目指しているという。「キャリア・ウーマン」という言葉が、1980年代から変わらずに10歳台の女子にとって意味あることに驚いた。ともあれ17歳の女子にとって深刻な問題であり、そのモデルを求めていたのだ。

　成人期への移行過程では、役割モデルの存在は重要である。それは「反面教師」であってもよい。現代の日本では、同性の年長の重要な他者がそれにあてはまるだろう。女性の場合には、母親や姉、祖母、教師がそのモデルになりうる。キャリア・ウーマンは、ひとつの役割モデルとして女子高生のなかにあるのだろう。しかし、残念ながらそこでイメージされるのは20歳台の未婚専門職のキャリア・ウーマンであって、30歳台、40歳台のキャリア・ウーマンではないようだ。本節では、仕事キャリアと家族キャリアの二つのキャリアから、新しい女性の役割モデルをさぐっていきたい。

2 ジェンダーによるライフコース分岐の先延ばし

「女性の社会進出」という決り文句は、学校を終えて、就職するという成人期への移行過程に男女差が小さくなったことを第一に意味する。例えば現在、高校卒業時に進学するかどうかの進路選択に、ジェンダーはほとんど影響しない。実際、大学等進学率をみても、男女でほぼ同水準である（平成13年度：男性43.1%〔専修学校を含む58.1%〕、女性47.1%〔同67.1%〕）。その後、高等教育を終えるにあたっては、もはや「就職するか、結婚するか、家事手伝いか」という選択はなく、ほぼ全員が「就職する」ことを選択する、あるいは期待される。1986年施行の男女雇用機会均等法は、理念上、男女が等しい条件で職業選択できることを保証している。女性のライフチャンスは確実に拡大したと言ってよい。キャリア・ウーマンとしての職業キャリアの出発は、自分の志向と能力次第である。

しかし、その後の結婚や親なり（子どもの出生）というライフイベントに際しては、「仕事を続けるか、辞めるか」という深刻な選択に直面する。そして、実際に多くの女性が退職している。むろん夫になる男性は、そうした選択を迫られない。

現代社会では、教育や若年労働市場では、ジェンダー構造は柔軟さを増している。しかし、子育ての担い手という点では明確なジェンダー構造が維持されている。他の領域でのジェンダー構造が柔軟になるほど、この領域でのそれがより強調されることになる。

3 家族と仕事の折り合い

女性の職場定着を予測する際に、総合職採用であるか否かはあてにならないという。つまり、女性の職業キャリアは、職業参入時の位置や、その時点で彼女らが抱いていたキャリア・イメージや意欲ではなく、むしろ職場やその後の家族形成過程に条件づけられて形成される部分が大きい。状況依存的に展開していく。例えば、1990年代初頭に4年制大学を卒業した者たちを10年間追跡したデータで

表1 大学卒業10年目時点での家族上の位置とキャリア・ライン（女性のみ）

	N	正規就業継続	正規就業から アルバイトへ	正規就業から 無職へ	その他
全体	246	37.8	9.8	19.9	32.5
結婚経験者全体	134	27.6	9.0	32.1	31.3
結婚・親なり経験者	51	9.8	—	58.8	31.4
結婚のみ経験者	83	38.6	14.5	15.7	31.3
いずれも経験なし（未婚）	112	50.0	10.7	5.4	33.9

嶋﨑2003より加工。

は，女性の初職継続率は42％にとどまっている。また10年間のキャリア・ラインは，表1のように「正規就業継続（転職を含む）」4割，「正規就業から無職へ」2割，「正規就業からアルバイトへ」1割となっている。これを10年目での家族キャリアの進行と関連づけてみると，結婚のみ経験者では「正規就業継続」が4割である。結婚・親なり経験者では6割が「正規就業から無職へ」というラインをたどっている。出産後の就業継続者が非常に少ないことがわかる。

　結婚・出産後の就業継続の促進効果と抑制効果を調べたところ，なによりも「親なり」が強い抑制効果を示していた。就職直前に「ずっと働くつもり」と考えていたことは，就業継続を促進するものの，「結婚後共働きするつもり」だったことや「初職で専門職に就いた」ことは，むしろ抑制効果を示しているのだ［嶋﨑2003］。いくつかの解釈が可能だ。専門職の女性が，家族も仕事もきちんとこなすことは，一般職の場合以上に高いハードルなのかもしれない。それは仕事自体の負担の大きさ（「ルーティーンの仕事ではない」），役割遂行に対する本人の規範の高さ（「完璧に遂行したい」），の両方が考えられる。つまり，一般論としては仕事も家族もやりきる「スーパーウーマン」モデルを女性たち自身期待するだろうが，現実論のモデルでは，「引きさがり型」［神田ほか1990］あるいは「女性役割否定型」［神田ほか1990］が，職業キャリアにおいては選択されやすいのだろう。

　ここで紹介したデータは，大学卒業後10年のうちに結婚した女性

たちであるので，一方で未婚の女性のなかには，「女性役割否定型」の極端な例として，結婚を遅らす・結婚しない，あるいは子どもをもたないという選択をしている者もいるのかもしれない。

　30歳台以降の「キャリア・ウーマン」の役割モデルとしての「スーパーウーマン」は，現実的には難しい。そのことは，彼女たちの実態をみれば，うなずける部分もある。明らかに過剰な労働時間となっている。ジェトロ*の調べ［2000］では，日本の男性の家事時間の少なさは，他国のなかで群を抜いているが，それは労働時間がきわめて長いことと関連している。実際，労働時間と家事時間との合計をみると，日本，アメリカ，フランス，イギリスの4カ国の男性たちはほぼ等しい（ほぼ60時間）。それに対して，フルタイムの女性を4カ国で比較すると，日本の女性は労働時間が週47.7時間ともっとも長い点は男性と同じであり，かつ家事時間は26.7時間と4カ国中2番目となっている。その結果1週間の総量は他の3カ国よりも格段に長い（74時間）。まさに「スーパーウーマン」ぶりが窺えるが，これは，あまりにも過酷な実態である。

4　母親イメージ

　では，家族キャリアのモデルはどうだろうか。宮坂靖子［1999］は，1990年代の母親像について興味深い知見を示している。宮坂によれば，70年代に女性たちを翻弄した強固な母性幻想はそこにはなく，子育てに自己主張が許されるようになったとされる。そして，専門家によるアドバイスではなく，同じ境遇の女性たちの理解が，子育ての悩みの解消にもっとも役立つという。新たな現象ではあるが，その底流に70年代から一貫して父親不在が存在している点に，宮坂は注目している。

　ライフコース論の視点から，この現象を解釈しよう。ライフチャンスの劇的な拡大のもとで，成人前期をすごしてきた1960年代後半以降出生コーホートの女性は，男性と同じように学校へ行き，就職し，結婚してきた……。しかし，まさに「出産・子育て」のみが，

女性役割を強調するライフイベントとして残された。そのことは，彼女たちに疎外感をも与えうるだろう。

さらに，夫婦子ども数の少子化によって，子育て期間は確実に短くなった。いわば，子育て期は，社会からの「一時的な潜伏期間」と見なされる。しかし，この時期は，職業などの社会的領域からの合法的な「執行猶予期間（モラトリアム）」と見なされることは少ない。そのことは，その後の再就職の困難さ，育休後の職場復帰がはらむ問題からも，彼女たちは十分に認知している。それゆえ，「私が，子育てのために仕事を辞めた」ことの見返りになるような「楽しい子育て」あるいは「正しい子育て」を実現しなければ「いけない」のである。そして，それは経験を共有した者同士しか理解できないし，癒してもくれないのだ。「子育てのキャリア・ウーマン」が目指されるのかもしれない。しかし，それは，仕事のキャリア・ウーマンのようには社会的に認知されない。家族キャリアにおいても，具体的なモデルは見えてこない。

職業キャリアと家族キャリアから，今後の30歳台，40歳台の新たな役割モデルを探ってきたが，残念ながら具体的なモデルは見えてこない。冒頭にあげた「女は変わった」自体が怪しいのかもしれない。「女は変わろうとしている」が適切な表現だろう。むしろ，この考察からは，役割モデルをジェンダー別に考えること自体への疑義を提示すべきなのかもしれない。

参考文献

神田道子・平野貴子・木村敬子・清原慶子　1990　「性役割の変動過程を説明する『折り合い行動』概念」女性学研究会編『ジェンダーと性差別　女性学研究1』勁草書房

宮坂靖子　2000　「親イメージの変遷と親子関係のゆくえ」藤崎宏子編『親と子――交錯するライフコース――』ミネルヴァ書房，19-41頁

嶋﨑尚子　2000　『女性の労働力参加のコーホート・フロー分析――家族形成期における就業と家族・世帯要因のダイナミクス――』（文部省科研費報告書）

嶋﨑尚子　2003　「大卒者の成人期への移行」『ヒューマンサイエンス』15巻2号

※ **用語解説** ※

ジェトロ　「日本貿易振興会」（Japan External Trade Organization の略）の通称。昭和33年「日本貿易振興会法」に基づき貿易および輸出に関する振興事業を推進するために設立された特殊法人。海外および国内での市場調査，商品の宣伝，見本市の開催，宣伝文書の出版等の業務を行う。

家族の個人化

岩上　真珠

Key Words　個人化　脱制度化　ライフコース
　　　　　　　ウェルビーイング　関係の質

1　家族の個人化

　個人化（individualization）とは，あらゆる社会のシステムにおいて，個人を単位とすることが拡大することである。個人の主体性を重んじ，個人の尊厳の擁護を基本的な価値軸とする社会においては，多かれ少なかれ個人化は進行していくものと予想されている。そうした社会では，行為の決定が基本的に当事者個人に委ねられる一方，行為の結果責任もまた個人が引き受けるべきとされる。個人化とは，個人の権利の主張と同時に責任も強調されるもので，本来，価値中立的な概念である。しばしば誤解があるが，個人がみなバラバラの社会になってしまう，社会のまとまりがなくなる，社会解体である，といった価値的に否定的な意味ではない。

　家族の個人化もまた，「家族」というシステムにおいて，個人の選択と決定が優先されるようになることであり，家族のまとまりがなくなるとか，家族が解体するという意味ではない。家族の個人化を表わす現象としては，第一に，結婚相手や結婚時期は当事者の自由な選択に委ねられる，また出産についても，産むか産まないか，いつ，何人産むかは，当事者である女性の決定に委ねられる（産まない選択も容認される），さらに，家族関係の維持もまた個人の感情と意思に委ねられる（したがって離婚・再婚はある程度の確率で生じる）といったことなどがあげられよう。要するに，家族の個人化とは，家族に関わる行為の決定が個人の意思にもとづいて行われるようになることであり，したがって，家族のあり方や維持は，「家族」を形

成するそれぞれの個人の「生き方」と密接に関わりあうことになる。家族の個人化につれて，どのような家族を求めるのか，自らの希望と家族役割をどう調整するのかといった，新たな，そして家族の「存続」を左右する重大な課題も生じてきた。

2 家族の脱制度化

家族の個人化傾向は，必然的に家族の脱制度化の傾向をもたらす。私たちはたいてい，どのような家族生活を送るかという漠然としたイメージを持っている。それは，法律上規定されている内容を含むこともあれば，法律上の規定には関わらないこともある。かつて家族には明確な「あるべき姿」が存在した。それは，誰にとっても共通のモデルであったし，それゆえ文化的規準でもあった。しかし，今日では個人個人にとって「あるべき姿」は異なっている。それは，同一の「家族」メンバー間においてさえそうである。もはや，万人に共通の家族の理想像などは存在しないのである。結婚は一度きりで，離婚も再婚もないという夫婦家族制のモデルも，両親がいて子どもたちがいるという核家族モデルも，いまや相対的な家族像でしかない。離婚後のシングル・マザーや，再婚同士の家族であるステップ・ファミリーなどは，今日では，むしろ「普通」に生じる家族の姿である。

個人の尊厳を至上価値とする現代社会は，どのような生き方であれ，個人が望み，かつ個人の責任においてなされる選択なら容認されるべきであるという方向性を強めている。それに加えて，選択の結果は平等に扱われるべきであるという公正性の規範も強化されてきた。すなわち，特定の選択に批判や差別があってはならないという規範であるが，その根底にあるのは，「個人の生き方は個人が決めるべき」という理念である。

その結果，多様なライフスタイルが容認され，多様な形態の「家族」が逸脱としてでなく社会的単位として認められるようになった。特定の「典型的な」家族制度の規定力が弱まるこうした事態を，家

族の脱制度化と言う。家族のライフスタイル化と言ってもよい。こうした状況における最大の法的関心は、どのような「家族」であれ、個人の人権、とりわけ生まれてきた子どもの人権を擁護することに収斂される。

3 ライフコース論の登場

以前の家族研究は「まず家族ありき」であった。ファミリー・ライフサイクル論（家族周期論）がその典型である。ライフサイクル論は、家族が同じ形態でとどまってはいないこと、時間の経過の中で家族関係や家族のニーズが変化することを示した点において、画期的なアプローチであった。少なくとも 1960 年代までは。ライフサイクル論では、結婚から始まる家族の時系列的な変化が描かれるが、このモデルが想定していたのは、新婚期、出産・育児期、子ども教育期、子ども独立期、老夫婦期、寡婦（寡夫）期と推移する、典型的な夫婦家族制であり、かつ核家族であった。

ところが、60 年代から 70 年代にかけて、アメリカでは離婚率が上昇し、離婚者の大半が再婚するという事態に、人々の現実の家族生活とモデルとの乖離が顕著になり始めた。ライフサイクル論の弱みは、モデルと異なる形の家族をまったく想定していなかったことと、家族がどのような文化的、社会的、歴史的な状況に置かれているかという視点が欠如していたことであった。そうしたなかで登場してきたのがライフコース論である。ライフコースとは、個人が生まれてから死ぬまでにたどる道筋のことであるが、ここでの注目は、個人の視点から家族をとらえ返そうとした点である。家族研究へのライフコース論の導入は「まず家族ありき」から「まず個人ありき」への視点の転換であった。それは、個人の生き方やジェンダーの問題が議論され始めた 70 年代アメリカ社会に対応する新たな方法論であったと言える。

この新たな家族研究の方法論は、日本へは 70 年代終わりころに、森岡清美、青井和夫、正岡寛司らによって紹介された。日本もまた、

高度経済成長を経て新しい社会の段階に入り，女性の社会進出や平均寿命の延びなどが取りざたされ始めたところであった。そのころ，日本でも家族の個人化が実質的に進行しつつあり，そうした社会状況に対応しうる新たな家族理論が求められていたのである。

4 個人のウェルビーイングと家族

　家族の個人化は，個人のウェルビーイング（尊厳と自己実現が保障されている状態）をめぐる個人と家族の関係の再考を促した。これまで，日本では往々にして，家族と個人とは「一心同体」的な発想が強く，個人の利害と家族の利害の不調和は「あるべきはずもないこと」として不問に付されてきた。しかし，実際には社会の文化的規準と家族成員間の権力関係のはざまで，「あるべきはずもないこと」が数多く生じていたのである。家族のなかの「個人」への着目は，そうした家族と個人の問題をはじめて可視化させることになった。

　個人の人権への配慮という視点が次第に明確化されるにつれ，親子間，夫婦間で生じている「人権侵害」にも目が向けられ始めた。すなわち，ドメスティック・バイオレンスについてである。「ありえないこと」から「ありうること」への視点の転換は，個人にとって家族が無条件で安全な避難所でないことを示したばかりでなく，いかに家族といえども個人の人権を侵害することは許されないという新たな文化的規準を広めることになった。

　今日，子どもの虐待，夫婦間の虐待（DV），高齢者の虐待など，数多く指摘されるようになった「事実」の背景には，そうした行為自体が近年増えたというよりも，近親者間といえどもそうした行為は許されない（犯罪である）という，個人と家族との関係に対する新たな認識の広がりがあると考えられている。従来，親役割，夫役割の延長とみなされがちであった子や妻への「しつけ」名目での折檻（せっかん）は，今日では，他者への身体的暴行や人格破壊などと同列の，許すべからざる深刻な人権侵害としてとらえられるようになってきたのである。こうした認識の変化は，とくに1990年代以降顕著になって

いる。

5 「家族の中の個人」からの転換

　個人化の進行は個人の権利と責任を認識する方向を強め，それを保障するシステムを要請してきた。その意味で，20世紀最後の10年間に「個人」がより守られる仕組みが整えられてきたと言える。つまり，これまで個人を守る「繭」のような存在だと考えられていた家族システムの境界を飛び越えて，さまざまな制度的保障が個人に対して直接提供される傾向が顕著になってきたのである。

　例えば，子どもの保護に関して言えば，親は「保護者」として，子どもが一定の年齢に達するまで子どもを保護する第一の責任を負っており，子どもへの優先的なかかわりの権利（親権）を保有しているが，親の「不適切なかかわり」が指摘される場合には，国は親権を制限し，直接子どもの権利を保障するように動く方向性が強化された。子どもの虐待防止法（「児童虐待の防止等に関する法律」2000年5月公布・11月施行）は，まさに不可侵の「子どもの権利」という理念に基づいている。

　他方，高齢者の場合には，判断力の低下した高齢者の権利を擁護するために，2000年4月から「新しい成年後見制度」が発足し，国の機関（裁判所）が一人ひとりの高齢者への人権擁護と財産保全に直接関与することができるようになった。高齢化社会の進行の中，家族がいない高齢者への対応，あるいは家族による高齢者虐待の発生などを受けての，高齢者個人の人権を擁護する法整備の一環であろう。「個人」を守るのは必ずしも家族が第一ではないという認識に立った「新しい成年後見制度」は，個人と社会の一種の緩衝装置としての「家族」機能の事実上の衰退を背景に，「個人」を直接擁護する，国の新たな役割を際立たせる画期的な制度と言える。

　また，夫婦間においても，2001年4月にDV法（配偶者からの暴力の防止及び被害者の保護に関する法律）が公布され，最も「親密な関係」と想定されて，刑事不介入の原則が貫かれていた夫婦間の行

為に対して，はじめて「刑事事件」として法が介入することになった。配偶者がではなく，配偶者から守ることの明文化は，もはや家族が無条件で「安全と安心の砦」ではないという認識と同時に，「個人」の人権が「家族関係」よりも優先されるべきことを明確にアピールした点で注目される。

6 「関係の質」を問う時代

これまで，個人を守るのは何より家族，家族あっての個人，という発想が一般的であった。その結果，家族をもたない個人は弱く，不幸であり，家族に囲まれてこそ幸せ，というメッセージが，さまざまな表現で繰り返し強調されてきた。しかし，そうしたメッセージとは裏腹に，家族による人権侵害が実際には起こりうることが近年明らかにされてきた。それは，家族集団を覆っていた固い殻（制度的境界）がほぐれ，個人と家族の他のメンバーとの関係が，より可視化されてきた中ではじめて気づかれるようになった現実である。

要するに，人々は家族から解放されてはじめて，つまり家族が「選択肢」になることによって，家族の「関係の質」を真剣に問うようになってきたと言える。個人の尊厳を柱に，「個人の生き方を支えるシステム」として家族を再定置すること，それが家族の個人化の必然的な帰結である。

参考文献
岩上真珠　2003　『ライフコースとジェンダーで読む家族』有斐閣
目黒依子　1987　『個人化する家族』勁草書房
森岡清美・青井和夫編　1985　『ライフコースと世代──現代家族論再考──』垣内出版
森岡清美・青井和夫　1987　『現代日本人のライフコース』日本学術振興会
グレン・H・エルダー，ジャネット・Z・ジール編著（正岡寛司・藤見純子訳）　2003　『ライフコース研究の方法──質的ならびに量的アプローチ──』明石書店
「夫（恋人）からの暴力」調査委員会　2002　『［新版］ドメスティック・バイオレンス』有斐閣

清水新二編　2000　『シリーズ家族はいま……　4　家族問題——危機と存続——』ミネルヴァ書房
高橋重宏・庄司順一編著　2002　『子ども虐待』中央法規出版
上野加代子　1996　『児童虐待の社会学』世界思想社

IV 少子化と家族

❶ 人口変動と家族

清水　浩昭

Key Words　人口と家族　少子化　少子化要因論
少子化影響論　少子化対策論

1　人口と家族に関する研究動向

　私たちは，子どもの出生・転出・結婚や親ないし祖父母の死亡といった人口・家族現象と深く関わりながら日々の生活を送っている。
　このように人口と家族とは，私たちの生活と密接に関連している社会事象である。にもかかわらず，人口と家族に関わる研究は，必ずしも十分な展開を示してこなかったように思われる。それは，人口学者の問題関心が個人の行動様式にあり，集団になかったことと，社会学者（家族研究者）も人口にほとんど関心を示さなかったことに起因していると言えよう。ところが，近年，歴史人口学，家族人口学，人口人類学（民族人口学），人口社会学（社会人口学）等の新し

い学問分野が登場してきた。これらの学問は人口現象と家族現象を視野に入れながら新たなる研究領域を切り拓くとともに，多くの研究成果を提示してきた。このような研究動向は，若い世代に刺激を与え，この世代が人口と家族に関わる問題，とりわけ未婚化や少子化と家族についての問題関心を高めることになったように思われる。

2 少子化と家族をめぐる施策と研究の展開

少子化という言葉は，『国民生活白書』（1992年）に登場して以来，一般化してきた官庁用語である。したがって，必ずしも明確な定義が与えられていなかったが，最近，合計（特殊）出生率（total fertility rate [TFR]）が，人口を維持するに必要な水準を相当期間下回る状況を言うとの定義がなされてきた［少子化研究会 2001］。

次に，この現象に関する研究と施策をみると，ほぼ三つの領域に区分できるように思われる。第一が少子化要因論，第二が少子化影響論，第三が少子化対策論である。

少子化要因論

少子化要因論については，未婚率の上昇（晩婚化の進行と生涯未婚率の上昇）が挙げられている。このような状況を招来したのは，育児の負担感，仕事との両立の負担感，個人の結婚観・価値観の変化，親から自立して結婚生活を営むことへのためらいにあるとされている［人口問題審議会 1997］。

これらの点に関する人口学者の見解をみると，1990年代以降における少子化の進展は夫婦の出生力低下（有配偶出生率の低下）と結婚行動の変化（有配偶率の低下）という新たなる局面の展開によってもたらされたとしている［中野 1998：54-65，国立社会保障・人口問題研究所* 2003a：68］。この少子化の進展と社会・経済条件との関連をみると，結婚観の変化や子育て環境の現状と変化等から議論が展開されている。結婚観の変化を結婚の利点と独身の利点との対比でみると，独身の利点が結婚の利点を上回ってきている。結婚の最大の利点は「精神的安らぎの場が得られる」ことにあるとされ，独身の最大の利

点は「行動や生き方が自由」であるとしている。しかも,「行動や生き方が自由」(独身の利点)が「精神的安らぎの場が得られる」(結婚の利点)を上回る傾向にある。この傾向は,少子化をいっそう進展させるように思われる[国立社会保障・人口問題研究所 2003b]。子育て環境と出生率との関連については,同居割合が低い地域ほど出生率が低い,男女とも長時間労働者比率の高い地域ほど出生率が低い,持ち家比率が高い方が出生率も高いとされている[厚生労働省監修 2003]。

このような地域的視点から導き出された研究成果を見ると,少子化に関わる諸問題を解決する豊かな鉱脈は地域社会のなかに内在しているとも考えられる。

少子化影響論

少子化影響論について見ると,経済面では労働力人口の減少に伴う経済成長率の低下,現役世代の手取り所得の減少,国民の生活水準の低下が挙げられている。社会面への影響としては,単身者や子どものいない世帯の増加(家族の変容),子どもの健全育成への影響(子どもの健全育成への懸念),住民への基礎的なサービス提供の困難さ(地域社会の変容)が挙げられている[人口問題審議会 1997]。

少子化影響論は,これまで経済面からの議論に偏してきた。したがって,感情的,情緒的,精神的な議論が欠落していたとの認識に立って,他者との関わりあいを十分尊重できる人間育成の重要性を説いた議論が登場してきた[池本 2003:22, 168]。これは,「子どもの社会力」の育成[門脇 1999],「思い残し症候群」の出現[岩月 2001],「〈育てる者〉から〈育てる者〉へ」の問題[鯨岡 2002],「子育ちと親育ち」,「親である」「親になる」の課題[山縣 2002]とも関連していると言えよう。

このような研究動向を見ると,少子化に関する議論は量的問題から質的課題へと推移しつつあるように思われる。また,こうした議論の展開は子どもと家族との関係や子どもという存在自体を改めて問い直す機会を与えることになったとも言えよう。

少子化対策論

少子化対策論について見ると，人口問題審議会*は少子化が経済面に与える影響への対応策として雇用環境の整備，企業の活力・競争力，個人の活力の維持，公平かつ安定的な社会保障制度の確立を挙げ，社会面に与える影響への対応策として子どもの独創性や社会性を養う教育と健全育成，地方行政体制の整備，地域の活性化，固定的な男女役割や仕事優先の固定的な雇用慣行の是正，子育て支援のための諸施策の総合的かつ効果的な推進（子育てと仕事の両立支援，家庭における子育て支援，ゆとりある教育の実現と健全育成の推進，子育て費用の軽減），未来に希望を感じられる社会の建設を挙げている［人口問題審議会 1997］。少子化対策プラスワンは男性を含めた働き方の見直し，多様な生き方の実現，仕事と子育ての両立の推進，保育サービス等の充実，地域の様々な子育て支援サービスの推進ネットワークづくりの導入，家庭教育への支援の充実，子育てを支援する生活環境の整備，社会保障における「次世代」支援，教育に伴う経済的負担の軽減，親になるための出会い，ふれあい，子どもの生きる力の育成と子育てに関する理解の促進，若者の安定就労や自立した生活の促進，子どもの健康と安心・安全の確保，不妊治療対策の充実等が掲げられている［厚生労働省 2002］。

このような施策のなかで，育児支援施策の一つである仕事と子育ての両立支援については意見の対立がある。政府は，働く女性（男性も含めて）が就労と子育てが可能になる施策として労働時間の短縮，保育園の整備が少子化対策になると考えている。しかし，保育学者のなかには，保育園の非利用者，とりわけ在宅子育て層に対するサービスが存在しなければ出生率は上昇しないとの意見を提示している［山縣 2002：148，池本 2003：57-86］。これは，就学前の子どもで保育園を利用しているものは約4分の1で，3歳未満児では2割に満たないとの論拠に基づいて展開されたものである［山縣 2002：148］。

さらに，政府の育児支援策が経済に偏して施策化されているとの

批判に基づいて提示されたものとして，子どもと一緒に過ごす時間を保障する政策（在宅育児手当，育児休業制度等の労働政策），親のエンパワーメントを支える政策（自主保育活動への支援，親の学習機会の保障），支えあいを促進するしかけづくり（世代間交流）が提示されている［池本 2003：161-205］。

このような少子化施策論の動向を見ると，経済偏重論，親中心主義的施策論が議論の中心になっているが，親子関係尊重論（情緒，感情，精神面の重視）・子ども中心主義的施策論に立つ論議も展開されてきている。これは，少子化施策論も転換期にあることを示すものと言えるのではなかろうか。

3 施策と研究の展開をめぐる問題点と今後の課題

以上，少子化と家族をめぐる施策と研究の展開過程を検討してきた。この検討を踏まえて，施策と研究の展開をめぐる問題点と今後の課題を要約すると，次のようになる

まず，施策の展開を見ると，少子化施策が経済偏重主義から人間中心主義へと変化しつつあることを挙げることができよう。

次に，研究の展開を見ると，人口と家族との関連をめぐる研究は緒についたばかりであり，未だ十分な研究の蓄積がない。それは，この現象が問題視されるに至ってから日が浅いことと，この現象の解明に主に関わってきた人口学と社会学（家族社会学）の二つの学問分野は「氏も育ち」も異なっているため，問題関心，方法論が共通しているとは言えないこと。しかも，両学問とも日本社会を等質のものと考えているので，日本全体の平均像の把握が中心になっており，地域社会にはほとんど関心がない。したがって，地域社会に内在している豊かな埋蔵物（庶民が創造した知恵）から新たなる知見を学び取ったり，掘り起こしたりする努力も知恵もない状況にあると言えよう。

しかし，幸いなことに，人口学と社会学（家族社会学）の怠慢さを打破するうねりが隣接科学から巻き起こってきている。この新たな

る展開の一つが人間関係尊重論的立場からの接近である。この流れと人口学および社会学（家族社会学）とが合流し，それが潮流となれば，問題解決の方向が提示できるものと思われる。そのためには，二つの学問と隣接科学が理論の適用過程，理論の構築過程を踏まえて新たなる知見を獲得し，この知見に基づいて対応策を策定できる力量を身に付ける［高根 1979：186-195］とともに，このような一連の学問的手続きを踏まえた政策立案能力・問題解決能力（社会デザイン力）が形成できる段階に到達することが必要である。その段階に到達すれば，少子化と家族にまつわる諸問題（児童虐待，家庭教育と少年非行等々を含む）も解決の糸口が見えてくるのではなかろうか。

参考文献

池本美香　2003『失われる子育ての時間——少子化社会脱出への道——』勁草書房

岩月謙司　2001『思い残し症候群——親の夫婦問題が女性の恋愛をくるわせる——』（NHKブックス）日本放送出版協会

人口問題審議会　1997『少子化に関する基本的考え方について——人口減少社会，未来への責任と選択——』人口問題審議会

門脇厚司　1999『子どもの社会力』（岩波新書）岩波書店

家庭裁判所調査官研修所監修　2001『重大少年事件の実証的研究』司法協会

国立社会保障・人口問題研究所　2003a『人口統計資料集　2003』（人口問題研究所資料第 307 号）国立社会保障・人口問題研究所

————　2003b『第 12 回出生動向基本調査　結婚と出産に関する全国調査　独身者調査の結果概要』国立社会保障・人口問題研究所

厚生労働省　2002『少子化対策プラスワン——少子化対策の一層の充実に関する提案——』厚生労働省

————監修　2003『平成 15 年版　厚生労働白書　活力ある高齢者像と世代間の新たな関係の構築』厚生労働省

鯨岡　峻　2002『〈育てられる者〉から〈育てる者へ〉——関係発達の視点から——』（NHKブックス）日本放送出版協会

中野英子　1998「結婚と出生——晩婚化・少産化の動向と高齢化問題——」清水浩昭編『日本人口論——高齢化と人口問題——』放送大学教育振興会

清水浩昭　2000「社会構造の変化と少子化——家族・地域共同体・仲間集団

の構造的変化と子どもの変化との関連を中心にして——」『桜門春秋』第83号,日本大学広報部

清水浩昭 2003「『愛他主義的』人間の育成を——人間を尊重・優先するシステムの構築へ——」『ウェルフェア』第48巻,全労済協会

少子化研究会 2002『少子化の見通しに関する専門家調査結果報告書』(厚生科学政策科学推進研究事業「少子化に関する家族・労働政策の影響と少子化の見通しに関する研究」)少子化研究会

高橋重宏編 2001『子どもの虐待』有斐閣

高根正昭 1979『創造の方法学』(講談社現代新書)講談社

山縣文治 2002『現代保育論』ミネルヴァ書房

※ 用語解説 ※

国立社会保障・人口問題研究所 昭和14年(1939)8月,「人口問題研究所管制(勅令)」により,人口問題研究所が設立された。昭和40年(1965)1月,「社会保障研究所法」により社会保障研究所が設立され,平成8年(1996)12月,厚生省人口問題研究所と特殊法人社会保障研究所との統合により,国立社会保障・人口問題研究所を設立した。平成13年1月の中央省庁の再編において,厚生労働省の下で国の政策の企画立案機能を担う政策研究機関として位置づけられている。

人口問題審議会 厚生省設置法にもとづいて1953年に設置された審議会。人口問題に関する重要事項について調査審議を行っている。答申書以外にも通称「人口白書」と呼ばれる調査研究成果や報告書を出している。

出生力転換と少子化

岩澤　美帆

Key Words　人口転換　合計（特殊）出生率
出生コーホート　晩婚化・非婚化

1 「少子化」の誕生

この節では，近年，日本社会の変貌や将来像を議論する際にしばしば言及され，また家族のあり方とも関連の深い「少子化」について，その捉え方，歴史および見通しについて解説する。

まず「少子化」という言葉の由来に触れておこう。少子化は元来学術用語ではない。1990年，前年（1989年）の合計（特殊）出生率（Total Fertility Rate）が，1966年の「丙午（ひのえうま）」の年（1.58）を下回ったことが公表され，出生率低下への社会的関心が一気に高まった（のちに「1.57ショック」と称される）。その2年後，このような関心の高まりをうけて，経済企画庁が「少子社会の到来，その影響と対応」と題した『国民生活白書』（1992年）を刊行し，以来，少子化という言葉は，行政文書や新聞等のマス・メディアを通じて，今日の認知度を得るに至っている。

英語圏においては，「少子化」にそのまま対応する言葉はなく，出生力低下 fertility decline，超低出生力 very low fertility などの言葉が，同じような文脈で使用されている。さらに，専門的な立場では，出生率が現在の人口を将来も維持するのに必要な水準（人口置換水準，現在の日本では2.08程度）を下回っているかどうかに着目して，少子化を「出生率が人口置換水準を継続的に下回っている状態」と定義する専門家もいる［大淵 2000］。日本では，1974年以降，合計出生率が人口置換水準を一貫して下回っており，「少子化」は今日に至るまで四半世紀以上続いていることになる。

ところで、少子化の指標として用いられる合計出生率とは、どのような数値なのかを説明しておこう。合計出生率とは、ある年の女子の年齢別出生率を再生産年齢（通常15歳から49歳）について足しあげたものである。この大きさが何を表しているのかと言えば、「仮に女性が、再生産年齢が終わるまで生存し、その年の年齢別出生率にしたがって子どもを生んだ場合に実現される最終的な子ども数」とされる。しばしば「今日の女性が生んでいる平均的な子ども数」と誤解されるが、実際にそのような出生行動を経験した集団（世代）が存在するわけではない。現実に女性が生涯に何人の子どもを生んでいるのかを知るには、同じ時期（年）に生まれた女子集団を子どもを産みはじめる年齢から産み終える年齢まで観察する必要がある。同じ時期に生まれた集団を専門用語で出生コーホートと呼ぶが、以下ではしばしば出生コーホート別にさまざまなデータを比較することによって、人々の行動変化を捉えていこう。

2 夫婦の子ども数の長期的推移

少子化の分析に入る前に、やや長期的な視点で出生力の変動を確認しておこう。

経済発展を遂げたほとんどの地域で、高死亡率・高出生率の状態から低死亡率・低出生率の状態に至る、いわゆる「人口転換 demographic transition」が経験されている。日本も明治初年以来の死亡率低下、大正期から始まる緩やかな出生率低下を経て、今日のような低死亡率・低出生率の社会に至った。

このような出生率の変動をもたらした出生行動の変化を、有配偶女性の完結出生児数（夫婦一組あたりの最終的な子ども数）というかたちで見てみよう。図1は、有配偶女性の完結出生児数を女性の生まれ年別（出生コーホート別）に観察したものである。国勢調査や出生動向基本調査［国立社会保障・人口問題研究所 2004］の結果をつなぐことによって、1800年代末から1950年代に生まれた有配偶女性が、平均で何人くらいの子どもを産んでいたかという長期的推移がわか

図1 出生コーホート別にみた有配偶女性の完結出生児数および子どもが15歳まで生存する確率

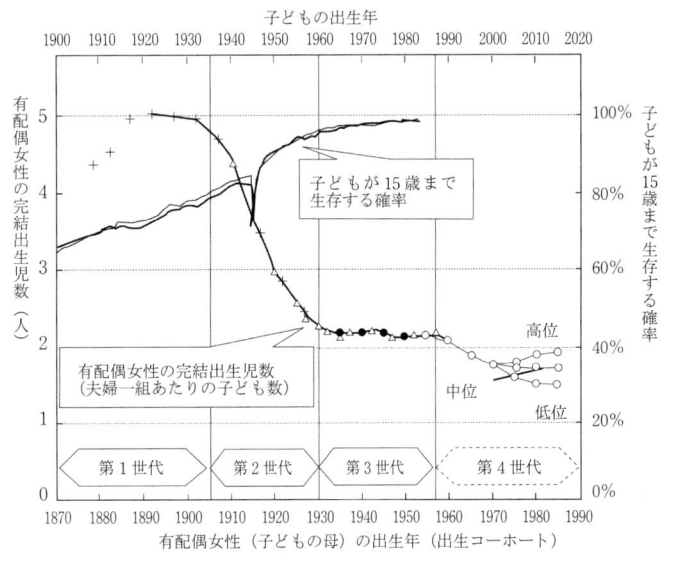

凡例:
- ＋ 完結出生児数（国勢調査）
- △ 完結出生児数（出生動向基本調査（第7〜12回））
- ● 完結出生児数（人口動態統計から推定）
- ○ 出生率仮定値（H14年推計人口）
- 女児が15歳まで生存する確率
- 男児が15歳まで生存する確率

る。かつて渡邉［1981］は，この推移を，妻の出生コーホート別に，三つの段階に分けている。第一世代は，1890年頃から1905年頃までの出生コーホートで，夫婦一組あたり5.0人前後の出生児数であった（ただし，子どものいない夫婦が1割以上いる一方，6人以上生む夫婦が半数近いなど分散が大きい［阿藤 2000:95］）。第二世代は，1905年から1930年頃にかけての出生コーホートで，コーホートが新しくなるごとに完結出生力水準は4.8人から2.3人まで激減した。第三世代は夫婦一組あたり2.13〜2.26人の水準で安定していた1930年以降1940年頃までのコーホートだとされているが，その後の調査で明ら

かになったデータを加えてみると,第三世代の特徴は1950年代半ばの出生コーホートまで続いていたと見ることができる。その後の出生コーホートについては,現時点で出生過程の途上にあるため,最終的な完結出生児数が明らかになるにはしばしの時間を要する。しかし晩婚化が進み,夫婦の子どもの生み方が低迷していることが各種調査で明らかになっていることから,安定期の第三世代につづく第四世代の登場を程なく確認することになるであろう。図中では,2002年に公表された将来推計人口［国立社会保障・人口問題研究所 2002］において用いられた出生率の仮定値に基づく有配偶女子の完結出生児数を示した。低位の場合,夫婦一組あたりの完結出生児数が1.5人程度まで低下すると仮定されている。

3 出生力転換

このように日本の有配偶女性の出生行動は,長期的にみて第二世代と来るべき第四世代という二つの世代で変化を経験しているが,その変化の原因や社会的背景は大きく異なる。

まず第二世代の出生行動変化については,多くの西欧諸国が20世紀初頭までに経験した出生力転換と共通する点が多い。出生力転換が起こるためには,いくつかの条件が必要だと言われる［Coale 1973］。

まず,何人の子どもが望ましいといった明確な出生意欲,およびその変化があげられる。例えば出産力調査における理想子ども数を世代別に見てみると,1920年代に生まれた世代で,すでに理想子ども数は3.0前後であるが,その後もわずかに低下し,1950年代生まれでは2.5前後で推移している［渡邊 1981: 46-61］。

潜在的な出生抑制動機があっても,実際に抑制手段がとられなければ出生力低下は起こりえない。戦前は人工妊娠中絶が非合法であったのはもちろんのこと,政府によって産児制限運動＊が弾圧されるなど,夫婦が抑制行動をとることは容易ではなかった。しかし戦後になると,政府は一転して家族計画を奨励し,また1948年に制定された優生保護法によって,人工妊娠中絶が条件付きで合法化され

ると、望まない出生が大量に回避され、他の先進国に例をみないほどの短期間のうちに出生力転換は完了した。

ちなみに、この時期は、子どもの生存率が大きく改善している。例えば世代生命表［南條・吉永2002］といったものから、生まれた子どもが15歳まで生き残る確率を計算してみると1900年に生まれた子ども（男児）の場合、15歳まで生き残るのは66%であるのに対し、1930年生まれになると77%、1950年生まれになると90%以上にまで改善している（図1参照）。出生児数の急激な変化ほどは、最終的な家族規模には変化がなかったことを示唆する。

4 早婚・皆婚時代から少子化へ

完結レベルが2.1人前後で安定していた第三世代（1930年～1957年）は、子ども数が2人か3人という夫婦が8割以上を占めるなど「二人っ子家族」が主流となった世代と言えるが、同時に早婚・皆婚世代という特徴を持つ。1935年～1950年生まれの女性の平均初婚年齢は24歳半ば、生涯未婚率（50歳時点における一度も結婚していない人の割合）は5%前後ときわめて画一的なパターンを維持していた。なお、この世代が家族形成を行った1960年代から1970年代前半には、高度経済成長、雇用者割合の上昇、都市化、高学歴化を背景として、既婚女性の専業主婦割合が上昇し、結婚後の親との同居率が低下するといった変化が見られた。性別役割分業を前提とする「近代家族」的な価値観が定着した時期にも相当する［阿藤 2000:108-109］。

さて、1974年以降、合計出生率は再び低下を開始し、いわゆる「少子化」時代に突入する。しかしこの段階における出生率低下は、先ほどの出生力転換とは大いに様相が異なる。まず行動変化の主軸は、1950年代生まれから徐々に進んだ晩婚化・非婚化である。20代後半の女子の未婚率は、1970年の18%から1990年の40%まで一気に進んだ。日本では婚姻外の出生は例外的であるため、結婚する人の減少は、そのまま出生数の減少につながるのである。1980年代までの合計出生率低下のほとんどが、このような結婚行動の変化によ

って説明されることが指摘されてきた［阿藤・伊藤・小島 1986］。しかしながら，当初結婚行動にのみ表れていた安定期世代の行動様式からの離脱は，やがて夫婦の出生行動にも及ぶ。ついに，晩婚化・非婚化だけでは説明できない要因によって，すなわち夫婦の出生行動が実質的に低迷することによって，出生率は 1990 年以降も下がり続けた［岩澤 2002］。

少子化の原因は何か。景気の低迷，仕事と子育ての両立の難しさ，日本社会の先行き不安感などが遠因となっていることは確かであろう。しかしそれだけではない。1960 年代に家族を形成した皆婚・二人出産世代とは，明らかに状況が異なる。少子化の当事者世代は，少ないキョウダイとともにできる限りの投資を受けて育った最初の世代であり，見合い文化消滅の中で，自ら決めた相手と，自ら決めた時期に結婚することができるようになった最初の世代でもある。豊かさと自由の中に潜む思いがけない隘路が少子化と言えるかもしれない。

先ほども触れた 2002 年に公表された将来推計人口における低位の仮定では，1985 年に生まれた女性の 4 人に 1 人は生涯未婚，子どもを 1 人も生まない割合が 42% となっている。男性の指標はこれに輪をかけたものとなる。古今未曾有の非婚・無子社会は，目前に迫っている。

参考文献

阿藤誠・伊藤達也・小島宏　1986　「マクロモデルによる結婚と出生力のシミュレーション」『人口問題研究』179 号，16-34 頁

阿藤　誠　2000　『現代人口学——少子高齢社会の基礎知識——』日本評論社

———　2003　「第 2 次世界大戦後の日本人口」日本人口学会編『人口大事典』培風館，113-117 頁

Coale, Ansley J. 1973 "The demographic transition reconsidered," Proceedings of the International Population Conference, Liège; IUSSP, pp.53-72.

岩澤美帆　2002　「近年の期間 TFR 変動における結婚行動および夫婦の出生行動の変化の寄与について」『人口問題研究』第 58 巻第 3 号，15-44 頁

大淵　寛　2000　「少子化問題をめぐる諸問題 (1)」『経済学論纂』第 40 巻第 5・6 合併号

国立社会保障・人口問題研究所　2002　『日本の将来推計人口：平成 14 年 1 月推計』

―――――　2004　『日本人の結婚と出産：第 12 回出生動向基本調査』

南條善治・吉永一彦　2002　『日本の世代生命表――1891～2000 年期間生命表に基づく――』日本大学人口研究所

渡邉吉利　1981　「完結出生力水準と出生意欲のコウホート的観察――各種出産力調査結果の妻の出生コウホートによる整理――」『人口問題研究』第 158 号，46-61 頁

※ 用語解説 ※

産児制限運動　産児制限は M. サンガー（M. Sanger）によって提唱されたバース・コントロール birth control の訳語であり，人為的に妊娠を避け，人工妊娠中絶などによって人口を制限することをさす。人為的な人口制限の方法を主張する新マルサス主義がこの運動の起点となったが，サンガーが果たした役割は大きい。彼女の運動は貧しい女性を救うための女性解放運動としての性格を持っていた。わが国でも 1922 年にサンガーが来日して産児調整への関心が高まり，日本文化進展のために産児制限が必要だと説いた安部磯雄・山本宣治，医療救済の観点から馬島芋（かん），女性運動家石本（加藤）シヅエもこれに積極的に関わった。しかし，満州事変以降馬島が堕胎幇助罪で検挙されるなど国家の人口増殖政策の中で弾圧されるようになり，「産めよふやせよ」運動が展開するようになる。

少子社会への対応

森田　明美

Key Words　エンゼルプラン　新エンゼルプラン
子育て支援　子どもの育ち

1　少子社会への対応のはじまり
——エンゼルプランと子育て支援——

　子どもを生む生まないということは個人の選択に委ねられるものであるという認識は，男女平等との関係で厳しく認識されてきた。にもかかわらず，バブル景気が本格的調整に入ったとされる1991年には少子化への対応が本格化した。この時期の特徴は，1990年8月，出生率問題に関わる14の関係省庁によって結成された「健やかに子供を生み育てる環境づくりに関する関係省庁連絡会議」など，バラバラに政策を立てていた省庁が厚生省を中心に同じテーブルで議論するという「縦割り」政策克服のための試みが始まったこと，また1992年10月に設置された厚生省児童家庭局長私的懇談会「子どもの未来21プラン研究会」では，保育は社会的責任で行うものであるといった認識が公的な文書ではじめて書かれるなど，子ども施策の歴史上いくつかの画期的な政策がとられた。一方で，地方自治体の行政や保育現場に対しては，変化の速度が遅い，変わらないとの批判が利用者のみならず，1991年に実施された総務庁の行政監察など国の報告書でも厳しく指摘された。

　1993年3月厚生省高齢社会福祉ビジョン懇談会は「21世紀福祉ビジョン」を発表し，その中で「子育て支援のための総合的な計画（エンゼルプラン）」の策定を提言した。これを受ける形で，「健やかに子供を生み育てる環境づくりに関する関係省庁連絡会議」の一つのまとめになったのが，1994年12月に文部省・厚生省・労働省・建設省の4省が合意して策定された「今後の子育て支援のための基

本的方向について」である。通称「エンゼルプラン」と呼ばれ，会議での議論の集約されたものであった。子育て支援を柱とし，自治体での計画づくりと連動させたエンゼルプランにたいし，計画策定のための補助金を国は用意し，1999年6月現在，計画は47都道府県すべてで作られ，市町村の約18％，585自治体で作られた（2003年に厚生労働省は，総合計画の一部等も含めた地方版エンゼルプランの策定状況を市町村数1300余りと発表している）。

またエンゼルプランの具体化として用意された緊急保育対策等5カ年事業は，最終年の1999年夏には，少子化対策臨時特例交付金が2000億円各自治体に配布され，待機児解消政策がとられた。こうした取り組みの結果，一時保育，地域子育て支援センターについては目標達成が約50％であるが，乳児保育をはじめ保育施策はほとんどの事業で100％達成された。

だが出生率は上昇せず，1997年には人口問題審議会は全国の有識者を集めて「少子化に関する基本的な考え方について——人口減少社会，未来への責任と選択」を10月に発表し，人口減少社会とは最終的には国民自身が選択していく課題であるとしながらも，社会慣行や個人の価値観にまで踏み込んだ考え方を示した。これをもとにエンゼルプランの5年目にあたる，2000年度からの新しい計画づくりがはじまった。

2　少子社会対策としての新エンゼルプラン

1999年12月に発表された新エンゼルプランは，大蔵・文部・厚生・労働・建設・自治6大臣合意で策定され，担当省庁も大蔵省が入る実践的な計画となった。また名称も「重点的に推進すべき少子化対策の具体的実施計画について」とされ，先のエンゼルプランが子育て支援を中心にしていたのに対し，少子化対策ということを前面に打ち出している。新エンゼルプランでは，これまでの保育所政策による働く親支援を中心にした施策が拡大し，幼稚園の活用，不妊・周産期医療の整備など全ての親支援のための子育て支援に変わ

ってきている。「少子化」対策という視点が明確にされて、保育に限定した施策が子どもの育ちと子育てにかかわる妊娠・出産から総合的支援に見直された感がする。

この10年間に保育所の定員充足率は、1990年87.1％に対して、96年88.8％、2003年には96.5％と上昇している。96年度からは、児童福祉施設最低基準を満たす限りにおいて、定員増での保育所での受け入れがはじまった。2001年7月の閣議決定「仕事と子育ての両立支援策の方針について」以降、「待機児ゼロ作戦」が展開され、2003年4月1日現在では、保育所入所児が1,920,591人になった。だが、入所児は前年同日比約41,242人増加したにもかかわらず、待機児は都市の1・2歳児を中心に26,383人いる（0～2歳児の待機児は全体の67.8％を占める）。

こうした待機児や多様な保育ニーズを背景に、都市部を中心にベビーホテルなど認可外保育施設が急増している。またその結果、近年保育方法の未熟さや保育者不足また虐待をするベビーホテル経営者すら登場するようになった。一定の法規制の枠外で子どもという自己選択や主張ができない者が利用者として生活する認可外保育施設に対しては、その場所の安全性の確保が必要になる。

子どもの権利代弁者である親が、正しく選択できるように保育など子どもを預かるサービス提供者の現状を把握する調査方法、結果の公表基準、保育所の選択基準などの検討が、第三者評価として国や自治体で始まっている。

また、働く母親の子どもを預かるという機能だけではなく、特別な事情で一時的に保育が必要になった場合の保育所や地域子育て支援センターを使った一時保育や、地域で子育てする親子を支える事業、地域での子育て支援の輪を広げようとするファミリー・サポート・センター事業など多様な子育て支援事業が公的支援を受けて展開されている。

その後も続く少子化に対して、国は2002年には夫婦出生力の低下を踏まえていっそうの少子化対策を推進するために、男性の働き方

政府におけるこれまでの取り組み

平成2年	6月	「1.57」ショックの言葉が生まれる。
	8月	健やかに子供を生み育てる環境づくりに関する関係省庁連絡会議（内閣官房長官決裁）発足
平成3年	1月	関係省庁連絡会議による「健やかに子供を生み育てる環境づくりについて」の取りまとめ
平成6年	12月	エンゼルプラン策定（文部・厚生・労働・建設の4大臣合意）
平成9年	1月	**人口推計（平成9年1月推計）の発表**
	10月	厚生労働省の人口問題審議会が「少子化に関する基本的考え方について」の取りまとめ
平成10年	7月	少子化への対応を考える有識者会議（総理大臣決裁）発足
	12月	**有識者会議が「夢ある家庭づくりや子育てができる社会を築くために（提言）」の取りまとめ**
平成11年	5月	少子化対策推進関係閣僚会議（閣議口頭了解）発足
	6月	少子化への対応を推進する国民会議（総理大臣決裁）発足
	12月	関係閣僚会議が「少子化対策推進基本方針」の決定 →少子化への対応を考える有識者会議の提言を踏まえ，中・長期的に進めるべき総合的な少子化対策の指針の策定
	12月	基本方針に基づく具体的実施計画として新エンゼルプラン策定（大蔵，文部，厚生，労働，建設，自治の6大臣合意）
平成12年	4月	国民会議が「国民的な広がりのある取組の推進について」（各団体の当面の取組）の取りまとめ
	6月	児童手当について3歳未満から義務教育就学前まで対象拡大
平成13年	1月	育児休業中の育児休業給付額の引き上げ（25%→40%）
	6月	児童手当について所得制限の緩和
	7月	**待機児童ゼロ作戦（閣議決定）** →平成14年度中に5万人，さらに平成16年度までに10万人，計15万人の受入れ児童数の増
平成14年	1月	**人口推計（平成14年1月推計）の発表**
	4月	育児休業・介護休業法の改正 →育児休業を理由とした不利益取扱の禁止，子の養育期間中の時間外労働の制限，勤務時間の短縮措置の拡充等
	4月	厚生労働省の少子化への対応を考える懇談会発足
	9月	厚生労働省が少子化対策プラスワンの取りまとめ →男性を含めた働き方の見直し等もう一段の対策を提言
平成15年	3月	少子化対策推進関係閣僚会議において「次世代育成支援に関する当面の取組方針」を決定
	7月	児童福祉法改正，「少子化社会対策基本法」「次世代育成支援対策推進法」公布

をふくめて「少子化対策プラスワン」を提案した。少子化への取り組みが多様に用意されていると言える。だが，その効果は見られないと言っても過言ではない。

政府はいっそうの取り組みとして，2003年7月には子育て支援事業の実施，市町村保育計画の作成等に関する規定を整備することを定めた児童福祉法改正と，新たに，「少子化社会対策基本法」と，2005年度から2014年度までの時限立法で「次世代育成支援対策推進法」を定めた。その結果，すべての地方公共団体に，2005年度から5年間の行動計画の策定が義務付けられることになった。

また少子化社会対策基本法では，「少子化による未曾有の危機，少子化に歯止めをかける，家庭と子育てに夢と誇りを持つ」などの表現がなされていた。それが「もとより，結婚・出産は個人の自己決定に基づくものではあるが」の一文と，「生み育てる」を「生み・育てる」と改められ，育てることは，男女共同の営みであること，また里親などの他の親による子育てもあるという意味が示されることになったものの，国家戦略としての少子化対策が鮮明に打ち出され，子育て支援の方向性が子育ての女性責任を強調する方向に向いてきていることがわかる。(1999年閣議決定「少子化対策推進基本方針」では，少子化対策の基本的視点は「①結婚や出産は当事者の自由な選択に委ねられるべきものであること。②男女共同参画の形成や次代を担う子どもが心身ともに健やかに育つことができる社会づくりを旨とすること」等が定められていた。)

3 少子社会への対応に必要な視点

以上のように少子化への対策が多様にとられるようになったにもかかわらず，なぜ少子化が止まらないのかという視点から少子社会への対応として今後必要な視点を整理しておこう。

地域での男女の職場確保

子どもが少なくなるのは，子育て中の夫婦の子ども数が少なかったり，時にはいなかったりするからである。また原因には，子育て

をしたいけれど結婚相手がいない場合(結婚したくないという人々も含む)と,過疎地でおきている問題の多くは,出産・子育ての対象となる年齢の人々の働く場が少なく,職を求めてその地を離れるという構造である。

現代社会のように男女の進学率が接近し,しかも男女平等社会の実現をめざすならば,男女いずれでも従事でき,しかも自分自身納得できる仕事が地域で保障されなければ,結婚・出産・子育ての前提となる生活の拠点,男女の出会いの基盤を地域に築けない。婚外子の出生が諸外国に比べ極端に少ない日本では,出生率を上げるためには,現段階では結婚した夫婦の増加と,子どもを生みたい・育てたいという意識が沸いてくるような社会にすることが必要である。

子どもの育ち問題の解決

加えて「結婚したい」「子どもが育ててみたい」と思う若者が誕生するような地域かどうかの点検が,必要になる。その際に,これまでのようなおとなの労働環境,生活環境の整備が少子化対策の前提であることは変わらないが,じつは子どもの育つ環境が大きく変化しており,若者達・若い親たちの子育て意識に影響しはじめていることに,これまでの少子化対策はほとんどふれていないことを考えてみる必要があろう。

子育て環境に対応した政策の必要性

同じ市町村でも子育て環境は地域によって違う(筆者も参加した国土庁計画・調整局『地域の視点から少子化を考える』1998年8月,大蔵省印刷局,参照)。必要とされる施策も違うという認識が必要である。三世代同居率が高い地域では,保育制度が多少不備であっても,子育て中の母親の就労率は高く,子育て世帯ごとの子ども数が多くなる。だが,30代男女未婚者は激増。子育て仲間を近所に見つけることが難しい,子育て中の親子を見かけることや近所で乳幼児とふれあうことが非常に難しく,少子化社会で子育てを経験として世代継承していくことは難しいことが明らかになってきている。一方住宅取得がしやすく人口が増加している地域では,子育て中の親の居住

地移動が激しく、乳幼児を育てる転出入者家庭が多くなる。こうした地域では、友人・子育て仲間を近所に作ることが難しい。また子育て環境としては住宅が狭く、費用は高く、子育てへの親族支援を受けることは難しく、子育てを夫婦の力で乗りきることを要求されることが多い。社会的な保育・子育て支援制度の整備が要求される。

子育ち子育て支援の視点転換の必要性

若い親たちに対してかつての親たちは、子どもを生んだからにはしっかり親役割を果たしてもらわなければ困ると、「しっかりしなさい」「親の責任」を説く。だが、彼らは子育てに対する技術も知識も経験もあまり持っていない。筆者が関わった調査では、多くの地域で20代の若者の3分の2は赤ちゃんの世話をしたことがなかった。そうした親たちが、他の親たちにわからないことを聞きながら子育てしてくれればそれほど問題も生じない。が、つたない経験や少ない知識だけを頼りに子育てをし、これに合わないと子どもを責めたり、ときに虐待にまで至ったりする事例も急増している。

となると、家事や子育てをしっかり、きちんとやらなければ気が済まないが働きつづけたいと考える人は、男女平等社会の実現と、子育ての社会的支援に加え、全体の力の配分を下げることをしなければ、働きながら、結婚・出産をするということ、まして、2人3人の子育てをするということは実現不可能の課題になる。あるいはこうした働くことと子育ての両立を厳しく追求する夫婦以外には、「生まれた（できた）からには育てるしかない」という、有無を言わさずに親になっていく世帯が増加することになる。筆者が関わった千葉県八千代市調査では12％弱いるという結果である。

親・子・若者の参加による新しい施策作り

子育て支援施策への希望上位には、どのような調査でも個々の家庭への経済的支援があがってくる。1999年度国民生活選好度調査＊でも、子育てに関する経済的負担を感じる子育て世帯は急増し、24.8％（1975年ＮＨＫ調査）が67.8％にまで増加している。国でも自治体でも、子育て家庭には経済的負担軽減施策への要望が強い。だ

からと言って個別子育て家庭への経済的な援助だけでは限界がある。

虐待の急増を持ち出すまでもなく、間違った子ども観による子育てや孤立化が進んでいる子育て状況にあって、楽しい子育て、途中で放棄せず、じっくり子どもと付き合いつづける子育てを普及し、支えることが緊急に必要となっている。そのことを認識した上で、新しい世代に受け入れられる子育て支援施策に再編する必要があるだろう。子育てしながら親も育っていくということや、自分流の子育てを子育て仲間と一緒にしていくといった視点が今重要と思う。また一方でこの施策を展開すると、親には責任がないととらえる親が一時的に生じる可能性もある。だからセットで子どもの権利侵害への対応ができるように地域施策を整備しておくことも重要である。

子育て支援は新しい世代への支援だけに、その有効的な施策を考えることは大変難しい。だから、新しい世代の参加型の政策作りがどうしても必要だと考えている。当事者たちの参加によって必要とする政策を自分たち自身が作りだし、展開にも関わっていくような試みが求められている。初めから力のある親はいない、親も子どもと一緒に育っていくという視点が必要であると思っている。

参考文献

国立社会保障・人口問題研究所　2002　『少子社会の子育て支援』東京大学出版会

子育てセンター実践研究会編　2000　『子育て支援実践報告61』生活ジャーナル

森田明美編著　2000　『幼稚園が変わる保育所が変わる──地域で育てる保育一元化──』明石書店

諏訪きぬ編著　2001　『現代保育学入門』フレーベル館

『発達94 特集：変わる社会　変わる保育』　2003　ミネルヴァ書房

※ **用語解説** ※

国民生活選好度調査　1978年度以降3年ごとに経済企画庁国民生活局が実施している時系列調査。国民生活政策の立案あるいは政策実施の際の判断材料とすることを目的とし、国民生活の様々な分野のニーズ、満足度等、人々の主観的意識について調査。

V 恋愛と結婚

❶ パートナー選びと結婚戦略

山田　昌弘

Key Words　恋愛結婚　未婚化
　　　　　　　生まれ変わりとしての結婚

1　結婚の定義

結婚の定義

　今の日本社会の結婚生活には，常識的に次の三つの要素が含まれる。一つは，結婚した二人は経済的に共同生活を営んでいるということ。二番目は，結婚した二人は親密なパートナーとして，愛情溢れる生活をしているということ。そして，三番目には，セックスを行い子どもを持つことを期待されているということである。

　しかし，この三つの要素が結婚に含まれるようになったのは，決して古いことではない。

　結婚の広い意味での定義は，「社会的に正当であると承認された継

続的性関係であり，その関係の中で生まれた子どもは嫡出（社会的に認められたメンバー）となる関係」となっている。

この定義には，共同生活も，愛情も入ってこない。例えば，平安時代，『源氏物語』に描かれる貴族の結婚を考えてみよう。当時は，結婚当初は夫婦での共同生活は行わない。夫が妻の家に「通ってくる」のである。また，近代以前のヨーロッパ社会では，夫婦の愛情はあったらよいけれどなくてもかまわないものとされていた。当時のキリスト教の教義では，情熱的な愛情は結婚生活にとって邪魔とまで言われていたのである。

フランスの歴史社会学者，フランドラン（J.-L. Flindrin）は，結婚（生活）と愛情とセックスという三つの要素が一致するようになったのは，社会が近代化された後であると述べている。前近代社会では，われわれが常識的に考えている結婚とは異なった形の結婚が行われていた。

日本における結婚の変遷

明治時代以降の日本に限ってみても，戦前の結婚のあり方は，今とは相当異なっている。

結婚は，まず第一に「生活」のために行うものであった。農家など「家業」を営む家が多く，長男が家業を継ぎ，娘は嫁に出るという家制度が一般的であった。すると，結婚は，男性にとっては家業を共に担える「働き手」を家に迎えることを意味し，女性にとっては，結婚相手の家に入り，家業を共に担うことを意味する。跡継ぎが女性である場合は，その家業を継ぐのにふさわしい男性が婿として迎えられることもよくあった。

そのため，配偶者選択は，「働き手としてふさわしいか」という点，嫁に行く女性側から見れば，結婚相手の家が自分が育った家と釣り合っているかどうかという点が重視された。結婚相手は，愛情の有無と言うよりは，生活の必要によって選ばれたのである。

法律的にも，当時の民法では，結婚は戸主（通常は父親）の同意がなければならないと規定されていた。

しかし、結婚前の男女交際がなかったわけではない。村などにおいては、若者宿などの管理下で、かなり自由な恋愛が行われ、それが結婚に結びつくこともあった。一方、結婚後は、女性に厳しい性道徳を課し、他の男性と性関係を持てば、刑事事件として処罰された。一方、男性には、比較的自由な性行動が認められていた。男性が裕福であれば、妾など妻以外の女性と親密に交際することが法律的にも、世間的にも許され、生まれた子どもは、「庶子」として相当の地位を与えることもできた。これを性道徳のダブルスタンダード（二重基準）という。

いずれにせよ、戦前の日本社会では、結婚、愛情、セックスは、関係はしていても、別のものと認識され、結婚は当事者の自由になるものではなかったのである。

2 恋愛結婚の誕生

恋愛結婚の誕生

欧米では、18世紀ごろ、恋愛結婚が誕生した。それは、結婚と愛情とセックスを強力に結びつけるイデオロギーであった。そこで、結婚は愛情がある相手とするべきであるという意識が形成された。同時に、異性に愛情を感じたら結婚しなければならないという意識、結婚後は、男女とも他の異性には、愛情を感じたり、性関係をもったりすることはよくないという意識が普及した。つまり、恋愛結婚は、（セックスを含んだ）愛情を結婚の中に閉じこめるという役割を果たしている。

恋愛結婚イデオロギー普及の背景には、産業社会の成立がある。男性は家業を継ぐ必要はなくなり、企業家になったり企業に勤めたりするようになる。すると、家業の働き手という観点から結婚相手を選ぶ必要がなくなり、親による取り決めにも従う必要がなくなる。これが、「愛情」に基づいて相手を選ぶという恋愛結婚成立の前提条件となる。

日本でも、戦後、憲法、民法が改正され、結婚は両性の合意のみ

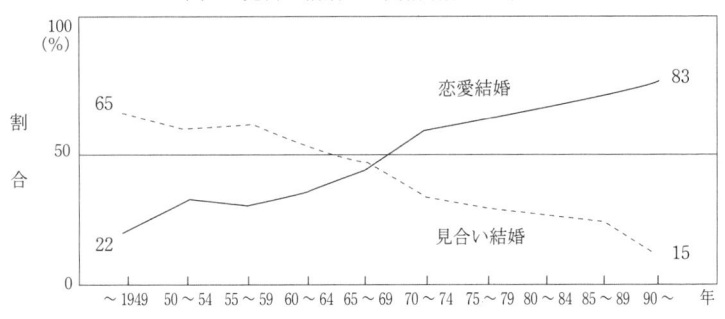

図1 見合い結婚と恋愛結婚割合の推移

(グラフ: 恋愛結婚 22 → 83、見合い結婚 65 → 15、〜1949 から 90〜 年まで)

湯沢雍彦『図説　家族問題の現在』1995, p.83 より

に基づくものとなり、成人していれば結婚に親の同意は必要なくなった。戦後産業化が進み、サラリーマン社会が形成された。経済の高度成長期の1965年ごろには、恋愛結婚が、見合い結婚を上回るようになった（図1）。

女性にとって、結婚は生まれ変わり

恋愛結婚の普及期は、性役割分業が広がった時期と重なる。家業を共同で担うという関係から、夫は外で働いて収入をもたらし、妻は家で家事や育児をするという性役割分業が標準的な夫婦の形態となる。この性役割分業は、男性と女性の配偶者選択意識に大きな違いをもたらす。

男性は、自分の人生設計や生活水準は、誰と結婚するかによって、大きくは左右されない。結婚したからと言って、仕事を変えたり、辞めたりすることは、原則として求められない。それゆえ、男性にとっては、結婚は、一種の通過点、いわば、「イベント」として捉えられる。

一方、女性は、仕事を辞めるのが原則だったので、結婚は、心理的のみならず、経済的にも自分の生活を一変させる一大事件となる。それは、一種の「生まれ変わり」として意識される。そして、生活は原則として、夫の収入で営むことになる。

配偶者選択

男にとって結婚は「イベント」であるということは,だれと結婚しても,生活状況に大きな違いが生じないということである。それゆえ,男性は,女性の社会経済的属性(職業など)を気にせずに結婚相手を選ぶことが可能である。

しかし,女性にとっては,誰と結婚するかによって「生活状況」が大きく違ってしまう。だれだって,生まれ変わるならよりよく生まれ変わりたいと思う。性格や健康などが同じ条件ならば,男性の収入が多い方がより余裕のある生活ができる。それは,単に意識的なものにとどまらず,女性が男性を好きになる基準の中に埋め込まれている。リーダーシップがあるなど魅力的な男性は,仕事面でも成功する確率が高い。つまり,収入が高くなりそうな男性を好きになるようになっているという側面がある。

3 未婚化の実情

高度成長期の結婚——生まれ変わりの成功——

経済の高度成長期(1955〜1973年)には,恋愛結婚のメカニズムはうまくいっていた。なぜなら,①若者は男女とも成育家庭が豊かではなかった,②若い男性の収入が高くなる期待が持てた,という経済条件が整っていたゆえに,女性にとっての生まれ変わりがスムーズにいったのである。

また,結婚前の男女交際の場は極めて限定的なものであった。それゆえ,数少ない出会う機会が訪れたら,2年程度の交際の後に結婚する。当時は,男女交際は,結婚を前提としているとみなされていた。結婚を前提としないでつきあうことは,「ふしだら」とみなされ,非難されたのである。それゆえに,男女交際がそのまま結婚に結びつくことが多く,結婚も早かったのである。

成長経済と晩婚化,未婚化

経済の低成長とともに,晩婚化,未婚化の傾向が強まるのは,主に,経済的な問題である。それは,次の理由による。①日本では,

未婚者の大部分は親と同居している。Ⅵ章の2で述べるように，親元での生活水準が高いので，結婚すると，生活水準が下がってしまう。②経済の低成長によって，若い男性の収入が相対的に低下する。それに対して，未だ，生活は男性が支えるべきだという考え方が強い上に，共働き環境が整っていない。

その結果，親元にいたり，自分で稼いだりして豊かな生活を送っている未婚女性と，収入が相対的に低い男性の中に，豊かな結婚生活の基盤が整うまで，結婚を遅らせる傾向が強まって，晩婚化，未婚化が進行する。

恋愛結婚の揺らぎ

また，近年は，結婚と恋愛の分離が始まっている。結婚と恋愛は別かどうかという質問では，6割くらいの未婚者がイエスと答えている［国立社会保障・人口問題研究所の1997年の調査］。結婚を目的としない恋愛関係で，セックスを含んだ愛情欲求を充足できれば，あえて結婚して生活を始める動機づけが弱まる。

現在，結婚は，本来の定義である「生まれた子どもが社会的メンバーとして正式に認められる」という機能に還元されていくという側面もある。それが，いわゆる「出来ちゃった結婚（妊娠をきっかけに結婚すること）」というものであり，近年，急速に多くなっていることが厚生労働省の統計でも裏付けられている。

近代の恋愛結婚の中で統合されていた，経済生活と愛情，そして，子どもを持つことが，今，分解し始めている。

参考文献
服藤早苗・山田昌弘・吉野晃編　2002　『恋愛・性愛』早稲田大学出版局
山田昌弘　1996　『結婚の社会学』丸善

夫婦の役割構造

永田　夏来

Key Words　性別役割分業　ジェンダー　近代家族
3歳児神話　専業主婦

1　変化する性別役割分業観

　夫と妻の役割についてはさまざまな議論があり，これまで数多くの調査や分析がなされてきた。そのなかでも多くの人々の関心を集め，くりかえし議論の対象となってきたもののひとつに，性別役割分業があげられるだろう。図1に見られるように，「夫は外で働き，妻は家庭を守る」という性別役割分業に賛成する人の割合は，1979年には72.6%，1997年でも57.8%であった。しかし，2002年の調査では賛成する人の割合は半数をわずかに割り込み，賛成46.9%，反対47.0%と両者がほぼ同数となっている。性別役割分業に対する考え方は変化しつつあり，わたしたちはそのただなかにいると言えるのではないだろうか。本節では性別役割分業の成立と日本における現状について注目し，現在の家族における性別役割分業について考えていきたい。

2　性別役割分業成立の背景

性別役割分業とジェンダー

　性別役割分業にまつわるストーリーには，さまざまなものがある。例えば，「子どもが3歳になるまでは母親が育てなくては，子どもの成長にその後悪影響を及ぼす」とする3歳児神話について考えてみよう。3歳児神話の前提となっているのは，女性であれば誰でも生まれつき「母性」が備わっている，と考える「母性神話」である。しかし，母親が子どもを愛し育てることは歴史的に見て普遍的なも

図1 「夫は外で働き，妻は家庭を守るべきである」という考え方について

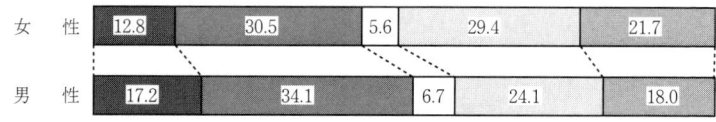

	賛成		わからない	反対	
	賛成	どちらかと言えば賛成		どちらかと言えば反対	反対
1979年5月調査	31.8	40.8	7.1	16.1	4.3
1992年11月調査	23.0	37.1	5.9	24.0	10.0
1997年9月調査	20.6	37.2	4.4	24.0	13.8
2002年調査	14.8	32.1	6.1	27.0	20.0
女性	12.8	30.5	5.6	29.4	21.7
男性	17.2	34.1	6.7	24.1	18.0

出典：内閣府大臣官房政府広報室「平成14年男女共同参画社会に関する世論調査」
(単位%)

のではないことは，広く知られている。例えば18世紀のフランスでは実母が子育てをするケースはまれであり，産まれた子どもは里子に出されることが多かった。17世紀以前の社会において子ども期や少年期というカテゴリーは意識されておらず，幼児期を終えて身のまわりのことが行えるようになると子どもは大人と同様の扱いを受けていた。子どもが慈しみ愛情を注ぐべき対象として変化するにつれて，母親に対して子どもの世話に従事する役割が期待されるようになり，母性が意識されるようになったと言われている。

「子どもを産むのは女性なのだから，母親が子育てに従事するのが自然なことだ」，「一家の大黒柱として家族に責任をもつのは男の務めだ」，こうした考え方はあまりにも身近すぎるため，性別役割分業は全ての時代に共通する普遍的なものだという感覚を持つことがある。しかし，上記のフランスの例に見られるように，女性が果たす

べき役割はもちろん，男性が果たすべき役割も時代や社会の状況によって変化していくものだ。性別役割分業は，社会的に規定された男らしさや女らしさ，つまりジェンダーによって規定されるものだと言えるのである。

性別役割分業に論じるにあたってもうひとつおさえなくてはならないのは，「家族が担わなくてはならない」とされることがらが時代や社会の流れの中で変化するという点だ。上に述べたフランスの例を，もう一度考えてみたい。当時の子どもたちは幼いうちから社会に身をおいていて，大人と同等の扱いを受けていた。当時のフランスの子どもたちは，大人と一緒に働くことを通じてさまざまなことがらを学んでいたと言えるだろう。「子どもをしつけて社会に送りだすのが親の務めだ」とする現在のわたしたちとは，家族がおかれている社会的状況が大きく違うということを，確認しておこう。

性別役割分業と近代家族

性別役割分業普及の背景には，経済的な要素も大きく関係している。フランスにおいて「子どもを慈しみ育てる」というライフスタイルを率先して実践したのは，ブルジョアジーの妻たちであった。性別役割分業にもとづいた家族を形成するためには，夫の収入のみで家計を支えられなくてはならない。妻が専業主婦であることは豊かさの表れであり，多くの人があこがれるライフスタイルだったと言われている。社会が近代化し，産業化が進行するにつれ，専業主婦を持つだけの経済的余裕のある人も増えてきた。夫が外で働いて賃金を得，妻が育児をはじめとした家事に従事するという性別役割分業が一般的になる過程と，社会の近代化の過程には強い関係があるのである。

日本の産業化や近代化についてはさまざまな議論があるが，性別役割分業が一般的に固定したのは1960年以降と言われる。明治期にも専業主婦は存在していたが，フランス同様に高給取りの妻に限られていた。恋愛結婚がお見合い結婚を追い抜いて結婚の主流となったのも1960年代の後半のことだ。自分で選んだ相手との恋愛期間を

経た後結婚し、サラリーマンである夫と専業主婦である妻とで子どもをもうけて生活する。わたしたちが今日イメージする夫婦のありかたが根付いたのは、ここ数十年のことだと言える。

当時の家族から現在の家族へとつながる特徴として、家族の情緒的な側面を重視しているという点がある。山田昌弘によれば、子育てや休養などをはじめとした労働力を再生産する装置としての側面と、情緒的な満足感を得るという感情マネージの装置としての側面があるとされている。そして、このふたつを無理なく共存させるために「家族責任を負担すること＝愛情表現」である、というイデオロギーがあると言われている［山田 1994］。このような特徴をもつ家族が成立するのは社会が近代化していることと関係が深いため「近代家族」と呼ばれている。近代家族は外の世界から隔離されたプライベートな領域であり、パブリックな市場社会とは区別して考えられなくてはならない。夫と妻の役割を家族の内外に振り分け、家族に求められる要素を妻の役割にひきつける性別役割分業は、社会の産業化を支える家族の姿に適合した夫婦のあり方であったと言えるだろう。

3　現在の日本における性別役割分業の現状

温存される性別役割分業

冒頭で指摘したように、性別役割分業に対する評価は二つに分かれている。こうした現状を、女性の社会進出が進んだ証拠であり、男らしさ／女らしさに対する固定観念が覆された成果だ、ととらえることもできるだろう。近代家族ではない、新しいタイプの家族が産まれる徴候だとする向きもある。しかし、性別役割分業の評価が分かれていることと、性別役割分業が覆されていることとは区別しなくてはならない。性別役割分業に関連するデータをみていくことで、現在の日本における性別役割分業の現状をみていこう。

1で紹介した3歳児神話は「子どもが3歳になるまでは、母親が自分で子育てをするべきだ」とするイデオロギーであった。これが

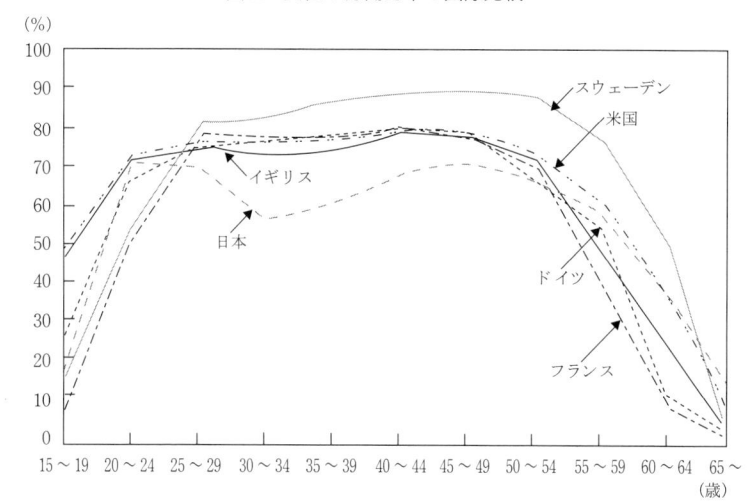

図2 女性の労働力率の国際比較

出典：内閣府男女共同参画局「女性の年齢階級別労働力率の国際比較」内閣府編『平成13年度版男女共同参画白書』2001年

どのように実践されているかを知るてがかりのひとつに，女性の労働力率を年齢ごとに比べてみるという方法がある。

　図2を参照してほしい。諸外国と比べて，日本の女性の労働力率は20代から30代半ばにかけて下がっていることがわかるだろう。一般的に考えて，この人々は結婚や出産，育児にさしかかっている年齢層だと考えられる。つまり，多くの人が結婚や出産を機に職場を離れていると考えられるのだ。この現象は労働力を示すグラフがMの字を描くことからM字曲線と呼ばれている。他の国々に比べてMの字の底が深いことから，日本における性別役割分業の根強さをうかがうことができる。

　性別役割分業とは，「夫が外で働き，妻が家庭を守る」というものであった。しかし，夫も妻も働くという共働きの夫婦も近年増加している。妻の社会進出は，性別役割分業にどのような影響を与えるのだろうか。夫婦の家事分担を通じて考えてみよう。図3は，家事

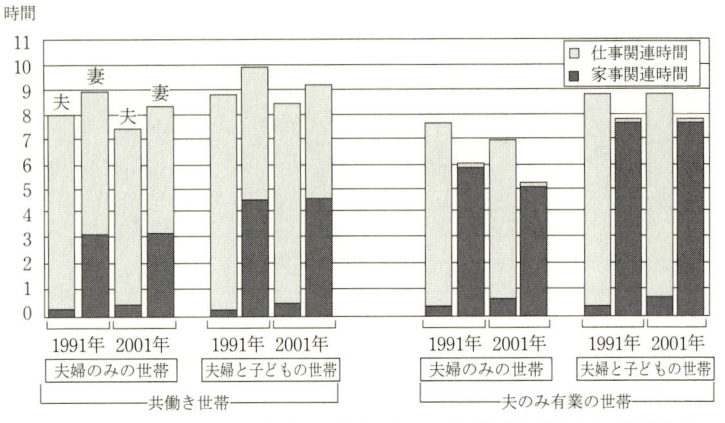

図3　夫婦の仕事関連時間と家事関連時間

出典：総務省統計局「平成13年社会生活基本調査」同編『社会生活基本調査報告』第6巻，2003年

に関連する時間と仕事に関連する時間がどのように分配されているかを，妻の就業および子どもの有無によって分けたものだ。図に示されているように，いずれの場合においても夫の家事時間が10分足らずであることがわかる。このことから，夫は妻が就業しているか否かにかかわらずほとんど家事をしておらず，共働きの妻は家庭の内外で働いているという性別役割分業の姿がうかがえる。妻が自分の仕事を終えて帰宅した後，家事をはじめとした家の中の雑務をこなすスタイルはセカンドシフト（第二の勤務）と呼ばれている。

性別役割分業温存のメカニズム

性別役割分業に対する意識が変化してはいるものの，実体は性別役割分業にのっとった夫婦関係が築かれているのが現状だ。この背後にはどのようなメカニズムがあるのだろうか。さまざまな研究がなされているが，本節では二つの視点を紹介しておきたい。

まず考えなくてはならないのは，家事の愛情表現としての側面だ。130頁で述べたように，現在の家族において「家族責任を負担すること＝愛情表現」である。母性イデオロギーによって愛情溢れる母

親像を期待されている妻にとって、家事を遂行することそのものが自分自身の家庭内での居場所を確保することにつながる。家事は終わりのない作業であり、日常生活の中でやるべきことは無尽蔵にある。積極的に家事を行うことで家族に対する愛情を示し、妻／母としてのアイデンティティを得るというメカニズムは、女性が家事から離れるのを難しくしていると考えられる。今日においても専業主婦を指向する女性があとを絶たないのも、この点と無関係ではないだろう。家事の内容は市場によって準備されているサービスとの関連によって変化する。育児・介護の市場化・商品化が進んでいるなかで、家事労働の「愛情表現」としての側面があらためて問い直されていると言える。

次に考えておきたいのが、性別役割分業によってもたらされる合理性だ。家事と仕事の両方を単純な作業と割り切った場合、在宅時間が長い者、家事能力が優れた者、給与収入のより少ない者が、家事を担った方がリーズナブルである。高収入の妻をもつ夫や、在宅時間が長い夫は家事に費やす時間が長い傾向があると言われている。現在の社会状況にあわせて合理的に判断した場合、男性よりも女性が家事を担う結果になることは容易に想像ができる。また、男性であれば自分よりも家事能力に長けている女性を、女性であれば自分よりも収入が高い男性を、それぞれ魅力的だと感じてしまうという傾向も指摘されている。性別役割分業を解体しようとするならば、壊さなくてはならない壁はまだ厚いと言えるだろう。

4　新しい分業をめざして

固定的な性別役割分業の問題点は、いろいろな面から指摘されている。専業主婦の育児不安、男女の賃金格差といった女性が直面する問題だけではない。過労死や定年退職後の家族関係等、性別役割分業を忠実に遂行することで、男性もまた不利益をこうむることが近年話題となっている。サラリーマンと専業主婦という組み合わせが一般的であった高度経済成長期においては、性別役割分業は有効

に機能していたかもしれない。しかし，年功序列や終身雇用は今や不動のものとは言えなくなってしまった。混迷する日本社会同様，夫婦関係もまた新しい関係を必要としていくのではないだろうか。こうした状況に敏感に反応し，家事や育児の分担をめぐって臨機応変に対応する夫婦は少しずつ増えているように感じられる。

その一方，情緒的な満足感を得る感情マネージの装置としての家族は，ますます重要性を増しているようだ。仕事はもちろん，家事・育児が「愛情表現」として働きうる限り，より完全な情緒的満足感を目指して性別役割分業をまっとうしようとする人はあとを絶たないだろう。家族の愛情とジェンダーがどのような変容を見せるかは，これからの問題だということができる。

参考文献
落合恵美子 1994 『21世紀家族へ――家族の戦後体制の見かた・超えかた――』有斐閣選書
上野千鶴子 1985 『資本制と家事労働――マルクス主義フェミニズムの問題構制――』海鳴社
山田昌弘 1994 『近代家族のゆくえ――家族と愛情のパラドックス――』新曜社

夫婦の情緒関係と離婚

永田　夏来

Key Words　　離婚　情緒関係
　　　　　　　　　離婚率の上昇　熟年離婚
　　　　　　　　　コミュニケーション

1　増加する離婚件数

　日本の離婚率は戦後低い数字を保ち続けており，90年代前半までは 0.7〜1.6 の間で推移していた。しかし，最近になって離婚率および離婚件数の急激な上昇が指摘されている。離婚件数も年々増加しており，2002年には約29万組が離婚し，過去最高の離婚率2.30を記録した（図1）。また，いわゆる「熟年離婚」の増加や10代〜20代の離婚率の上昇など，ここ数十年とは趣の異なる離婚の傾向が指

図1　離婚件数および離婚率の年次推移

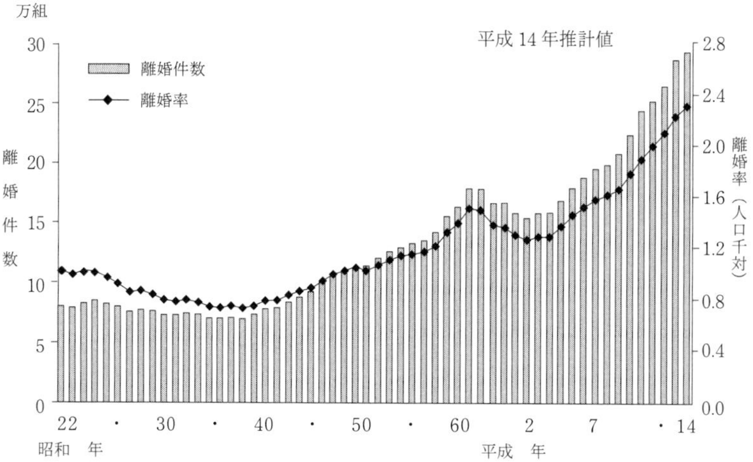

出典：厚生労働省「平成14年　人口動態統計の年間推計」2003年

摘されている。日本の離婚をめぐる状況はこれまでと違う局面を迎えつつあり，今後どのようになっていくか注意深く見守っていく必要がある。離婚については戦前からさまざまな研究がなされてきており，蓄積も多い。本節では現在の日本における離婚の特徴を指摘し，離婚増加の背景とその要因について，家族がおかれている現状を顧みつつ考えていきたい。

2　離婚増加の背景

経済的な要因

離婚増加の背景にはさまざまなものが考えられるが，第一に考えなくてはならないのは経済状況の変化が離婚にあたえる影響についてであろう。厚生労働省の「全国母子世帯等調査結果」＊によれば，1997年度における離婚母子家庭の年間収入は平均229万円となっている。十分な収入とは言えないが，女性の職場進出や社会保障制度の整備などによって，離婚後子どもを引き取って生活できるめどがたてやすくなった点は見逃せないだろう。妻が全ての子どもの親権を持つ割合が，夫が全ての子どもの親権をもつ割合をうわまわったのは1965年のことである。現在では80％以上のケースで妻が親権を持つ状況となっており，女性の経済状況が離婚に与える影響は大きい。また，実家の経済状況が離婚に与える影響も無視できない。とりわけ10代〜20代の離婚においては，この要因が強く働いていると考えられるだろう。かれらの父母にあたる高度経済成長期に結婚した夫婦は比較的経済力のある世代である。父親は定年前後で資力があり，母親も現役で家事等をこなしている年齢だ。結婚後トラブルを抱えた娘が小さい子どもを連れて実家に戻ったとしても，それをバックアップする経済力や人的資源が整っていると言うことができるだろう。

離婚に対する評価の変化

内閣府「国民生活選好度調査」によると，「結婚しても相手に満足できないときは離婚すればよい」という考えに賛成する人の割合は，

3 夫婦の情緒関係と離婚　137

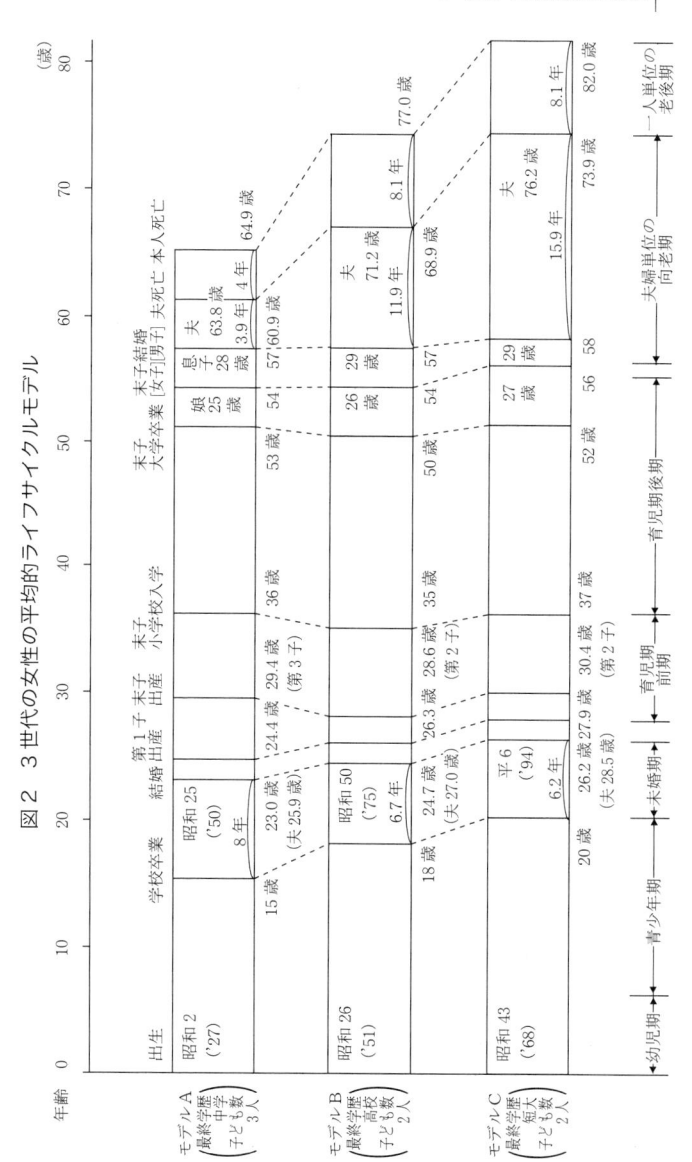

図2　3世代の女性の平均的ライフサイクルモデル

年齢	出生	学校卒業	結婚	第1子出産	末子出産	末子小学校入学	末子大学卒業	末子結婚（女子）[男子]	夫死亡	本人死亡

モデルA（最終学歴 中学／子ども数 3人）
昭和2('27)　15歳　昭和25('50) 8年　23.0歳（夫25.9歳）　24.4歳　29.4歳（第3子）　36歳　53歳　娘25歳／息子28歳　54　57／60.9歳　夫63.8歳 3.9年　64.9歳 4年　本人死亡

モデルB（最終学歴 高校／子ども数 2人）
昭和26('51)　18歳　昭和50('75) 6.7年　24.7歳（夫27.0歳）　26.3歳　28.6歳（第2子）　35歳　50歳　26歳　29歳　54　57　夫71.2歳 11.9年　68.9歳　8.1年　77.0歳

モデルC（最終学歴 短大／子ども数 2人）
昭和43('68)　20歳　平6('94) 6.2年　26.2歳 27.9歳（夫28.5歳）　30.4歳（第2子）　37歳　52歳　27歳　29歳　56　58　夫76.2歳 15.9年　73.9歳　8.1年　82.0歳

幼児期　青少年期　未婚期　育児期前期　育児期後期　夫婦単位の向老期　一人単位の老後期

出典：内閣府男女共同参画局「平成7年女性の現状と施策」新国内行動に関する報告書」総理府編『女性の現状と施策』1996年

1979年には23%であったのが1997年には54%を示している。離婚増加と離婚に対する評価の変化は，密接に関連していると言えるだろう。最近では離婚経験があることを「バツイチ」と呼ぶことがある。この言葉からは，離婚を人生における失敗や後退ではなく，新たなスタートとして軽やかに位置づけようとしている印象が感じられる。離婚にまつわる人々の印象は変化していて，これまでと違った文脈で離婚をとらえようとする文脈が徐々に浸透しつつあるのかもしれない。

こうした離婚に対する新しい感覚は，10代の離婚にはもちろん，熟年離婚への影響も大きいのではないだろうか。ライフサイクルの変化に注目してみると，新しいスタートを必要とするのは若い人たちだけではないことがよくわかる。図2は，昭和25年に結婚した世代（モデルA），50年に結婚した世代（モデルB），平成6年に結婚した世代（モデルC）の3世代の平均的な女性のライフサイクルモデルだ。一番末の子どもが結婚して夫婦二人だけで過ごす期間に注目してみると，3.9年，11.9年，15.9年と世代が下るごとに大幅に伸びていることがわかる。末子が大学を卒業するのが50歳頃だと考えると，子育てから解放された後の時間が30年ほどあるということになる。熟年離婚増加の背景には，第二の人生とも言えるこの時期を，自由に過ごしたいという願望があらわれると考えられる。

3 ジェンダーと離婚

日本での離婚には，協議離婚・調停離婚・審判離婚・裁判離婚といくつかの方法がある。戦後の民法下における離婚をめぐる裁判では，浮気や家庭放棄といった離婚に相当する事由が認められるかどうか，夫と妻のどちらにどれだけ法的責任を求められるのか，といった点が重要視される傾向にあった。しかし，1980年代半ば以降，回復の見込みのない結婚であれば責任の所在に関わらず離婚が成立する，という破綻主義が認められはじめている。

図3にみられるように，離婚の動機を男女別に時系列にそって見

3 夫婦の情緒関係と離婚

図3 離婚動機の変遷

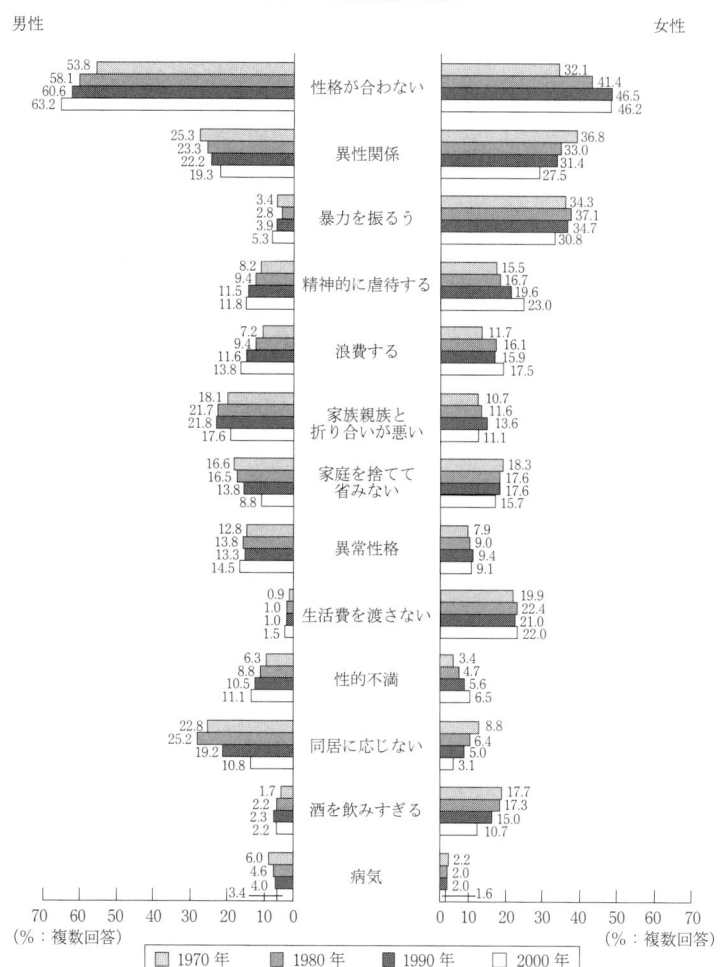

動機	男性 1970年	男性 1980年	男性 1990年	男性 2000年	女性 1970年	女性 1980年	女性 1990年	女性 2000年
性格が合わない	53.8	58.1	60.6	63.2	32.1	41.4	46.5	46.2
異性関係	25.3	23.3	22.2	19.3	36.8	33.0	31.4	27.5
暴力を振るう	3.4	2.8	3.9	5.3	34.3	37.1	34.7	30.8
精神的に虐待する	8.2	9.4	11.5	11.8	15.5	16.7	19.6	23.0
浪費する	7.2	9.4	11.6	13.8	11.7	16.1	15.9	17.5
家族親族と折り合いが悪い	18.1	21.7	21.8	17.6	10.7	11.6	13.6	11.1
家庭を捨てて省みない	16.6	16.5	13.8	8.8	18.3	17.6	17.6	15.7
異常性格	12.8	13.8	13.3	14.5	7.9	9.0	9.4	9.1
生活費を渡さない	0.9	1.0	1.0	1.5	19.9	22.4	21.0	22.0
性的不満	6.3	8.8	10.5	11.1	3.4	4.7	5.6	6.5
同居に応じない	22.8	25.2	19.2	10.8	8.8	6.4	5.0	3.1
酒を飲みすぎる	1.7	2.2	2.3	2.2	17.7	17.3	14.4	10.7
病気	6.0	4.6	3.4	3.4	2.2	2.0	2.0	1.6

(％：複数回答)

注：1. 最高裁判所事務総局「司法統計年報」により作成。
　　2. 数値は，離婚の申立人の言う動機のうち主なもの三つまであげてもらったものの申立て総数に占める割合（複数回答）。

出典：内閣府編『国民生活白書〈平成13年度〉〜家族の暮らしと構造改革〜』2002年

てみると，2000年においては「性格が合わない」を挙げた人が男女ともに最も多く，男性では63.2%，女性では46.2%を示している。また，女性において「性格が合わない」と同様に年々増加しているのが「精神的に虐待する」であり，逆に年々低くなってきているのが「異性関係」や「同居に応じない」等である。浮気をはじめとしたなんらかのトラブルが原因で離婚にふみきるのではなく，日々の積み重ねが離婚の原因に結びついているのが現在の離婚の特徴のひとつと考えられるだろう。日本における離婚の9割以上は夫婦が互いに合意して離婚する協議離婚であり，裁判によって離婚する割合は全体的には低い。とはいえ，こうした離婚の動機の変化が司法の現場にも反映されているのである。

　2001年の離婚申し立ての内訳は，約17,000件が夫からであり約45,000件が妻からであった。妻からの離婚申し立て件数は夫の倍以上をしめしており，離婚申し立てのジェンダー差は見逃すことはできないだろう。V-1でも論じたように，結婚は女性のアイデンティティに大きな影響をあたえることが指摘されている。例えば，サラリーマンの娘が医者と結婚した場合を考えてみよう。彼女は結婚によって，これまでとは違った「医者の妻」という立場を新しく手にいれることができる。夫の収入や社会的階層は結婚後の妻の社会的な階層に直接影響をおよぼすことから，結婚は女性にとって「生まれ変わり」のチャンスと言われている。男性の場合，結婚によってアイデンティティがこのような形で変化することは少ない。逆に，結婚に不満をもつ場合，女性は結婚という枠組みからの脱却を抜きに新しいアイデンティティを得ることが難しいと考えられる。仕事や趣味といった家庭外の活動も，離婚して再度生まれ変わった自分でなくては意味を持たなくなるのだ。これに対し，夫は仕事や趣味などに関心をシフトさせることで自分の世界を確保することが可能だ。家にいる間自分ががまんすることで生活が守られるのであればそうしよう，と考える男性も少なくないかもしれない。結婚の意味づけのジェンダー格差は，離婚にも影響を与えているのである。

4　夫婦の情緒関係

　夫婦関係に対する評価については，これまでさまざまな研究がなされてきた。例えば，夫婦での会話の内容や夫婦で過ごす時間などは夫婦関係に対する満足度と大きく関係していると言われている。より満足できる夫婦関係とはどのようなものなのか。どういう夫婦であれば居心地が良いと感じられるのか。こうした形で夫婦関係に対する社会的関心が集まっている状況は，夫婦関係とは親しいものであるはずだ，とする社会的期待が高いことのあらわれであろう。恋愛結婚が前提であり「お互い愛しあって選びあった関係」である現在の夫婦は，家族以上に情緒的満足が要求される関係であると言えるのかもしれない。

　わたしたちは夫婦には愛情があるはずであり，離婚をはじめとするなんらかの「トラブル」にまきこまれるのは愛情が不足しているからだ，と考えがちである。だが，コミュニケーションという視点から考えてみれば，「愛情の有無」は「相手に愛情を感じさせるコミュニケーションがとれているかどうか」ということに置き換えられるだろう。夫婦の会話に時間をさくこと。仕事に打ち込んで収入の安定をはかること。家族のためを思ってのことだという意味では，いずれも同じ重さをもつかもしれない。しかし，受け手である妻や子どもが，夫の行動に対してどのような評価をくだすのか。それは夫の思惑とは別の所にあることを忘れてはならない。

　夫婦関係に限らず，コミュニケーションにまつわるこうしたずれは珍しくない。時間をかけて修正していくこともできるだろう。しかし，家族に対する愛情への期待が高まっている現在，信頼関係を保ちながらこうしたずれを修正するのはやっかいな作業だと言わざるをえない。V-2で述べたように，情緒的満足を得ることは現在の家族において重要な側面だ。これは夫婦関係においてもそのまま当てはめることができる。良好な夫婦関係を維持することの難しさは，現在の家族がおかれている状況と密接に関連しているのである。

5 まとめ

　夫婦関係を良好に保つ方法が問われるのは，夫婦関係に問題があると感じたときである。離婚について考えていくことは，現在の社会において夫婦関係とはどのように位置づけられるのかを問うことにつながっていくと言える。一方で，親子関係と離婚の問題も論じるべき点が多いであろう。離婚を思いとどまる理由として子どもの存在が大きいことは広く知られており，離婚後の親権をめぐって話し合いがこじれることも珍しくない。また，離婚して離れて暮らす親子がどのように交渉を持つかという面接交渉権についても，現在さまざまな形で議論されている。

　結婚および離婚は，愛情やパートナーシップというプライベートな領域と社会的な制度とを結びつける接点としての働きを持っている。この接点をどのような形で保つかをめぐって，現在の日本は揺らいでいるということができるだろう。わが国の離婚率はアメリカにはおよばないものの，ヨーロッパ並の水準を示している。しかし，シングルマザーの保護や財産分与の権利の保護といった社会的なバックアップは諸外国と比べるとまだまだ貧弱だと言わざるをえない。急激な離婚増加をどのようにうけとめ，わたしたちの社会に位置づけていくのか，これからあらためて考えていく必要がある。

参考文献
榊原富士子　2000　「夫婦関係の終結のあり方──離婚をめぐる諸問題──」善積京子編『結婚とパートナー関係──問い直される夫婦──』ミネルヴァ書房

山田昌弘　1996　『結婚の社会学──未婚化晩婚化は続くのか──』丸善ライブラリー

湯沢雍彦　1995　『図説 家族問題の現在』NHKブックス

※ 用語解説 ※
全国母子世帯等調査　厚生労働省雇用均等・児童家庭局が5年周期で実施する調査。全国の母子世帯，父子世帯，父母のいない児童のいる世帯および寡婦の生活の実

態を把握し,これらの母子世帯等に対する福祉対策の充実を図るための基礎資料を得ることを目的とする。

VI 子どもの成長と教育

❶ 子育て

西村　純子

Key Words　母性　母性愛　父性
　　　　　　　妊娠・出産経験　母乳

1　やっぱり母親？

　ある大学のクラスで,「子どもは母親に育てられるのがもっともよいかどうか」というテーマでディスカッションをしたことがある。そのとき「子どもと接する時間の長い人が子どものことをよくわかるようになるのであって,母親かどうかは関係ない」という意見や「子どもは母親に育てられるかどうかよりも,どのように育てられるかが問題だ」という意見など,いわば「否定派」の意見にまじって,「肯定派」の意見も少なからずあった。

　「肯定派」が母親による子育てがもっともよいとする根拠は,おおむね次の3点にしぼられた。

①子どもは母親のお腹から産まれてきたから／「産みの苦しみ」を知っているのは母親だから
②母親は母乳が出るから
③母親のほうが細かいことに気がつくから／母親は包み込むような何かをもっているから

　①は，母親による子育てを肯定する根拠として，妊娠や出産経験を挙げる意見である。これをさらに展開した意見としては，「子どもは母親に抱かれたときのほうが，他の人に抱かれたときよりもお腹にいたときのことを思い出すので（母親に育てられるのが）よい」や「母親は（妊娠・出産などの）身体的変化があったから，子どものことをよりかわいく思える」などがあった。②は母乳という生理的機能に注目した意見である。「母親は子どもに母乳をやらなければならないから，子どものそばにいたほうがよい」などの意見に代表される。③はいわゆる「母性」を強調する意見である。母親には子育てにふさわしい何か固有の性質があるとし，それを根拠に母親が子育てにあたるのがもっともよいとする考え方である。

　子育てには母親がもっともふさわしいとする，これら三つの根拠は，ひとつのクラスルームのなかだけではなく，おそらく現代の社会生活のさまざまな場面で，母親による子育てを正当化する根拠として用いられているものではないだろうか。本節では，これら三つの根拠を検討していくことによって，私たちが母親による子育てを強調する「特殊な」社会に暮らしていることを確認していきたい。

2　産むことと育てること

　まず子育てには母親があたるのがもっともよいとする考え方の根拠として，先に挙げた①の妊娠・出産経験を強調する考え方について検討してみたい。例えば「自分のお腹を痛めて産んだのだから，かわいく思えるはず（だから母親が育てるのがよい）」と言われることがあるように，私たちが暮らす現代社会では，女性の妊娠・出産経験があたかもその後の育児主体となることの根拠として語られるこ

とが多い。つまり産むことと育てることとは非常に強く結びつけられている。

しかし歴史を振り返ってみると、産むことと育てることは必ずしも結びついていたわけではない。例えばバダンテール（E. Badinter）[1998] は 1780 年のパリでは、1 年間に生まれた 2 万 1 千人の子どものうち、母親に育てられる子どもは千人にも満たず、住み込みの乳母に育てられる子どもが千人、他の 1 万 9 千人は里子に出されていたという記録に注目している。当時のパリで子どもを乳母に預けたり里子に出したりする行為は上流階級だけではなく、より一般的な行為であり、母親たちには子育てよりも優先すべき他のものがあった。すなわち上流階級では社交生活、商人や職人の家庭では夫の仕事を手伝う必要性などが、子育てよりも優先されるべき事柄だったのである。このことからバダンテールは、当時の社会では母親による子どもへの愛情はそれほど重要な価値を持っていなかったと論じている。ここからわかることは、女性が妊娠・出産することと子育てをすることとの結びつきは必然的なものではなく、その社会で何が重要とされるか（母親による子どもへのかかわりや愛情がどれほど重要視されるか）によって多様であるということである。

同様のことが日本社会においても指摘できる。広田照幸によると、かつての村社会では、家族が直面する多くの問題の中で、子どもの問題は優先順位の高いものではなく、むしろ労働－生産の問題こそが中心的な問題であった [広田 1999：28]。子どもの存在は家の存続にとって邪魔ですらあり、子どもは養子や奉公に出されたり、借金を返すために売られることもあった。そうした社会では母親は乳幼児の世話よりも、生計を維持するために働くことを優先しており、乳幼児期の子どもと母親との関わりが重要視されることもなかった。

日本で母親のみが子育てに関わることが一般化したのは、それほど昔の話ではない。沢山美果子によると、子育てに関わるのは母親のみという形が一般的となったのは、大正中期から末期にかけて増大した都市の新中間層においてである [沢山 1984：131-133]。新中間

層とは都市の俸給生活者の家族で，仕事の場と生活の場が分離した核家族であった。生産労働から切り離された新中間層の妻たちは，家事や子育てにあてる時間をより多くとることが可能だった。また新中間層の多くは農村から都会へ流出してきた農家の次三男が新しく形成した家族であり，それ以前の農村共同体のネットワークからは疎遠な存在であった。こうした層においてはじめて，母親が他者からの介入を一切排除して，ひとりで子育てを担うようになったのである。

つまり母親のみが子育てにあたるということは，歴史を振り返ってみても比較的新しく，それが常に「望ましい子育てのあり方」であったわけでもない。生計を維持するために働くことが最も重要視されたかつての農村社会では，「母親は産みの苦しみを知っているから，子育てにあたるのが自然である」という考え方は成り立ちえなかっただろう。そうした社会では，たとえ母親が「産みの苦しみ」を知っていたとしても，そのことと母親が子育てにあたることとは別問題であったはずである。

また現代社会では，母乳が出るという生理的機能は，母親が特に乳児期の育児にあたることの根拠とされることが多い。しかしこの母乳ですら，必ずしも母親による育児の正当性を根拠づけるものではなかった。先のバダンテールによると，母親に育てられる子どもがむしろ少数派であった18世紀においては，上流階級の女性たちにとって，授乳とは拒否すべきものであった。当時の女性たちは，授乳が女性の健康や美貌に悪影響を及ぼす，授乳のたびに乳房を出すのは羞恥心を欠く行為であって上流婦人にはふさわしくない，といった理由を挙げて授乳を拒否していた。

バダンテールによって描かれているのは，母子のスキンシップや栄養学的な観点から母乳育児が推奨される現代とは180度異なる状況である。つまり母乳が出ることそれ自体は，母親による育児につながることもあれば，つながらないこともあり，「母乳が出るから母親が子どものそばにいたほうがよい」という考え方は，母乳をめぐ

る解釈の数あるバリエーションのひとつにすぎないのである。

3 「母性」とは？

次に母親による子育てを正当化する根拠としての「母性」について考えてみたい。この言葉は、「母親は、母性（母性愛）をもっている」というようなかたちで使われることが多い。しかしこの言葉の意味するところは、実は非常にあいまいである。

あるクラスで、「母性／母性愛とは何か？」というテーマで一人ひとりに短いメモを書いてもらったことがある。そのときに挙がってきたのは、「母親が持っている子どもに対する愛情」「女性特有の男性とは違う包容力」「女性が持っている、子どもを世話してあげたいという気持ち」「母親が子どもを育てるために必要なもの」「大きくて深いもの」などだった。

これらの回答をみてもわかるように、「母性」や「母性愛」という言葉の指し示す中身を確定しようとしても、同義反復を繰り返してしまうか（ex.「母親が持っている子どもに対する愛情」）、非常に抽象的なものになってしまうか（ex.「大きくて深いもの」「母親が子どもを育てるのに必要なもの」）のどちらかである。

こうした例が端的に示しているのは、「母性」や「母性愛」という言葉は日常生活のなかで、その指し示す内容が明確にされないまま、あたかも誰もがその内容を知っているかのように使われているということである。しかしこれらの言葉は、そのあいまいさのために、その場その場で「都合よく」使われるものになっている。これらの言葉が示すのは、ただ母親には「愛情」と解釈しうるような子育てに適する何か特別の性質が備わっている（はずだ）ということのみである。それらの言葉は、母親と愛情との結びつきを「自然」なものに見せる。しかしその一方で、愛情の中身をその場その場で自由に確定されるよう、ブラックボックス化することによって、母親の立場にある人のあらゆる性質や行動を、子どもに対する愛情（あるいはその欠如）として解釈されうるものにしてしまう。

「母性がある」「母性愛がある」というようにこれらの言葉が使われるとき，多くの場合「母性」や「母性愛」という言葉が指し示している何らかの実体があるように思われがちである。けれども事態はむしろ逆なのだ。「母性」や「母性愛」という言葉を使うことによって，私たちの社会ではこれらの言葉が指し示すはずの「何か」を日々つくり続けているのではないだろうか。

4　父親と子育て

　母親と子育ての結びつきを検討するにあたって，最後に現代社会において父親の子どもとの関わりがどのように語られているかについてふれておきたい。

　現代日本において父親の子どもへの関わりは大抵の場合,「望ましいもの」とされている。しかし父親の子育てへの関わりを推奨する議論の内容は一枚岩ではない。父親の子育て推奨論の分類については舩橋惠子 [1998]，中谷文美 [1999]，内田哲郎 [2001] などに詳しいが，ここではそれらのうちの「父親には社会のルールを教えるなど，父親にしかできないことがあるのだから，子育てには父親も参加するべきだ」という「父性」の必要性を強調する議論について若干ふれておきたい。

　「父性」を強調するこれらの議論は，「父性」＝威厳・規範性・道徳性と規定し，それを発揮できるのは他でもない父親であるとする。そこでは父親と強さや規範性との結びつきが当然視されている。これは先に見たような「母性」という言葉が母親と愛情を自動的に結びつける機能を有していたのと，まさにパラレルであると同時に表裏一体の関係にある。「父性」を強調する議論が父親は子どもに対して厳しさを伝えるべきと論じる背後には，母親は子どもに対して愛情深く接するべきという前提がある（例えば林道義 [1996] など）。この種の父親による子育て推奨論は，そのネガとして母親と子どもへの愛情の結びつきを当然のものとしており,「母親による愛情あふれる子育て」の正当性を，むしろ強化するものとなっている。

5 おわりに

　これまで見てきたように，今私たちが生きている社会は，歴史的に見ても母親による子育てを過剰に強調する社会である。そして社会はそれを後押しするかのように編成されている。労働市場における賃金制度や人材育成の制度は男性中心にできあがっており，男性が外で十分に働けるよう，女性が家事や子育てを引き受けることが合理的であるようなしくみになっている。また家族は外部からの干渉を許さない私的領域となっており，母親は構造的にひとりで子どもに向き合わざるをえない。けれども「育児不安」と母親の社会的ネットワークの狭さとの関連が指摘されているように［牧野 1982］，母親が常にひとりで子どもと向き合い，子育ての責任を一手に引き受ける状況が問題を抱えやすいものであることもまた，明らかになっている。

　本節でみてきたように，母親ひとりが子育てを担うというのはむしろ新しい事態であり，子どもが育つ環境は他にもありうる。母親による子育てを当然視することをやめれば，子どもが育つ環境には，違った展望が見えてくるのではないだろうか。しかしそのためには，家族が変われば，ましてや母親自身の意識だけが変わればよいのではなく，私たちが暮らす社会の人と人とのつながり方や働き方など，社会全体の変革を必要とするだろう。

参考文献
バダンテール，E．（鈴木晶訳）　1998　『母性という神話』筑摩書房
舩橋惠子　1998　「現代父親役割の比較社会学的検討」黒柳晴夫・山本正和・若尾祐司編『シリーズ比較家族第Ⅱ期2　父親と家族――父性を問う――』早稲田大学出版部，136-168頁
林　道義　1996　『父性の復権』中央公論社
広田照幸　1999　『日本人のしつけは衰退したか――「教育する家族」のゆくえ――』講談社
牧野カツコ　1982　「乳幼児をもつ母親の生活と〈育児不安〉」『家庭教育研究

所紀要』3：34-56頁
中谷文美　1999　「『子育てする男』としての父親？——90年代日本の父親像と性別役割分業——」西川祐子・荻野美穂編『共同研究　男性論』人文書院，46-73頁
沢山美果子　1984　「近代家族の成立と母子関係——第一次世界大戦前後の新中間層——」　人間文化研究会編『女性と文化Ⅲ』JCA出版，117-144頁
内田哲郎　2001「父親の育児？——「父親育児推奨論」にみる男性の育児参加の理由づけ——」『季刊家計経済研究』50：32-38頁

若者と家族

山田　昌弘

Key Words　青年期　パラサイト・シングル

1 パラサイト・シングル現象から見えてくるもの

パラサイト・シングル現象

　学卒後も親に基本的生活を依存して，リッチな生活を楽しむ未婚者を，パラサイト・シングルと呼んだ。パラサイトは，英語で「寄生生物」という意味である。今の日本の未婚の若者の多くは，まるで親に寄生しているかのような状態にある。

　日本の未婚者の多くは親と同居している。その数はどんどん増えている。ちなみに，親と同居している20歳から39歳までの未婚者は，約1200万人（2000年国勢調査）と日本人口の十分の一に迫っている。その全てが依存状態ではないにしろ，相当の人数に登ることは確かである。

　親同居未婚者は,驚くほど豊かな生活をしている。国立社会保障・人口問題研究所の調査によると，職業に就いている親同居未婚者のうち，三分の一の人は，同居する親に1円も渡していない。残りの三分の二が親に渡す金額の平均値は，3万円弱であった。ということは，自分が働いて得たお金のほとんどを小遣いとして使える立場と言うことができる。また，家事もほとんどが親任せであり，時間的にも余裕がある。今の日本社会の中で，経済的，時間的に最も豊かな生活を送っているのが，パラサイト・シングルなのだ。

　その豊かな生活を支え，許しているのは，50歳代，60歳代に達している親である。そこで，パラサイト・シングルの増大という現象が起こっている理由を，日本社会の親子関係の変遷を辿ることによって考察していこう。

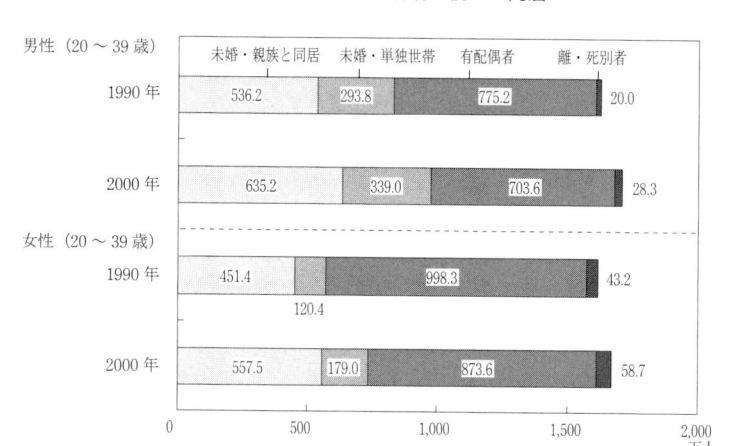

図1　若年層の未・既婚と親との同居

男性（20〜39歳）　　未婚・親族と同居　未婚・単独世帯　有配偶者　　離・死別者

1990年：536.2 / 293.8 / 775.2 / 20.0
2000年：635.2 / 339.0 / 703.6 / 28.3

女性（20〜39歳）

1990年：451.4 / 120.4 / 998.3 / 43.2
2000年：557.5 / 179.0 / 873.6 / 58.7

博報堂研究開発局「未来予兆」Report vol.3（2003年2月）7頁の図をもとに作成。

2　若者期の親子関係

戦前の親子関係

戦前の日本社会は，基本的に農家など自営業社会であった。そこでは，多くの子どもは，小学校を出れば生産活動に従事していた。家にいれば家業の担い手として農作業や家事を手伝った。また，中には，口減らし（食費がもったいない）という理由で，奉公（他の家の家業を手伝う）や，女工哀史にみられるように工場に働きに出されることもあった。

親の家業を継ぐ（また，女性なら同業の家に嫁に行く）のが原則の社会（V章の1参照）であるので，家の中で，親から仕事の仕方を学んだのである。それゆえ，親子関係は，いわば，職場の上司と部下の関係と理解すればよい。10代も半ばになれば，仕事の仲間として，家業を担うことが期待されたのである。

そして，当時の平均寿命は，男性で50歳余りであった。子が成人

し，一人前の働き手になる頃には，親は亡くなるか体が弱っている場合が多かった。子は，早い時期から自立，そして，親を支えることが求められたのである。つまり，「自分が成長して一人前になるプロセス＝親が弱り依存できなくなるプロセス」と意識されていたのである。

戦後から高度成長期の親子関係

社会が発展し，産業化が進み，家の外の企業等で働く機会ができると，親の家業を継ぐ必要はなくなる（Ⅴ章の1参照）。同時に，家の中で仕事を覚えることは少なくなり，親は仕事上の「先生」ではなくなる。仕事上の能力をつけ，一人前の大人として自立するためには，学校に行き，企業等に入ってトレーニングを受ける必要性がでてきた。親は，子どもが一人前の大人になって自立できるまで，世話し教育費用を負担する存在となった。

社会が発展し，複雑化すればするほど，社会に貢献できる人間に必要とされる知識，技能の量は増える。それだけ，知識，技能を習得する準備期間が長期化する。

日本では，戦後，義務教育が15歳まで伸長し，高校進学率も，1970年頃には，90％を超える。親が子どもの生活を支え教育費を負担することが期待される年齢が，どんどん高くなる。

一方，子どもを支える親の方も，長寿化が進行し平均寿命が伸びただけではなく，年功序列制賃金制度や，年金制度の充実などにより，自分の子を長期間支える余裕が整ってきた。それゆえ，高度成長期が終わるころ（1970年代半ば）までには，親への依存期間は20歳くらいまでと考えられるようになった。

青年期の伸長？

しかし，現代日本で起きているパラサイト・シングル現象を，親への依存期間の長期化の延長で捉えてはならない。20代半ば，30を過ぎたパラサイト・シングルは，決して，独り立ちできる仕事能力を身につける期間が長期化したから，親に基本的生活を依存しているわけではない。

学卒後は、多くの親同居未婚者たちは、家の外では働いてお金を稼ぎ、かつ、恋愛、旅行、買物と自由に行動し一人前の大人として生活している。ただ、家に帰れば、子どもとして親の保護を受け、生活責任を果たさない生活をする。つまり、「大人と子どものいいとこ取り」の存在なのである。

3　日本的親子関係

欧米の親子関係

　欧米、特に、アメリカやイギリス、オーストラリア、北欧などのプロテスタント諸国では、パラサイト・シングル的存在は通常見られない。成人して自分でお金を稼げる年齢になれば、自立して生活することが求められるのである。もちろん、欧米でも、仕事能力をつけるための準備期間は長くなっており、親から離れる年齢も上昇している。

　しかし、アメリカでは、大学に行く場合は、高校時代からアルバイトをしてお金を貯め、奨学金に応募し、政府のローンを利用し、さらにそれでも足りない分を親から借りるというのが原則である。また、ヨーロッパでは、大学の学費はほとんどかからず、若者は、社会保障の対象となっているので、親に依存する必要がない。

愛情観の違い

　欧米と日本の成人後の親子関係の相違は、「文化的なもの」に求めることができる。ここで注目したいのは、「愛情観」の相違である。日本では、親が子どもにお金をかけたり、手間暇をかけたりすることが「愛情」であると考える人が多い。つまり、子どもに楽な生活を用意することが、親の愛情ということになる。私たちが行ったインタビュー調査でも、「子どもを自立させるのはかわいそう」という回答が目立ったのである。

　一方、欧米では、「子どもに自立の能力をつけさせる」ことが、親の愛情観となっている。だからと言って、欧米の親子関係が疎遠というわけではない。親子関係の比較調査でも、一緒に遊ぶ、一緒に

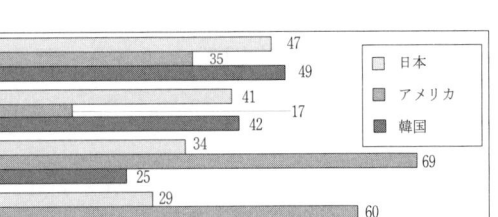

図2　日米韓の親子関係の比較

項目	日本	アメリカ	韓国
入浴する	47	35	49
夜，同じ部屋で寝る	41	17	42
勉強を教えたり，本を読んだりする	34	69	25
散歩をしたり，公園などで遊ぶ	29	60	31
室内ゲームやおもちゃなどで遊ぶ	22	66	29
買い物に行く	51	70	34
家事をする	16	57	22

総務庁青少年対策本部　1994　「子供と家族に関する国際比較調査」にもとづく。
日本女子社会教育会　2000　『図説　小中学生は今』19頁の図を参考に作成。

家事をするという親子は，日本の倍以上いる。親子のコミュニケーションが関係を作るという意識が強い。

これは，成人後も続く。日本では，同居している子との関係は密だが，別居している子とは疎遠になる。経済的関係が，親密な関係とリンクしている。一方，欧米では，子ども全てが別居していても，電話や訪問などのコミュニケーションを行う頻度が高いという。

4　パラサイト的親子関係の問題点

パラサイト・シングルの功罪

このようなパラサイト的親子関係は，どのような影響を日本社会にもたらすであろうか。

今，世界的に若者の経済状況が悪化している。グローバリゼーションが進行する中，技能も経験もない若者は，仕事の面で不利を強いられている。欧米では，転落した若者がホームレス化するケースが多く，社会問題になっている。しかし，日本では，親が世話するので，生活ができないほど貧困化する若者が町にあふれるという事

態には至っていない。

しかし，問題点も数多く存在する。一つは，パラサイト・シングルは，少子化の大きな要因の一つになっていることがあげられる。Ⅴ章1節で論じたように，性役割分業を前提とすると，結婚は女性にとって女性は「生まれ変わり」となる。親に基本的生活を依存してリッチに生活を送っていれば，結婚して自立して生活水準が下がるよりは，このままでいたほうがよいと，結婚を控える傾向が強まる。

パラサイト・シングルの不良債権化

それ以上に，10年後，20年後のパラサイト・シングルの姿が心配である。子が20歳，30歳なら，親も，50，60歳代でまだ元気で子どもを支えることができるだろう。しかし，親もいつまでも元気でいるとは限らない。多くのパラサイト・シングル女性は，収入の安定した男性といつか結婚しようと予定を立てる。男性は，いつか嫁が来てくれるはずだと楽観的に構える。しかし，Ⅴ章1節で述べたように，安定した収入を稼ぐ男性の数は，ますます減少している。希望を叶えられずに，親元でパラサイトしたまま，親が弱ったり，亡くなったりしたときに，どうなるのか，心配である。

参考文献
宮本みち子・岩上真珠・山田昌弘　1997　『未婚化社会の親子関係』有斐閣
宮本みち子　2002　『若者が社会的弱者に転落する』洋泉社新書
日本女子社会教育会　2000　『図説　小中学生は今』日本女子社会教育会
山田昌弘　1999　『パラサイト・シングルの時代』ちくま新書

学校と家族

渡辺　秀樹

Key Words　支配と従属　社会化　学校化社会
地位付与　結合と分離

1　家族と学校の関係史

　学校と家族は，社会化（socialization＝社会的な人間形成を意味する）の代表的な担い手である。近代の学校が成立するまでは，家族を中心として親族や地域によって，子どもの社会化および教育が担われていたが，近代になって，教育機能を専一に担う機関として学校が登場し，以来，家族と学校が主要な社会化の機関（agent）となっていったのである。家族をとりまく親族や地域の社会化機能は希薄化し，子どもの親，とくに（性別分業が進行するなかで），妻・母親が社会化の独占的な担い手としてクローズアップされてくる。他方，家族外の親族や地域が背景へと退くのと入れ替わりに学校が前面に現れてきたのである。

　親族や地域のなかに位置づき，生得的な職業を継ぐという，地域に〈埋め込まれる教育〉から，親族や地域から引き離され，学校を経由して職業を選択し産業社会に位置づいていくという，（生まれた家族・生まれた地域から）〈離脱する教育〉への漸次的な変化の過程であったと言うこともできる。もちろん，この変化の過程は単純ではない。

　この100年あまりにおける家族と学校の関係の変遷を，人々の行動への影響における両者の相対的な支配・従属の関係（あるいは優位・劣位の関係）として把握すると，初期には家族が優位であり，そして産業化の進展とともに学校が家族を支配するようになったということができる（こうした捉え方は，たとえば広田照幸［1999］を参照）。

農業などの生産単位として存在した家族は、田植えや収穫期などの農繁期には、手伝いのため子どもに学校を休ませたし、昭和30年代までの農村部では、農繁期の休校が学事日程に制度的に組み込まれている学校（新制中学）も多かったのである。学校へ行くより、家業の手伝いが優先されたのである。そして、学校で教える知識そのものを正当化する親の意識も弱かった。家業の手伝いのなかで継承される知識こそが重要と考えられたのである。

このように近代学校成立の初期、親たちは、子どもを学校へ送り出すことに素直に応じたわけではないが、基本的には、日本において就学率の上昇は急激であり、この点では制度としての近代学校は短期間のうちに定着していったと見ることもできるのである。

産業化が進行し、多くの親が被雇用者＝サラリーマンとなって、家族から生産的機能が消滅し、継承すべき職業がなくなり、学校で得た知識をもとに職業世界に繋がっていくというしくみ（制度）が一般化するにしたがって、つまり高度経済成長期を経て、学校が子どもたちの生活を（そしてさらには家族の生活全体を）支配するようになる。学校で与えられる知識こそが正当なものとされ、その習熟度・達成度によって、子どもたちが職業世界に配分（！）されていく。親あるいは家族が有する知識の価値は相対的に低下していくことになる。学校は、社会における教育的機能だけでなく、選抜・配分機能を支配的に担う組織となっていったのである。そしてその変化のなかで学校の家族に対する支配が強くなっていったのである。

2　発達過程としての家族から学校へ

前項では、歴史過程としての〈家族から学校へ〉という変化を述べた。

次に子どもたちの発達過程から見ると、社会化・教育の主要な担い手は、誕生から乳幼児期においては家族であり、就学年齢に至って、学校が加わり、それがしだいに優位になっていくということができる。子どもたちが経験する家族と学校の組織的な特性を対比的

に見れば,次のようになるだろう。

　パーソンズ(T. Parsons)のパターン変数を用いれば,子どもたちが生み込まれる定位家族(family of orientation)の関係は,第一に生得的(ascribed)である。つまり子どもたちは,自己が生み込まれる家族を選択できない。それぞれの家族・親子関係は所与として,子どもたちの前に立ち現れる。生み込まれた家族の地域や階層,宗教,親族体系上の地位などは初期条件として,否応なく子どもたちを社会に定位する。子どもたちは特定の一個人として社会に位置づく。自分ではどうしようもない固有のスタートライン(初期値)を与えられると言ってよいだろう。

　第二に家族成員間においてはさまざまな多面的な(diffuse)相互作用が結ばれる。家族の成員は特定の目的の達成を目指す限定的な(specific)役割関係によって結ばれているわけではない。夫婦関係を見ても,愛情の授受,性的関係,心理相談的関係,家事の共同,家計収入の分担,子どもの養育の共同など,無限定的な行為のやりとりのなかで関係を結んでいる。親子関係においても,同様に多面的な行為内容で関係が取り結ばれていると言ってよいだろう。子どもの持つさまざまな関心や行為に対して,親は,自分には関係がない(It's not my business!)とは言いづらい。

　第三に家族の成員が取り結ぶ相互作用の内容は,個々の家族に固有(ユニーク)であるという点で,個別的な(particular)性格を持つ。例えば教師という役割は相対的に普遍的で(universal)であり,したがってAという教師に代わって,Bという教師が,その役割を担うことは比較的に容易であるが,家族においては,成員の代替は困難である。近代家族の閉鎖性やプライバシーの強い要求は,個々の家族の個別性を促進し,そして成員の代替困難性を強める。労働力の補充は組織を継続させるが,情緒的な関係を取り結ぶ相手の代替は,組織そのものの変化をもたらす。職場において労働者が補充交替しても,新しい組織の誕生とは言わないが,家族において,離婚・再婚を経て相手が替われば,新しい家族の誕生と呼ぶにふさわしいで

きごとになるだろう。

　第四に，家族から生産的機能が消滅し，消費家族となると，家族内の相互作用は，特定の目的を達成するための手段というより，情緒的な関係がそうであるように，関係を取り結ぶことそのものが目的であるような相互作用が求められる。これを感情表出的な (affective) 関係という。互いの欲求が延期されるような手段としての感情中立的な (affective neutral) 関係とは，区別される。

　このように近代の家族は理念的には，生得的で，無限定的で，個別的で，情緒的な組織的特徴を持ち，子どもは，そうした関係のなかに育つ。他方，近代の学校という組織は，家族との対比で言えば，行為 (performance) や業績 (achieved) を示すことで評価され，教育・学習という限定的な領域において学校に関わり，カリキュラムという普遍的な内容において行為を取り交わし，そして日々の学習は知の獲得のための手段という感情中立的な特質を有する。これらの特質は初等教育から中等教育へと段階が進むにしたがって，より強くなると言ってよいだろう。さらに言えば，学校の次に子どもたちを待っている職場は，業績的・限定的・普遍的・感情中立的関係によって取り結ばれる組織の典型なのである。親子関係とはことなり，職務範囲外であれば，仕事の相手に対し，自分には関係が無いと言えるのである。

　子どもたちは，家族から学校という世界に入り込むことによって，生得的な関係に対して業績的な関係を，無限定的な関係に対して限定的な関係を，個別的な関係に対して普遍的な関係を，さらには感情的な関係に対して感情中立的な関係を，対として学ぶことになり，それが，将来参加することになる産業社会・職業社会への参入の準備ともなるわけである。

3　学校支配のなかの家族

　子どもたちは，学校を経由して産業社会に参入する。つまり，さ

まざまな職業・企業に就職していく。これは，産業社会に一般的に言えることである。家族の持つ世襲的で固定的な（＝生得的な）地位付与の機能を剝奪し，学校が業績的な地位付与の機能を担うことによって，社会がより民主的な地位の配分を実現することを可能にしたということが，現実的にはともかく理念的には，できるのである。

そのなかで日本の特徴は，「職業安定法」という法的裏付けのもとに，職業紹介など，より直接に学校が生徒の就職に関与してきたことにある。企業は多大な選抜コストを費やすことなく，学校の社会的評価や学校による生徒の評価（成績・推薦など）に依拠して採用するという方式をとってきた。

そうした状況下で，本来の教育機能だけでなく選抜機能を強化した学校は，産業社会のなかでよりよい地位達成（階層上昇）を望む親と子どもたちを過度に支配する。すなわち家族は学校の論理に従属する。どんな学校に行くか，そこでどのような評価を得るかが大きな関心事となる。そうして子どもたちは，学校だけでなく，塾へ通ったり，家庭教師に付いたりするのである。子どもたちの生活全体が行動の面でも意識の面でも〈学校化〉していく。この不況のなかで，家計における学校外教育費だけは減らない。むしろ増えているのである。

父親の単身赴任や母親のパート就労の主要な理由となっているのが，子どもの教育のためであったり，子どもの教育費のためであったりする。学校化社会，もっと具体的に言えば受験体制のなかで，家族は動いているという側面がある。こうなると，学校支配に適合的な家族と，適合困難な家族とが出てくる。例えば学習塾に通うこと・家庭教師を付けることが経済的に可能な家族と，そうでない家族がある，というように。

家族による固定的な地位付与を流動化し開放する民主的なものと見なされた学校による選抜機能が，実は，個々の家族の学校支配に対する適合性によって規定され，結局は，固定的な地位の配分（階層の再生産）に繋がっているという側面が強く指摘されるようにな

ってきている。業績制（学校社会）を支える生得制（家族）の問題である。これは社会学において「業績主義社会のなかの属性主義」とも呼ばれ，エスニシティやジェンダーなど社会のさまざまな領域において見られるが，このような学校と家族との関係は，その代表的な領域であろう。業績が公正な競争によって達成されるのではなく，本人にはどうしようもないジェンダーやエスニシティ，そして定位家族など生得的な諸要因によって規定されるという側面である。

4　学校と家族との結合

学業達成が，そして結局は職業達成・地位達成が，家族に依存しているという議論の代表的なものとしては，以下の三つがある。

第一にアメリカのコーン（M. Kohn）たちの，親の期待（parental value）と階層との関係についての研究である。この研究によれば，ミドルクラスの親は，子どもに自律的な価値（self-direction）を強く期待し，ワーキングクラスの親は，子どもに同調的な価値（conformity）を強く期待する。これは日本を含め多くの国で調査され同様の結果が確認された。こうした価値はそれぞれの階層の生活条件（とくに職業条件）によって規定され，それが子どもへの期待として伝えられる。そのことを通して階層的価値が伝達されると考えられた。コーンたちは子どもの教育達成をモデルに組み込むことはしなかったが，自律的な価値が学校的な価値，さらには産業社会の求める価値と適合すると考えてよいだろう。

第二にイギリスのバーンスタイン（Basil Bernstein）の言語コードと階層の研究である。ミドルクラスの子どもたちは，その家庭環境において，精緻な言語コード（elaborated code，抽象的で論理的な言語構造）により多くさらされ，ワーキングクラスの子どもたちは，制限的な言語コード（restricted code，具体的で経験の共有を前提とする単純な言語構造）により多くさらされるとした。そして学校で使用され評価される言語コードは，精緻なコードであり，ここに子どもたちの階層によって学校への適合性が異なることが指摘された。ミドル

クラスの子どもたちは学校に来る前から，精緻なコードに馴染んでいるのである。学校での業績的な競争において，すでにスタートから差があるというわけである。

就学前の子どもたちの文化的・言語的家族経験によって，教育可能性（educability）に差がある。このいわばハンディへの対応として，ヘッドスタートプログラム（セサミストリートもそのひとつ）が用意されたりするわけであるが，他方で学校文化の持つ階層性（ミドルクラス志向）が批判されたりすることにもなる。

第三にフランスのブルデュー（P. Bourdieu）の研究である。彼によれば階層の再生産は，経済的な資本のみならず，文化的な資本によって大きく規定されており，そのなかで学校は大きな役割を果たしている。学校が階層を流動化するという側面ではなく，階層を固定化する，つまり再生産する側面を強く指摘する。ハビトゥス*やシンボリックバイオレンス（物的・経済的な支配というより，人々の意識や思いこみを介した柔らかな支配）といった文化的な側面に注目することによって，階層の再生産的側面について説得的な議論の展開を可能にしたのである。

ハビトゥスやシンボリックバイオレンスは，歴史的・構造的産物であり，したがって可変的ではあるが，まさにひとびとにしみ込んだ文化であるだけに変化は容易ではないことを示しているのである。

5 学校と家族の分離

家族と学校の組織的特質を対比的・関係的に示したが，これらの議論にみるように両者はまさに剝がし難く重なりあってきたということが言えるだろう。単純な業績的組織とも，単純な生得的組織とも言えないのである。業績性と生得性は解きがたく絡まり合っているのだ。家族と学校はこれまで，この業績性と生得性の関係を解き明かす，最大の戦略的な拠点と考えられてきたのである。

今後の注目すべき課題は，学校の家族に対する支配，選抜・配分機能を介した支配，あるいはとくに受験体制を介した支配が，どの

ような変化を示すかであろう。第一に，近年の不登校問題や，それとの関連でのフリースクール，フリースペースの登場は，学校と子どもとの関係，そして学校と家族との関係の変化を示す兆候と言えるかもしれないのである。学校的価値の相対化がはじまっているのかもしれないのである。また第二に，経済の停滞のなかで，家族ぐるみの企業への依存が許されない状況が進み，企業の論理や学校の論理に従属・依存しないような家族独自のライフスタイルの確立が求められ，そうした家族の自立したライフスタイルが浸透するかもしれないのである。従属することによる報酬が見込めないのである。さらに第三に，高学歴専業主婦が子育てをするなかで，受験体制に親子ともに打ち込むという学校化した生活は，既婚女性の就業が増大するとともに，おそらく変化を余儀なくされるだろう。母親の生活は，子育てや子どもの教育への集中ではなく，仕事と子育てなど，さまざまな生活諸次元のバランスをとるという方向に変わっていくと考えられるからである。

　もちろん，企業の論理や地位達成の論理とは関係なく，受験競争はそれ自体完結したゲームとして過熱しつづけ，そこにこれまで通り家族を巻き込んでいくだろうという議論もありうる。しかし，その受験競争という完結したゲームは，子どもたちが参加する多様な同種のゲームのひとつとなっていかざるをえない。

　学校と家族の関係は，〈支配か従属か〉だけでなく，〈結合か分離か〉という視点での議論が重要となってくると思われる。

参考文献

天野郁夫　1997　「教育というシステム」天野郁夫編『教育への問い』東京大学出版会

広田照幸　1999　「家族と学校の関係史」渡辺秀樹編『変容する家族と子ども』教育出版

竹内洋　1991　『立志・苦学・出世』講談社現代新書

山村賢明　1993　『家庭と学校――日本的関係と機能――』放送大学教材

※ **用語解説** ※

ハビトゥス (habitus)　M. モースや P. ブルデューのキー概念。ラテン語のハビトゥスは，一般には「状態・態度・習慣・ふるまい・気質」を意味するが，ブルデューの場合これを「諸性向の体系」と表現している。

Ⅶ 中年期の生活と家族

❶ 中年期の夫婦

嶋崎　尚子

Key Words　サンドイッチ世代　女性の自己実現
　　　　　　　　結び合わされる人生　団塊の世代

1　中年期の時刻表

　ハーゲシュタッド（G. O. Hagestad）によれば，20世紀をとおして，ライフコースの時刻表に三つの大きな変化が生じたという［1990］。第一に，20歳未満の子どもの親として過ごす時間の減少（晩産化と少子化による）と子どもとして過ごす時間の増大（長寿化による），第二に，中年期女性の「世代間に橋をかける位置」（サンドイッチ世代）期間の拡大とその位置の重要性の増大，第三に，仕事と退職後に費やされる時間割合の変化（20万時間にのぼる退職後の余暇時間）である。

　この3点いずれもが，中年期夫婦の日常生活のありよう，さらに

VII 中年期の生活と家族

図1 ライフコースにおける役割保有状態（女性）

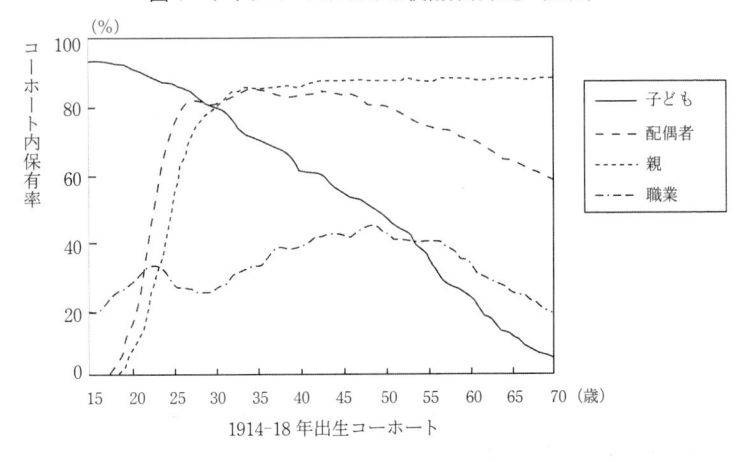

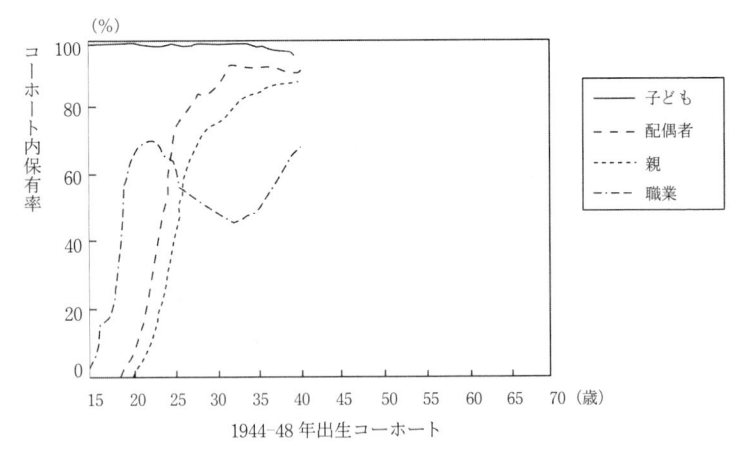

コーホート内保有率 (%)

凡例：子ども／配偶者／親／職業

1914-18年出生コーホート

1944-48年出生コーホート

「人生における出来事経験のコーホート比較調査」より作成（嶋﨑 1996より転載）

は人間の時刻表に大きな変化をもたらしたと言ってよい。本節では，世代間の中間の位置としての中年期夫婦に焦点をあて，下世代からの圧力と上世代からの圧力，そして夫婦間のジェンダー構造の3点を整理したい。

まず，中年期の時刻表を整理しておこう。図1は，1914-18年出生コーホート女性と1944-48年出生コーホート女性の生涯にわたる役割保有状態を示したものである。この図をみると，二つのコーホートでは，40歳時点の家族役割の保有状況が異なることが明らかである。つまり，1944-48年（団塊の世代）コーホートは，妻であり，子どもであり，かつ親でもある。それに対して親にあたる1914-18年コーホートでは，50歳になるまでに半数以上が子ども役割を失っている。このように現代日本では，中年期女性は，妻，母親，娘さらには祖母という家族役割を同時にかかえており，「多重役割」を担っている。その状況はおそらく40歳台，50歳台，60歳台をとおして続いていく。

さらに，これを世代間関係で確認すると，図2のように，長寿化によって世代間の深度が垂直的拡大をする一方で，少子化によって世代内の広がりは水平的縮小をする。少数の者たちと長期間にわたって家族的関係を持ち続けることになり，その中間に位置するのが，「サンドイッチ世代」の中年夫婦である。彼らは，下世代からの圧力と上世代からの圧力の両方を受けている。

2 世代間ではかる女性の自己実現──下世代からの圧力──

団塊の世代コーホートを例に考えよう。下世代からの圧力への対応は，このコーホートにとって複雑だ。例えば，共働きしている子ども夫婦の孫の世話は，重要な祖父母役割として期待されている。実際，幼い子どもがいる世帯に親世代が同居している場合に，妻の労働力化は促進されることが知られている［嶋﨑 2000:20-27］。この役割は，通常，祖母が担っており，自らの健康状態を気にしながらも，時間をやりくりし，ある種意欲的に遂行しているようだ。彼女たちに

図2　世代間関係の拡大と縮小

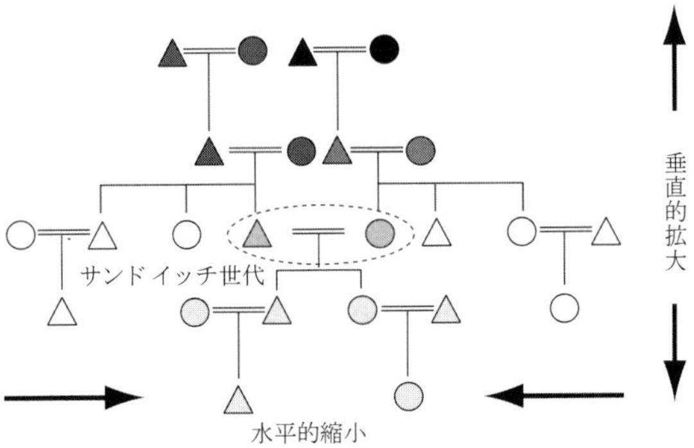

サンドイッチ世代

垂直的拡大

水平的縮小

その意欲をもたらしている要因のひとつは，女性の自己実現を世代間ではかろうという気持ち（「娘を応援しよう」）があると考えられる。

団塊の世代コーホートは，女性のライフチャンス拡大にむけての社会構造の変動期に，成人期への移行を経験した。このコーホート内には，変動期固有の地域差や階層差が見られる。例えば，定位家族内の位置では，「多産型家族の末子」と「少産型家族の長子」［嶋﨑 1998:20-26］が，主として出身地域を軸に分布している。概して，地方都市出身者に前者が，大都市出身者に後者が多い。また，学歴では高卒者と短大卒者との二分，結婚後の就業では，専業主婦と共働き主婦との二分，もある［岡村 2001:191-222］。このコーホートの専門職女性の典型は，看護職で就業継続している者たちである。

このコーホートのライフコースの特徴は，第一に高卒者と短大卒者とに二分される，第二に皆婚に近い，第三に少産少死型の人口学的行動により，少ない子どもを育てている，第四に専業主婦化が進行した（とくに団塊の世代コーホート），第五に，中年期の再就業がパート就業というきわめて不安定な雇用であった，の5点に整理できる。

しかしながら，彼女たちにとって女性の望ましいライフコースは，

「結婚し子どもを持ちながら働く」コースである［経済企画庁国民生活局 1998:103］。当事者の女性たち（娘たち）以上に，そうしたライフコースへの期待は大きい。例えば，「自分は高卒だから，娘には短大へ進学してほしい」あるいは「自分は短大だったから，娘には4大へ進学してほしい」という願いは，そのひとつであろう。実際，「男性は外で働き女性は家族を守る」という考え方への賛否をたずねたところ，「そうは思わない」とする比率は，1921-70年出生女性のなかで，1946-50年コーホートがもっとも高い［日本家族社会学会 1998：101-107］。

娘のコーホートが成人期に達するまでに，三つの社会変動が生じ（①大学進学機会の増大，②男女雇用機会均等法等による職業機会の増大，③保育施設など子育て支援の充足），高学歴を得て，男性と同じように職業キャリアを形成することは現実的な選択肢となった。しかし，子育て支援の実態はきわめて脆弱で，私的な資源を用いざるをえない状況である。娘の自己実現という大義名分をもって，下世代からの圧力に対峙しているのだ。

3　サンドイッチ世代の憂鬱

上世代からの圧力は，言うまでもなく老親介護である。すでに団塊の世代より前のコーホートから，この課題は深刻である。この点は，本書Ⅷ章に詳しいので詳述は避けるが，サンドイッチ世代が直面する重大な課題である。

ところで，上下世代からの圧力は，子育て後にすぐ始まるわけではない。個人差があるものの，子育て後ある程度を経てからであり，またおおよその予測は可能である。現在，子育てが一区切りした時期にある女性たちは，生涯学習や社会活動に積極的に参加している。本節の文脈で考えると，この活動はその後に待っている孫の世話や老親の世話に追われる生活までの，ほんの一時期の猶予活動なのかもしれない。彼女たちが，あれほど積極的なのは，その猶予が時限付きであることを十分に知っているからにほかならない。

他方,なぜ彼女たちの負担はこうまで大きいのだろうか。おそらくその背景には,夫婦内での固定的な性別役割分業があるのだろう。夫婦のジェンダー構造は,夫である男性にそうした上下世代からの圧力への対応を期待しない。彼らには稼ぎ手としての役割が期待されている。今後,夫婦の役割分担の形態が固定的ではなくなると予測すると,サンドイッチ世代夫婦のありようは,コーホート内で多様化もしくは多角化するのかもしれない。

ライフコース論の提唱者エルダー (G. H. Elder, Jr.) は,ライフコースの基本的要素のひとつとして,「結び合わされる人生 linked lives」をあげている。これは,ライフコースにおける一連の社会的行為が,その経験を共有している他者との接触の結果,互いに作用し,影響を及ぼしあう様態をさす。多層化する世代間の橋渡しは,異なる人生経験をたどってきた世代が結び合わさって成立する社会関係のコーディネーターという機能を担うことである。言うまでもなくそこでは,世代間で共通する部分と対立する部分の識別が重要になる。サンドイッチ世代にある中年夫婦,なかでも女性の人生は,まさにごく近しい者たちとの長いつきあいのなかで形成され,プラース (D. W. Plath) の観察のように,その過程で成熟していく [1984]。こうした経験をへて,夫婦は高齢期を迎える。

参考文献

Hagestad, G. O. 1990 "Social perspectives on the life course," Binstock, R. H..and George, L. J., *Handbook of Aging and the Social Sciences*, Third ed., Academic Press, pp.151-68.

経済企画庁国民生活局　1998　『平成9年度　国民生活選好度調査』

岡村清子　2001　「いま団塊夫婦は……——どこからどこへ——」天野正子編著『団塊世代・新論——〈関係的自立〉をひらく——』有信堂　191-222頁

プラース,D.(井上俊ほか訳)　1984　『日本人の生き方——現代における成熟のドラマ——』岩波書店

日本家族社会学会　1999　『家族生活についての全国家族調査』(調査報告書)

嶋﨑尚子　1996　「人生の軌道と移行の社会変動——20世紀に生きるコーホートのライフコース——」『放送大学研究年報』13：1-15頁

嶋﨑尚子　1998　「ライフコースと家族過程」『季刊家計経済研究』1998秋：20-26頁
─────　2000　『女性の労働力参加のコーホート・フロー分析──家族形成期における就業と家族・世帯要因のダイナミクス──』(文部省科研費報告書)

② 女と男の生活世界

岩上　真珠・柳　信寛

Key Words　生活世界　パートタイム就労　夫婦の役割分担
女性のネットワーク　パートナーシップ

1 「中年期」家族のライフステージ

　中年期家族のライフステージは一様ではない。とりわけ年齢に即応して特定のライフステージを考えることは，多様化が見られる今日ではますます難しくなっている。結婚の有無も結婚時期も異なるからである。とはいえ，職業生活と家族生活を中心とした生活世界における「中年期」の男女の状況について，一定の特徴を指摘することはできる。

　第一に，職業生活の面では，ジェンダー格差が大きい時期である。就職からしばらくたち，退職にはまだ間があるこの時期は，男性は一般的に職業活動においてもっとも力を発揮できる時期である。しかしそれと同時に，長時間労働や責任部署でのストレスなど，仕事に関するトラブルが多く発生する時期でもある。

　一方女性は，再就職型のライフコースの場合，子育てを一段落して再び仕事を始める時期にあたる。実際，40代～50代にM字型就労曲線の後半のヤマがみられる（図1）。ただし，この時期の就労率は高いものの，多くはパートタイムなどの短時間労働への従事である。これは，一つには家庭生活との両立のための積極的な選択の結果であり，いま一つには，この時期でのフルタイム再就職が難しく，パートのほうが参入しやすい労働市場の状況を反映している。

　第二に，家庭生活においては，子ども中心の生活から徐々に解放され，親役割を縮小しつつ，新たな役割に備えることが求められる時期である。新たな役割には，老い始めた親への子としての対応や，

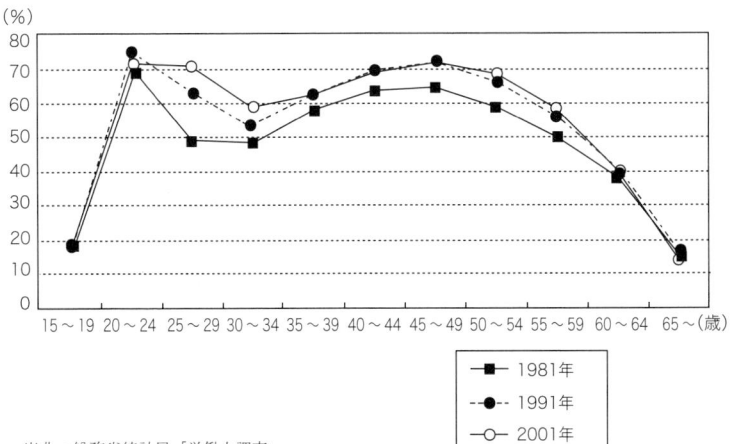

図1　年齢階級別女性の労働力率の推移

(%)
縦軸：0〜80
横軸：15〜19　20〜24　25〜29　30〜34　35〜39　40〜44　45〜49　50〜54　55〜59　60〜64　65〜(歳)

凡例：
―■―　1981年
--●--　1991年
―○―　2001年

出典：総務省統計局「労働力調査」

子どもを媒介としない再度の夫婦関係が含まれる。夫婦家族制モデルで言えば，中年期は「エンプティ・ネスト（空の巣）期」（子どもたちが親元から独立したあとの，夫婦二人きりの時期）にあたる。

　ただし，この典型的な夫婦家族制モデルの「中年期の家族」の時期設定をめぐっては，近年いくつかの点から大いに議論が起こっている。第一に，個人化の進行にともなって，個人の年齢と家族ステージがますます対応しなくなってきていること，第二に，かなりの確率で離婚が生じること（したがって夫婦関係自体の再編成が必要となる），第三に，「エンプティ・ネスト」という喪失感を伴う表現自体への反論，そして第四に，とくに日本においては，「パラサイト・シングル」という言い方で指摘された成人の子どもとの同居の長期化である。

　いずれにせよ，「中年期」家族のステージをめぐっては，個人化，ジェンダー，階層，世代間関係，家族文化といった観点から今日，ホットな議論が交わされている。

VII 中年期の生活と家族

図 2a 家事分担の規範と実態

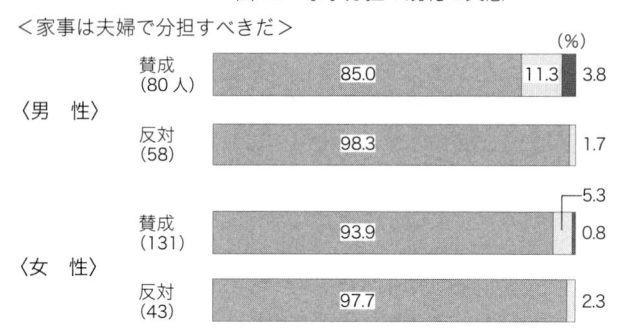

＜家事は夫婦で分担すべきだ＞

〈男　性〉
- 賛成 (80人)：85.0 ／ 11.3 ／ 3.8 (%)
- 反対 (58)：98.3 ／ 1.7

〈女　性〉
- 賛成 (131)：93.9 ／ 5.3 ／ 0.8
- 反対 (43)：97.7 ／ 2.3

図 2b 育児分担の規範と実態

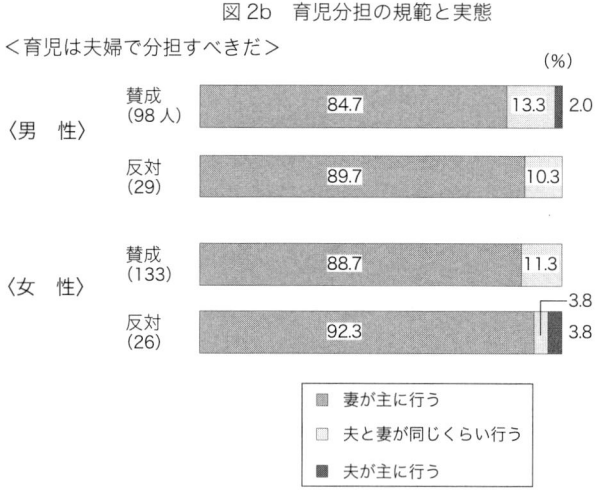

＜育児は夫婦で分担すべきだ＞

〈男　性〉
- 賛成 (98人)：84.7 ／ 13.3 ／ 2.0 (%)
- 反対 (29)：89.7 ／ 10.3

〈女　性〉
- 賛成 (133)：88.7 ／ 11.3
- 反対 (26)：92.3 ／ 3.8 ／ 3.8

■ 妻が主に行う
□ 夫と妻が同じくらい行う
■ 夫が主に行う

注（図2,3とも）：団塊世代に対して，1999年に東京都F市で実施したもの
出典（図2,3とも）：明星大学岩上研究室1999年度社会調査実習報告書(2000)をもとに作成。

2 女と男の生活世界

図3 雇用形態でみる家事分担の実態

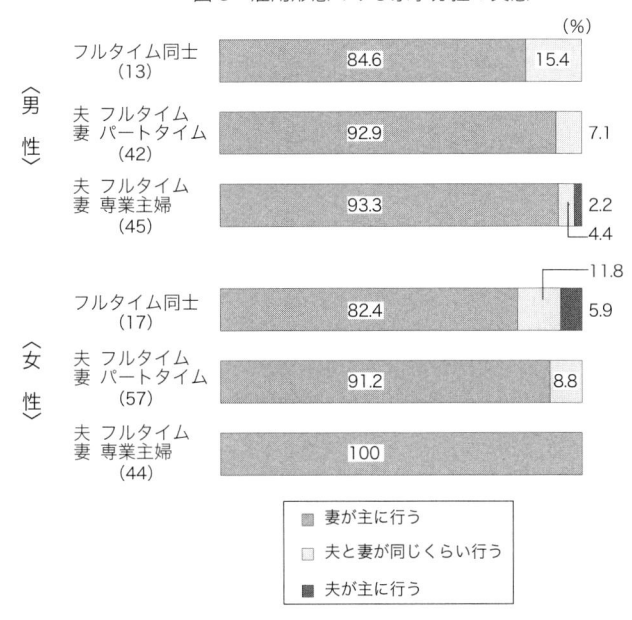

〈男性〉
- フルタイム同士 (13): 妻が主に行う 84.6% / 夫と妻が同じくらい 15.4%
- 夫 フルタイム／妻 パートタイム (42): 92.9% / 7.1%
- 夫 フルタイム／妻 専業主婦 (45): 93.3% / 2.2 / 4.4

〈女性〉
- フルタイム同士 (17): 82.4% / 11.8 / 5.9
- 夫 フルタイム／妻 パートタイム (57): 91.2% / 8.8
- 夫 フルタイム／妻 専業主婦 (44): 100%

■ 妻が主に行う　□ 夫と妻が同じくらい行う　■ 夫が主に行う

表1 夫の家事遂行割合

	ゴミ出し		日常の買い物		部屋の掃除		洗濯		炊事		風呂洗い
	1993年	1998年	1993年	1998年	1993年	1998年	1993年	1998年	1993年	1998年	1998年のみ
総数	26.5%	34.9%	25.2%	34.7%	13.4%	18.7%	15.7%	19.7%	20.1%	24.9%	25.4%
妻の年齢											
29歳以下	43.3	47.6	38.2	42.1	14.6	15.3	17.9	21.3	26.5	27.2	32.9
30〜39歳	25.2	36.5	25.5	36.3	11.5	15.5	12.5	16.5	18.3	25.4	24.8
40〜49歳	19.8	28.6	21.9	32.3	11.3	16.3	12.8	16.4	17.3	21.4	21.3
50〜59歳	27.3	32.7	23.0	30.8	15.8	19.6	19.8	20.7	22.1	24.2	24.3
60〜69歳	32.9	41.4	25.4	38.9	19.8	32.7	23.4	31.6	23.2	32.3	33.8

注：週1〜2回以上遂行している者の割合をとっている。
出典：国立社会保障・人口問題研究所「全国家庭動向調査」(1993年, 1998年)

2 夫婦の役割関係——規範と実態のギャップ——

さて、この時期の夫婦の家庭内での役割関係は、妻の職業参加や、子どもの有無と年齢によっても異なるが、団塊コーホートで見た場合、明らかな傾向が見られる。彼らは、考え方は平等主義的で、「夫も家事や育児を分担すべき」との回答が男女ともに過半数を超えるが、では実態はと言うと、ほとんどすべて「妻がやっている」（図2a, 2b）。夫婦の家事分担は、妻の就労状況によって多少の差があるものの、たとえフルタイム同士でも「妻が主に行う」割合が圧倒的に高い（図3）。要するに、この世代は、戦後教育を受け、男女平等を理念としては学習し、夫の家事・育児分担についてある程度支持もしているが、実際にはほぼ完全な性別分業世代である。専業主婦率も高い。年次を追うにつれて夫の家事参加は進んできているようではあるが、20代の若年層はともかく、40代、50代の男性の家事遂行率はまだまだ低く、「ゴミ出し」と「日常の買い物」を除けばいずれの家事項目も20％台以下である（表1）。

図4は、「生きがいを得る場」を男女それぞれで示したものである。これを見ると、30代後半〜40代前半、40代後半〜50代前半までは、男女とも「仕事」と「家庭」が生きがいになっているが、50代後半から男女の回答が分離し始める。55〜64歳では、男性は依然として「仕事」と「家庭」なのに対して、女性は「仕事」も「家庭」も下がり始め、その代わりに「友人」が一定の割合を占める。興味深いのは、「家庭」をあげる割合が、女性ではどの年齢でもつねに男性より低く、とくに子離れ後と思われる50代後半以降でその差が大きくなっていることである。「女性の居場所は家庭」と思われがちだが、そう思い込んでいるのは案外男性だけかもしれない。

3 中年期女性のネットワーク

女性にとっての「友人」の位置づけの相対的な重要性は、ネットワーク形成と関連していると思われる。女性たちは通例、まず子育

2 女と男の生活世界

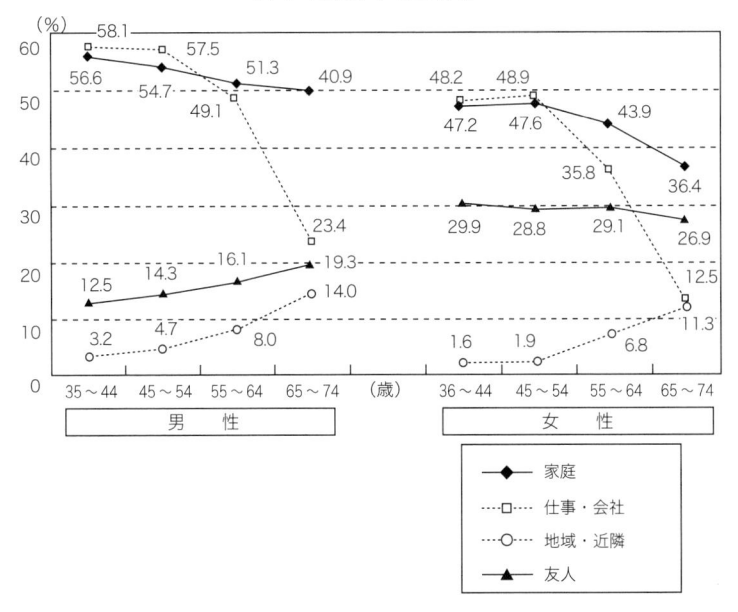

図4 生きがいを得る場

	男性				女性			
年齢	35〜44	45〜54	55〜64	65〜74	36〜44	45〜54	55〜64	65〜74
家庭	56.6	54.7	51.3	40.9	47.2	47.6	43.9	36.4
仕事・会社	58.1	57.5	49.1	23.4	48.2	48.9	35.8	12.5
地域・近隣	3.2	4.7	8.0	14.0	1.6	1.9	6.8	11.3
友人	12.5	14.3	16.1	19.3	29.9	28.8	29.1	26.9

注：二つまでの複数選択である。
出典：(財) シニアプラン開発機構「サラリーマンの生活と生きがいに関する調査」(2002年)

てを通じてネットワークを構成する。しかし子どもの成長につれて，すくなくとも当初の目的は姿を消していく。女性たちは再び仕事を持ち始め，そして，これまでのネットワークが再度活性化することになる。

再就職にあたって興味深い点は就職先の探し方である。総務庁が実施している労働力調査は，一定期間以上前職のない女性の再就職において，どのような情報ソースを利用したかを分析している。それによれば，「友人・知人の紹介」は「求人広告・求人情報誌」に次いで第2位であり，とくにフルタイム職ではなくパート・アルバイト職に顕著である。また「友人・知人」を活用するのは30代，40

代に比べ50代に多くなっている。再就職によって、まったく新たなネットワークを職場で構築し始めることになるが、その契機として従来のネットワークが利用されていることがわかる。

また、再就職ではなくボランティア活動などのさまざまな活動をはじめるケースも多い。かつては○○反対運動や建設請願運動などが中心であった住民・市民活動も、福祉、環境、教育などさまざまな分野に多岐にわたった活動として展開されるようになった。そのような活動の中心的な役割を担っているのが、子育てを終了した女性たちと高齢者である。近年、NPO関連の法律、行政支援が盛んとなっており、多くの活動が誕生しているが、それらの活動を組織的に創始したのは団塊世代の女性たちである。母胎となっているのは子育て期に知り合った母親仲間の運動の発展形態であることが多い。その際、従来の母親ネットワークを持続可能な形に再編し、新しいネットワークを構築しているのである。具体的な事例によってその様子を紹介してみよう。

事例：Iさん，専業主婦，55歳　大都市中心部に隣接する住宅地
　Iさんは大都市中心地にほど近い古くからの住宅街に住む55歳の専業主婦である。町内の組長（もっぱら雑用）を長期にわたってつとめている。隣近所の人々は顔見知りであり、仲がよい。子どもがいるときには絶対自宅にいなければならないという夫の考え方で結婚以来自宅にいる。パートの経験もない。彼女のネットワークは地域生活における関係が中心を占めている。一番の友人は子どもが幼少の頃に知り合いとなった近所の専業主婦である。学校の同級生や独身時代の同僚は数名とだけ連絡を取っている程度である。

　彼女のネットワークで特徴的であるのは親族ネットワークである。特にいとこが20人と多く、また互いに親しいので頻繁に連絡を取り合っている。一緒に連れだって旅行にも行っている。前回は13人のいとこが配偶者同伴で集合している。

　彼女のネットワークはこの十数年ほとんど変化がない。今後もよほどのことがない限り変化はしないだろうと本人は考えている。

事例：Kさん，専業主婦，53歳　大都市郊外住宅地

　Kさんは大都市の郊外住宅に住む53歳の専業主婦である。子どもは二人とも結婚し配偶者と配偶者の姉の三人暮らしである。現住所に居住してから18年になる。当時の新興住宅団地であったために，近隣はほとんどが同時期に一斉入居しており，家族構成や小学校期の子どもがいるというライフステージもほぼ同様であった。したがって近隣に従来からの地域は存在しなかったので，子育てを中心とした母親ネットワークがあらたに構築され，子どもが成長した後もその延長線上でのつきあいが地域内で続いている。その中でも特に親しい5人の地域住民とはほぼ毎日顔を合わせ，訪問し合っている。近隣以外の友人ネットワークは小中高の同級生である。彼女たちの多くは専業主婦であり，だいたい月に1回以上直接会っている。連絡はもっとこまめに取っている。これらに親族を加えたものが，彼女が当該地域に居住を初めてからのネットワークであり，それはあまり変容することがなかった。

　彼女のネットワークが変化したのは，数年前に2週間ボランティアとしてスポーツ大会に参加したことが契機となっている。この大会で一緒のボランティアグループを形成した数人が意気投合して未だに関係が保持されている。直接会うのは年1回程度計画される飲食会であるが，彼女が自分のネットワークとしてあげた中では，20代の未婚男性など，主婦でない人たちも含まれている。

　さて，新しく再編されたネットワークの特徴は主として三つある。まず第一に，（子育て期の母親という）均一性の解消である。そこにはさまざまな年代の女性が存在しており，男性の参加も見られる。同世代の似たような境遇にある同性で構成されている母親ネットワークはある意味で特殊な社会である。子育て終了後のネットワークの再編は，その構成メンバーの多様化をもたらす。

　第二に，選択可能性の増大である。母親ネットワークは限定されたローカル・コミュニティの空間的範域を免れえないので，どうしても地縁的な側面を持っている。また子どもを介してという制約があるため，選択肢も少なく，簡単に解消したりできるものではない。それに比べて，職場やボランティア活動は自分の判断にもとづいて

自由に選択することが可能である。上野千鶴子はこのような「脱地縁，脱血縁，脱社縁」の関係を「選択縁」と名づけ，そのようなネットワークの中で中年女性が生き生きとした生活を送っている様子を活写している［上野ほか編 1988］。

　第三に，高齢期へ向けての準備である。平均寿命が延長していく中で，中年期に新たなネットワークを構築することは，高齢期のネットワークに大きな影響を与える。同世代の就労男性と比較してみるとこの違いは明瞭である。50代の就労男性はもうまもなく定年を迎えることになり，会社組織を中心としたネットワークはその役割を終える。まさに，男性が職業人生の締めくくり方について熟慮しているとき，女性は新しい活動をすでに始めているというわけである。長期化する老後生活に，定年退職という形ではじめて直面する男性に比べて，女性の老後は中年期の生き生きとした活動の延長上にある。

4　パートナーシップの確立

　これまで見てきたように，中年期には夫と妻の活動領域にかなり大きな相違が生じる。夫が職業活動中心であるのに対して，妻には多様な活動の展開が見られる。妻にとって家庭生活も大事ではあるが，一辺倒ではない。うかうかしていると，夫は置いていかれかねない。

　人生の後半期を夫婦が充実して送るためには，生活のパートナーとして互いを確認することがまず必要である。それには，夫も積極的に家事役割を引き受け，一定の活動を共有することが大切であろう。さらに，妻のネットワークに夫も参加したり，共通の友人を持ったりして，夫婦の共通項を徐々に増やしていく努力も求められる。パートナー関係は，対等な立場での協力と互いの理解なくしては成り立たない。人生後半の子どもを挟まない長い生活を乗り切るためには，「夫は仕事，妻は家庭」というこれまでのジェンダー分割的な固定的な役割観から脱却し，生活とケアの共有者として，夫婦が真

のパートナーシップを形成していくことが欠かせない条件になっているのではなかろうか。

参考文献
藤崎宏子　1998　『高齢者・家族・社会的ネットワーク』　培風館
国立社会保障・人口問題研究所　2000　『第2回全国家庭動向調査　現代日本の家族変動』
厚生労働省　2002　『平成14年度厚生労働白書』
松本康編　1995　『増殖するネットワーク』　勁草書房
明星大学岩上研究室1999年度社会調査実習報告書　2000　『団塊の世代の親子関係：団塊世代は50代になった』明星大学社会学科
森岡清志編　2000　『都市社会のパーソナルネットワーク』　東京大学出版会
─────編　2002　『パーソナルネットワークの構造と変容』　東京都立大学出版会
玉野和志　2000　「地域女性の教育文化活動」『人文学報』309, 27-57頁
─────　2001　『都市コミュニティの社会的形成過程に関する実証的研究』科研費研究成果報告書
上野千鶴子・電通ネットワーク研究会編　1988　『「女縁」が世の中を変える』日本経済新聞社

中年期の将来設計

岩上　真珠

Key Words　老後への準備　団塊世代　子どもに頼らない　ライフコース・スケジューリング

1 老後への準備期

人生の一時期としての中年期が学問的にも一般にも注目され始めたのは，平均寿命が延び，高齢者への支え手としてその娘や息子たちがクローズアップをされるようになった1970年代末からである。この視点と問題意識を端的に表わしたのが，「サンドイッチ世代」としての中年期の認識である。ザル（H.M.Zal）は，子に対する親役割がまだ終了していないのに，老親の世話も必要になり始める，上下両方の世代への扶養責任を期待され圧迫された中年期（とくに女性）を「サンドイッチ世代」と表現した。

そもそも「中年期」とは，「もう若くないが，まだ老いてはいない」あいまいな時期であり，明確な年齢区分は存在しない。また，身体的・心理的条件の個人差も大きい。とはいえ，その年齢層としてはおおむね40代，50代が想定されており，個人のライフコース（生まれてから死ぬまでの人生経路）において，人生半ばの社会的に最も充実した時期である半面，自らの「老い」の予感がちらつき始める時期でもある。中年期とは，いわば人生の折り返し点を過ぎ，ゴール（ライフコースの最終段階）を意識し始める時期と見なされている。

多くの先進社会と同様，日本でも，少子・高齢化傾向が加速した1980年代以降，老後への準備や老後の生き方が大きくクローズアップされるようになった。とりわけ，高齢社会の進行が予測されるなかで老後を迎えることになる現在の50代は，国の政策レベルだけで

はなく，個人の生活レベルにおいても「老後への準備」に真正面から取り組むことになった初めての世代と言える。いつまで仕事を続けるのか，子どもとどのような関係を望むのか，配偶者とどう向き合って生きるのか，老後，どこで，誰と，どのように暮らすかというテーマが，個人のライフスタイルの切実なテーマとして論じられ始めたのである。

2 子どもに頼らない生活

かつて日本社会にあった家制度は，老いれば子（長男）に扶養してもらうことを，親も子もあたりまえとしていた。家制度は，家族が連綿と続くことを想定して成り立っており，一子（長男）が跡取りとして生家に残留し，そこで妻を迎え，一家族として直系の三世代，あるいは四世代が同居することを理念型としたが，親の側からすればそれは，「家」とともに，残された自らの人生をも跡取りたる子に託すことを意味していた。

戦後，家制度はなくなったが，「家」的な世代間の意識はその後も長く残存したのが実態である。親子関係において，長男を特別視する意識も根強く残った。1960年代から1970年代の高度成長時，日本社会の価値観が大きく様変わりするなかで，女性の理想の結婚観として「家付き，カー付き，ババ抜き」というあまり上品とは言えない言葉が流行ったが，持ち家と当時のステイタスシンボルであった自家用車へのあこがれとともに，当時もまだ，長男の嫁は「舅・姑と同居し夫の親を扶養する義務がある」とする風潮が強かったことがわかる。

しかし，こうした世代が中年になったいま，彼らは自分の老後を，経済的にはもちろん，介護の面でも子どもには頼りたくないと考えている（図1a，1b）。その理由として，一つには，実際に介護の経験者になったこの世代が，大変な思いを子にはさせたくないと考え始めたことと，いま一つには，子には子の，そして自分たちには自分たちの生活があることを自己主張し始めたことがある。「老いて

図1a　将来、子どもからの経済的な援助を期待するか（団塊世代調査）

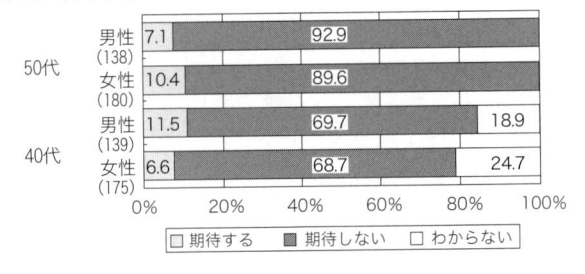

		期待する	期待しない	わからない
50代	男性(138)	7.1	92.9	
50代	女性(180)	10.4	89.6	
40代	男性(139)	11.5	69.7	18.9
40代	女性(175)	6.6	68.7	24.7

図1b　将来、子どもからの介護を期待するか（団塊世代調査）

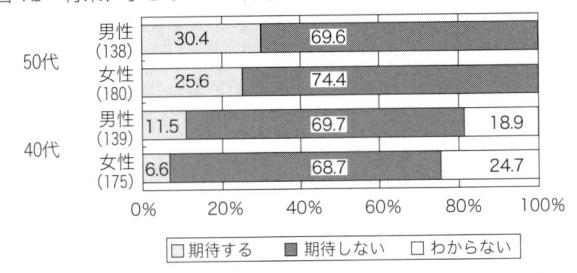

		期待する	期待しない	わからない
50代	男性(138)	30.4	69.6	
50代	女性(180)	25.6	74.4	
40代	男性(139)	11.5	69.7	18.9
40代	女性(175)	6.6	68.7	24.7

注：40代調査は1992年実施, 50代調査は1999年に実施。
　　対象地はいずれも東京都F市。（　）内はサンプル数。
出典：明星大学岩上研究室1999年度社会調査実習報告書

は子に従え」といった考え方にはもはや同調できないコーホートであるとも言える。すなわち，団塊世代を含めた今日の50代は，子どもは育てるものでこそあれ，老後の保障（資源）とは見なさなくなった最初の世代でもある。

3　貯蓄と資産

　子どもに頼らないとすれば，老後の保障は社会資本に頼るか，自分自身が準備するということになる。実際，成人前期に高度経済成長を経験し，終身雇用制と年功序列制の普及のなか，所得上昇の恩恵に与って順調に資産形成を遂げてきたと言われる1930年代〜

図2　世帯主年齢階級別　貯蓄現在高，負債現在高，
金融資産高（全世帯）（1999年）

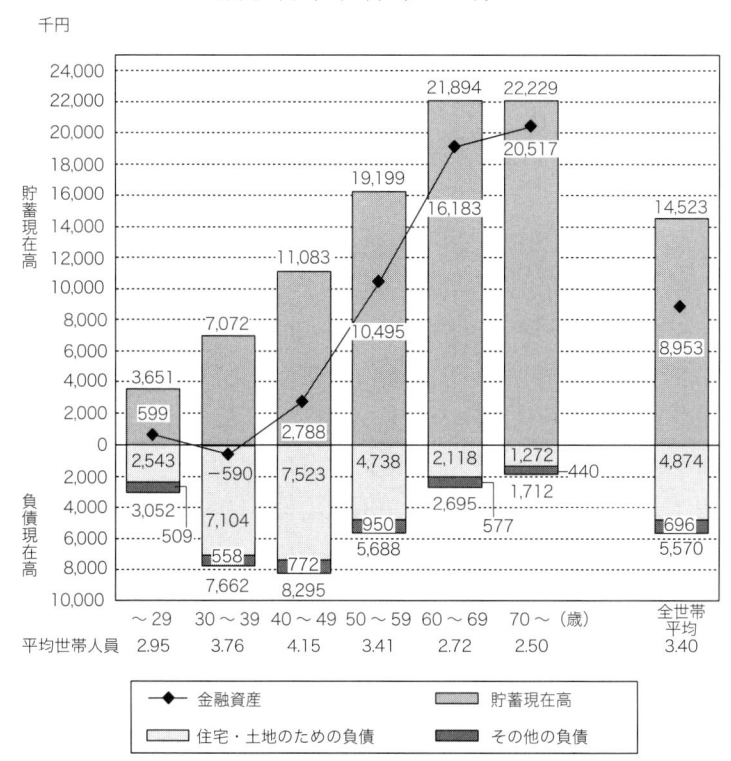

	～29	30～39	40～49	50～59	60～69	70～	全世帯平均
貯蓄現在高合計	3,651	7,072	11,083	19,199	21,894	22,229	14,523
住宅・土地以外	599	−590	2,788	4,738	2,118	1,272	4,874
住宅・土地	2,543	7,104	7,523	10,495	16,183	20,517	8,953
住宅・土地のための負債	3,052	7,104	7,523	5,688	2,695	1,712	5,570
その他の負債	509	558	772	950	577	440	696
負債計		7,662	8,295				
平均世帯人員	2.95	3.76	4.15	3.41	2.72	2.50	3.40

凡例：◆ 金融資産　■ 貯蓄現在高　□ 住宅・土地のための負債　■ その他の負債

出典：総務省統計局「全国消費実態調査」（1999年）

1940年代コーホートは，退職後も相当な経済的基盤を持っている世代と見なされている。事実，年代別の貯蓄高でみると，60代と70代は貯蓄高も多い（図2）。また，現役50代は世帯所得額も世帯員1人当たり所得額ももっとも大きく，そのことが子どもへの過大な投資を可能にし，「パラサイト・シングル」の土壌を提供したとも言われている（図3）。ちなみに，50代での貯蓄目的の第1位はやはり「老後の備え」であるが，これと並んで，「子どものため」というの

図3 世帯主年齢階級別 世帯所得額，世帯員1人当たり所得額（2000年）

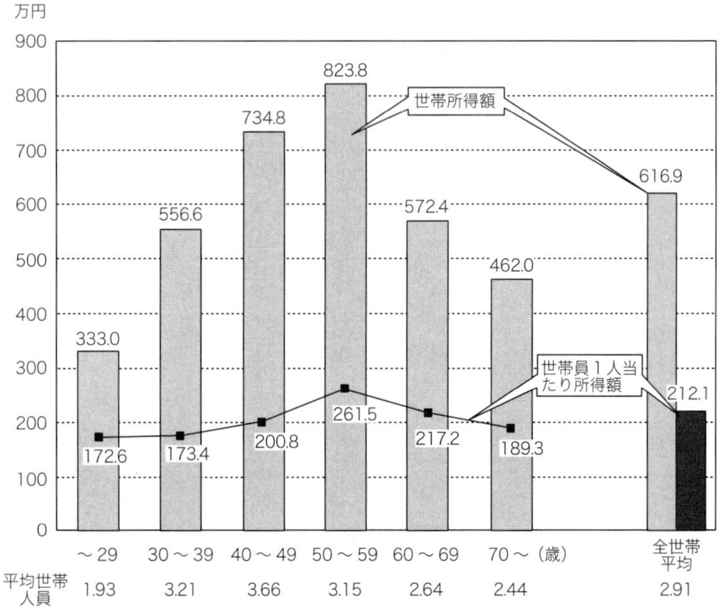

年齢階級	～29	30～39	40～49	50～59	60～69	70～（歳）	全世帯平均
世帯所得額（万円）	333.0	556.6	734.8	823.8	572.4	462.0	616.9
世帯員1人当たり所得額（万円）	172.6	173.4	200.8	261.5	217.2	189.3	212.1
平均世帯人員	1.93	3.21	3.66	3.15	2.64	2.44	2.91

出典：厚生労働省大臣官房統計情報部「国民生活基礎調査」（2001年）より厚生労働省政策統括官付政策評価室作成

も2番目に多くなっている。

4 ライフコース・スケジューリング

　自らのライフコースの目標を設定し，その方向づけに沿って，自らが特定の時期に特定の役割を選択することを，ライフコース・スケジューリングという。ライフコースにはある程度連続したイメージがあるが，それは個人の絶えざる「選択」の繰り返しでもある。ライフサイクルに応じて時期ごとの課題や選択肢を想定する視点は，経済の領域においてもしばしばみられる（図4）。人生における選択肢が多いか少ないかは個人差があるが，いつまで働くか，配偶者と，

3　中年期の将来設計

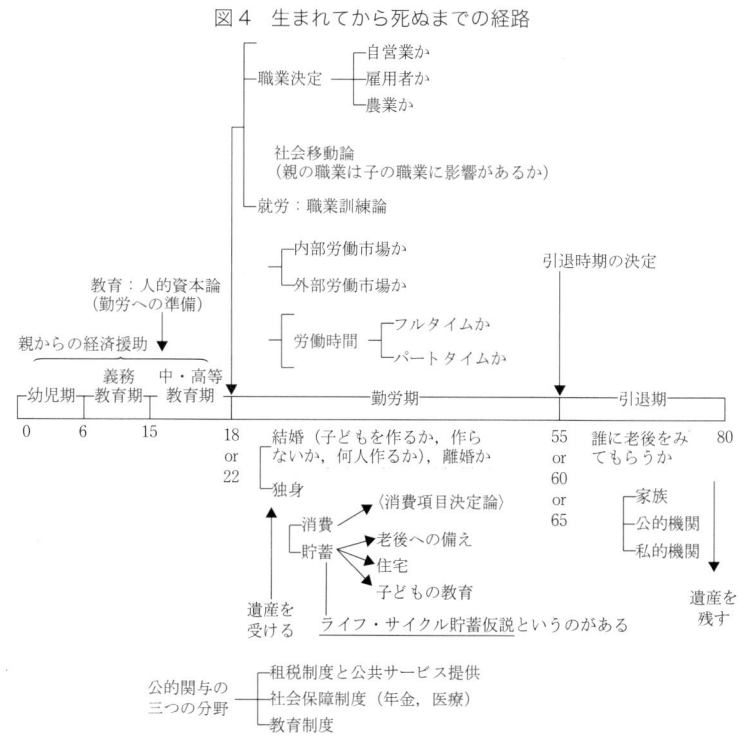

図4　生まれてから死ぬまでの経路

```
                          ┌─ 自営業か
              ┌─ 職業決定 ──┼─ 雇用者か
              │            └─ 農業か
              │
              │  社会移動論
              │ （親の職業は子の職業に影響があるか）
              │
              └─ 就労：職業訓練論

                          ┌─ 内部労働市場か           引退時期の決定
                          ├─ 外部労働市場か
  教育：人的資本論
  （勤労への準備）          ┌─ フルタイムか
                          └─ 労働時間 ─┤
親からの経済援助 ↓                       └─ パートタイムか
```

幼児期	義務教育期	中・高等教育期	勤労期	引退期
0	6	15	18 or 22　　　　　　　　　　55 or 60 or 65	80

　　　　　　　　　　　結婚（子どもを作るか，作ら　　　　　誰に老後をみ
　　　　　　　　　　　ないか，何人作るか），離婚か　　　　てもらうか
　　　　　　　　　　　独身
　　　　　　　　　　　　　　　　〈消費項目決定論〉　　　　　家族
　　　　　　　　　　　　消費　　　　　　　　　　　　　　　公的機関
　　　　　　　　　　　　貯蓄 ─┬─ 老後への備え　　　　　　 私的機関
　　　　　　　　　　　　　　　├─ 住宅
　　　　　　　　　　　　　　　└─ 子どもの教育
　　　　　　　　　　遺産を
　　　　　　　　　　受ける　　ライフ・サイクル貯蓄仮説というのがある　　　　　　遺産を残す

```
              ┌─ 租税制度と公共サービス提供
  公的関与の ──┼─ 社会保障制度（年金，医療）
  三つの分野  └─ 教育制度
```

出典：橘木俊詔・下野恵子『個人貯蓄とライフサイクル―生活収支の実証分析―』
日本経済新聞社，1994，p.14

そして子どもとどうかかわるか，何をしたいのかといった方向づけは，単に個人の好みや健康状態の相違によるだけでなく，ジェンダー，階層，コーホートなど，社会における個人の構造的な位置取りの相違による文化を反映してもいる。

　今日の中年期の将来目標は，実は，21世紀の初めに40代後半から50代に至った年齢層のものであり，20世紀半ばの中年期の目標とは明らかに異なっているはずである。第一，20世紀半ばには「中年期」という概念すらおそらくなかったに違いない。「中年期」のスケ

ジューリングということ自体が，仕事や余暇，家族生活を「選択する」という意味で，ポスト・モダン的な概念なのである。「海外旅行をする」とか「大学に社会人入学する」「子どもとは適度な距離でいたい」といった将来の選択は，特定の時代の，特定のコーホートに特徴的なものである。半世紀後に中年世代になる人々は，今日の中年とはまた異なる将来設計をすることであろう。

人生における「中年期」の登場から四半世紀，人生時間の延びる中で，現状を認識し，自分は何を望んでいるのか，それはどのように実現できるのか，一人ひとりが人生の設計図を描くことを求められる時代になった。自分がもっとも快適に生きられる「身の丈にあった」設計図を描いてみることは必要であり，また楽しいことではなかろうか。

参考文献

クローセン，ジョン（佐藤・小島訳） 2000 『ライフコースの社会学 新版』早稲田大学出版部

岩上真珠 2003 『ライフコースとジェンダーで読む家族』有斐閣

厚生労働省 2002 『平成14年度厚生労働白書』

───── 2003 『平成15年度厚生労働白書』

明星大学岩上研究室1999年度社会調査実習報告書 2000 『団塊の世代の親子関係：団塊世代は50代になった』明星大学社会学科

明星大学岩上研究室2000年度社会調査実習報告書 2001 『団塊世代のライフコースと親子関係』明星大学社会学科

宮本みち子・岩上真珠・山田昌弘・米村千代・飯塚和子 1995 「ベビーブーマーのライフコースと世代間関係──長寿社会の親子の絆のゆくえ──」『季刊家計経済研究』通巻25号 家庭経済研究所

橘木俊詔・下野恵子 1994 『個人貯蓄とライフサイクル──生活収支の実証分析──』日本経済新聞社

Zal, H. Michael 1992 *The Sandwich Generation: Caught Between Growing Children and Parents*, Insight Books

理想の老後——団塊世代調査結果より——

●できるならば，身体の動くうちにリタイアしたい。われわれ自営業者は定年退職がないけれど，65歳くらいまでにはリタイアしたい。その後は悠々自適で晴耕雨読の生活がしたい。子どもとは別居したいと思っている。というか，別居してやらなきゃと思う。もし夫婦のどちらかが残されたら，子どもにみてもらいたい気はあるが，とにかく子どもに負担はかけたくない。準備万端にしてさようならって感じで往生するのがいいな。(男性)

●僕と女房，元気で働けるうちは働いて，誰からも経済的援助を受けずに自立できて生活できれば一番いい。経済的に独立して女房と二人きりっていうのもいいと思っている。もし子どもが同居を望めばもちろん拒まないが。いまいるところが一番。60過ぎて病気にはなりたくない。苦しまないで突然死がいい。死については，いまはあまり考えてない。(男性)

●自分が健康で，自分の家で死ぬまで住んでいて，近くに子どもがいてたまに来てくれるのがいい。定年退職したら，大学などに社会人入学してちょっと何か勉強したいと思っている。お金があるのだったら，海外旅行もあちこち行ってみたい。(女性)

●いまは老後のことなど考えないけど，夫がいるかいないかで違う。夫が亡くなったら友達と同居したい。実際には難しいかもしれないけど，健康だったら子どもと同居するより理想的。八ヶ岳か富士山の山麓あたりで，食べ物を作ったり展示品を出したりする共同体ができれば理想。(女性)

●定年になったら，家でゆっくりと好きなことをしたい。子どもが結婚して孫がいて，お嫁さんとも仲良くというのが理想。子どもと同居したいというのではなく，子どもには子どもの人生があると思う。母の介護をしていたので，自分の子どもにはなるべく迷惑をかけないよう，公的なものに頼りたい。(女性)

●健康であればいい。後は働いていたい。60歳で退職をしてということではなくて，それ以降も仕事で社会とかかわっていきたい。(男性)

● 趣味をもって，世の中になんとなく貢献できて，夫婦でひとさまに嫌われず，楽しくやっていければ一番いい。子どもとは，何かあったときにすぐに連絡がついて来られる範囲にいればいいと思う。（男性）

● 夫婦円満で，健康で，子どもたちもそれぞれ幸せな家庭を築いてくれればいい。子どもとの同居は考えていない。たぶん配偶者とは死ぬまで一緒。自分への介護の希望は，一番に夫，二番目に長女。（女性）

● あと5年で夫が定年退職するので，そうしたら田舎に帰る予定。それが私の老後。子どもが大学生なのでそちらのほうが先で，自分の老後の準備はまだしていない。私らの年代なら親の面倒を見ようと思うが，子どもに面倒見てもらう気はない。子どもとは別居するつもり。田舎に帰って親きょうだいと暮らそうと思う。（女性）

● これからは子どもに面倒見てはもらえないと思う。老人ホームに入ることも考えている。温泉つきのリゾートマンションみたいなところで，ちょっとのんびり暮らしてみたい。（女性）

● 二人の老後の資金はある。介護については，金銭面の不安はないが，片方がいればいいけど，子どもには無理だ。好きなことをやって暮らせればいい。週に2,3回ゴルフでもやってね。子どもとの同居はわずらわしい，同居でないほうが気楽だ。（男性）

● 自分にとっての老後は，夫の退職後。夫婦ともども元気で長生きできればいい。子どもたちに負担をかけたくないので同居は考えていない。子どものためにも親にお金がないとね。（女性）

● いま51歳だけど，老後がそろそろひとごとではなくなってきた感じ。健康面で自信を失うと，老後ってものを身近に感じてくる。だから，心身ともに元気でいたい。いつになっても向上心は大切。社会の動きについていける柔軟な視点を持ち合わせた老人になりたい。（女性）

● 最後まで元気で，コロッと死ねたらいい。夫とはずっとお互い元気でいられたらいい。子どもは置いといて，夫婦が元気で旅行とかをしたい。（女性）

（明星大学社会調査報告書『団塊世代のライフコースと親子関係』2001年より抜粋）

VIII 高齢期の家族

❶ 老後の生活

菊池 真弓

Key Words 第三の人生　経済的自立　健康維持
情緒的援助　自己実現・生きがい

人間の人生において高齢期とは，家族，会社，趣味団体，自治会などの集団のなかでの地位や役割の移行を伴うライフステージと言えるであろう。三浦文夫は，高齢期における老後の生活を第三の人生と位置づけている。そして，それら老後の生活をライフサイクルの変化から捉えて，1960年代までは高齢者問題の三悪，すなわち「貧病孤」（貧乏，病気，孤立・孤独感）を追放することが高齢者対策の大きな課題であった時代であり，1960年代の半ばは三悪に「無為」（仕事から引退後，やることがなくなった状態）が加わり高齢者問題の四悪の時代を迎えるとしている。さらに，1980年代に入って人生80年時代を迎えると，四悪に「耄」（からだが弱ったり，もうろくしたりすること）が加わり高齢者問題の五悪の時代がクローズアップされ

るようになり，長寿社会は深刻な社会問題をかかえることになると指摘している［三浦　1988:118-123］。

このように，時代の流れとともに変化していく老後の生活において，高齢者や彼らを取り巻く家族の状況とその問題点を明らかにして，それらを解決に導いていくための高齢者施策を模索していくことは今後の重要な課題となるであろう。そこで本節では，こうした第三の人生とも呼ぶべき高齢期における老後の生活の現状と課題を，経済面（貧），健康面（病・耄），人間関係（孤），社会参加・余暇活動（無為）といった四つの基本的な指標を取りあげながら考えていきたい。

1　経済面

人間にとって，衣食住の生活財や所得の確保など経済面での安定は，生きていく上で最も基礎的な条件である。しかし，高齢期は加齢につれて一般に稼得能力が減退し，定年，引退などをきっかけに経済力の低下をもたらす時期であると言われている。それでは，高齢者たちは老後の生活を支えるための生活費をどのように確保しているのであろうか。

厚生労働省「国民生活基礎調査」（平成13年）から高齢者世帯の年間所得（平成12年）の状況をみると，年間所得は319万5千円であり，その所得の種類は「公的年金・恩給」（65.7%）が最も多く，次いで「稼働所得」（20.5%），「家賃・地代の所得」（6.4%）となっている。また，これらの結果を全世帯と比較すると，高齢者世帯の年間平均所得は全世帯（616万9千円）の半分程度に過ぎないが，世帯人員一人当たりの額は203万6千円で，全世帯平均の212万1千円に比べてその間にあまり差は見られないと言える。さらに，同調査の結果から高齢者の生活意識を見ると，全世帯と比べて高齢者世帯では，現在の暮らしについて「普通」とする世帯の割合が高く，「苦しい」（「大変苦しい」と「やや苦しい」を合わせたもの）とする世帯の割合は低くなっている。

このように，現在の高齢者の半数近くは経済的に多少の「ゆとり」があり，高齢期の安定的な基盤はある程度整っていると考えられる。しかしながら，高齢者の就労のあり方や年金，医療などの社会保障の問題が検討課題となっている現在，今後のわが国では高齢者自身の経済的自立を援助していく上での就労の機会と安定した社会保障制度の基盤づくりが求められている。

2　健康面

高齢期における加齢や病気に伴う身体的・精神的機能の低下は，高齢者にとって避けて通れない問題の一つである。そして，健康を維持するということは，経済的な安定とともに老後の生活を充実させるか否かを決定づける条件でもある。

厚生省「国民生活基礎調査」（平成10年）から高齢者の健康状態についてみると，65歳以上の有訴者率（人口千人当たりの病気やけがなどで自覚症状のある者の数）は530.3と，半数以上の者が自覚症状を訴えている。また，健康上の問題で日常生活に影響のある65歳以上の高齢者の割合は，高齢者人口千人当たりで203.3となっているが，これらを65歳以上の有訴者率の割合と比べるとその半分以下となっている。さらに，同調査の結果から高齢者の健康についての意識をみると，「良い」，「まあ良い」，「ふつう」と思っている人の割合は，男女とも65歳～74歳では4分の3以上，85歳以上でも3分の2以上を占めている。

以上のことから，高齢期の健康について考えてみると，現在の高齢者は何らかの自覚症状があっても，必ずしも健康状態を悪いと意識しているわけではないことがうかがえる。しかしながら，厚生労働省の寝たきりや痴呆性高齢者の将来推計などによれば，2020年には寝たきり高齢者，痴呆性高齢者ともに200万人を超えるものとされている。このように人生80年時代を迎えた今日の日本では，三浦が指摘するような寝たきりや痴呆といった要介護高齢者（「耄」）の問題がますます深刻化してくると予測できる。そこで，今後は，高齢

期に至るまでの健康管理や予防はもとより,自分自身や家族の健康や病気,介護・看護についての悩みやストレスなどに対する精神的援助の機能が重要になるであろう。

3 人間関係

高齢期になると,親族,配偶者,知人の病気や死に遭遇する機会が増え,高齢者の孤立・孤独の問題が生じてくると言われている。そして,こうした状況のなかでは,家族,友人,近所の人々などの情緒的援助が重要な役割を担うことになると言える。

内閣府「高齢者の生活と意識に関する国際比較調査」(平成13年)の結果から子どもや孫との付き合い方についてみると,「子供や孫とは,いつも一緒に生活できるのがよい」(43.5%),「子供や孫とは,ときどき会って食事や会話をするのがよい」(41.8%)の順となっている。しかし,これらの結果を平成8年の調査と比較すると,前者の場合は10.7ポイント低下し,後者の場合は3.8ポイントの上昇傾向にあることから,以前より子どもや孫との付き合い方がある程度の距離を置いたものに変化していることがうかがえる。

次に,同調査の結果から友人や近所の人たちとの人間関係について明らかにしてみたい。まず親しい友人の有無について見ると,「友人がいる」の割合が75.2%となっている。これらを男女別に比較してみると,男性よりも女性の方が「友人がいる」(男性:71.0%,女性:79.1%)の割合がやや高い傾向にあると言える。さらに,近所の人たちとの交流についてみると,「ほとんどない」(25.5%),「週に,2,3回」(24.4%),「ほとんど毎日」(21.0%)の順となっている。しかし,男性の場合は,女性に比べて「ほとんどない」(男性:31.5%,女性:19.9%)の割合が高く,3人に1人が近所の人たちとの交流を持っていないと考えられる。

以上の結果から高齢期の人間関係をまとめてみると,子どもや孫といった家族との交流は「いつも一緒」から「ときどき会う」へと変化しており,友人や近所の人たちとの交流は,男性より女性の方

が積極的であることが示される。今後は，家族や地域社会から孤立・孤独化しがちな高齢者など，近年の増加が指摘されているようなこれらの問題に対する情緒的援助の充実がますます重要になってくるものと思われる。

4　社会参加・余暇活動

　高齢期の老後の生活とは，その人の能力や好みにあった仕事，学習，旅行，趣味，ボランティア活動などによって，第三の人生をより良く生きるための自己実現，生きがいを形成していく重要な時期であると言えるであろう。とするならば，現在の高齢者はどのような老後の生活を過ごしているのであろうか。

　内閣府「高齢者の生活と意識に関する国際比較調査」*（平成13年）の結果から高齢者のグループ活動への参加状況についてみると，52.6％が何らかのグループ活動に参加している。さらに具体的な活動をみると，「町内会・自治会活動」（24.7％），「趣味活動」（18.1％），「健康維持のための活動」（14.0％），「社会福祉活動」（8.7％）の順となっており，男性の場合は「町内会・自治会活動」，女性の場合は「趣味活動」の割合が最も高くなっている。

　次に，(財)自由時間デザイン協会「余暇活動に関する調査」（平成13年）によれば，60歳以上の者が1年間に1回以上行った余暇活動は，「国内観光旅行」（男性：65.0％，女性：67.5％），「外食（日常的なものを除く）」（男性：60.8％，女性：65.8％），「園芸，庭いじり」（男性：56.9％，女性：58.2％）となっている。また，同調査によれば，今後行ってみたい余暇活動について高齢者世代と他の世代を比べると「陶芸」，「書道」などといった趣味・創作活動への希望も高くなっている。

　このように，現在の高齢者の半数以上は何らかのグループ活動に参加していると言える。そして余暇活動は，かつての高齢者の中心であったゲートボール，温泉，カラオケなどの時代に比べてその状況は変わりつつあると言える。今後は，三浦が指摘するような「無

為」の高齢者に対して，いかに第三の人生をより良く生きるための支援をしていくのかが重要な課題となってくるのではなかろうか。

5 新たな老後の生活をめざして

現在，わが国では，高齢者保健福祉施策としての介護保険制度の導入，年金や医療制度の改革などといった積極的な社会福祉や社会保障改革が進められている。また，本格的な高齢社会に移行することを踏まえて，新しい「高齢社会対策大綱」*（平成13年）も策定された。

以上のような動向を踏まえながら，ここでは，これまで概観してきた経済面，健康面，人間関係，社会参加・余暇活動といった四つの指標に基づきながら，高齢期における五悪の時代から新たな老後の時代への課題を考えていきたい。

まず，経済面では，年齢にとらわれずに就業その他の活動を積極的に行い，多様な自助努力と社会保障制度を活用し暮らしていけるような意識改革と環境整備が必要であり，健康面では，ゴールドプラン21の基本的な目標にも掲げられているように，すべての高齢者（要介護高齢者も視野に入れた）が自立して，その人らしく多様な生き方を選択することができるような社会の構築が求められるであろう。また，人間関係では，高齢者が住みなれた地域でできるだけ自立して生きがいをもって暮らせるように，地域・住民が主体的に創意工夫しながら，地域の中でお互いが支え合っていけるような土壌づくりが必要であろう。そして，より良い老後の生活の到達点として，性，年齢という属性のほかに，個人の身体的・経済的状況，家族形態，地域差などのような多様な生活構造のなかで，高齢者自身が生きがいを持って独自の老後の生活を設計・創造していくことのできる環境を整備すること，それに必要な具体的な援助を明確化することが重要な課題であろう。

参考文献

長谷川倫子　1997　「余暇生活と生きがい」岡村清子・長谷川倫子編『テキストブックエイジングの社会学』日本評論社

厚生省監修　2000　『平成12年版　厚生白書』ぎょうせい

桝潟俊子　2000　「高齢期の余暇と家族」染谷俶子編『老いと家族──変貌する高齢者と家族──』ミネルヴァ書房

三浦文夫　1988　『高齢化社会ときみたち』岩波書店

内閣府編　2003　『平成15年版　高齢社会白書』ぎょうせい

※ 用語解説 ※

高齢者の生活と意識に関する国際比較調査　内閣府が行う高齢化問題基礎調査の一環として、日本の高齢者と諸外国の高齢者の生活意識を把握するために行った調査。5年ごとに過去4回行われている（第5回の調査対象国は、日本、アメリカ、韓国、ドイツ、スウェーデン、調査対象者は60歳以上の男女（施設入所者を除く）、調査時期は2001年1～2月である。

高齢社会対策大綱　「高齢社会対策基本法」（平成7年法律129号）第6条の規定に基づき、政府が推進すべき基本的かつ総合的な高齢社会対策の指針を定めたもの。

❷ 家族と扶養

清水　浩昭

Key Words　年齢構造と扶養　高齢者扶養負担指数
高齢者扶養　居住形態の地域差
介護形態の地域差　高齢者虐待

1　年齢構造と高齢者扶養

　年齢（世代）構造は，扶養の問題を考える基礎になるものと思われる。そこで，一世代を30年とし，2000年を基点にして前後25年間の世代構成の変化をみることにした。「0～29歳」（子世代），「30～59歳」（親世代），「60～89歳」（祖父母世代），「90歳以上」（曽祖父母世代）とすると，2000年までの25年間に「子世代」と「親世代」は減少したが，「祖父母世代」，「曽祖父母世代」は増加してきた。2000年から25年を経過した時点の状況をみると，「子世代」を除いた世代はすべて増加傾向を示し，「親世代」が2.3ポイント，「祖父母世代」が7.2ポイント，「曽祖父母世代」が1.3ポイント増加することになる。これは，高齢者を支える世代よりも子世代ないし親世代に支えられる高齢者世代の増加の方が著しいことを意味している（表1参照）。

　さらに，「親世代」の高齢者扶養負担の動向をみるために，次のような計算式で「高齢者扶養負担指数」（＝60歳以上人口÷30～59歳人口×100）を算出してみた。その結果を示すと，1975年は30.1，2000年は67.6，2025年には85.2になる。これは，1975年では「親世代」3.3人で1人，2000年は1.5人で1人，2025年には1.2人で1人の「高齢者」（「祖父母世代」＋「曽祖父母世代」）を扶養負担することになる。この結果をみると，「親世代」の扶養負担は今後ますます重くなってくるものと思われる。

表1 年齢構造の推移と推計

(単位:人,%)

年　齢	1975年	2000年	2025年
総　　数	111,893,438	126,925,843	124,107,000
0〜29歳	49.2	37.5	26.6
30〜59歳	39.1	37.3	39.6
60〜89歳	11.7	24.6	31.8
90歳以上	0.1	0.6	1.9

注:総数(総人口)は年齢不詳を含む。各世代の比率は年齢不詳を除いた総数を分母にして算出した。1975年と2000年の数値は総務省統計局「国勢調査」、2025年の数値は国立社会保障・人口問題研究所「日本の将来人口推計(平成14年1月推計)」。

2　高齢者扶養

　一般に高齢者は,加齢とともに身体面に衰えが生じ,社会的地位や役割も喪失してくる。このような状況に対処するために高齢者は,「身体的欲求」(身の回りの世話,看護や介護保持欲求,健康保持欲求),「関係欲求」(孤独回避と情緒的安定欲求),「経済的欲求」(経済的安定欲求)を希求する。この諸欲求を充足させるべく行われる支援の行為が高齢者扶養である。この欲求に対応する扶養行為は,「身辺介護」(身の回りの世話,看護や介護欲求の充足),「情緒的援助」(孤独回避と情緒的安定欲求の充足),「経済的援助」(経済的安定欲求の充足)に大別される［森岡 1997:136-138］。

　高齢者の生活を扶養する主体は,家族・親族などによる私的扶養と公的扶助や社会福祉などが行う公的扶養に区分され,社会福祉制度の充実に伴って,私的扶養から公的扶養へと変化するのが一般的であるとされている。しかし,社会福祉制度の充実によって社会的支援サービスの方策が整備されたとしても,「情緒的援助」についてはいかなる公的機関によっても代替しがたいものとされており,この援助は居住形態(同居・別居)の動向いかんにかかわらず現在はもとより将来にわたっても家族が担わなければならないものとされている［那須 1970:3-17］。

　このように高齢者扶養は,私的扶養から公的扶養へと移行するのが一般的動向とされているが,日本における高齢者扶養は,現段階

においても私的扶養への依存度が強いように思われる。それが，長所となっている面もあるが，問題を生じている面も多々ある。そのなかで，現在，問題視されているのが高齢者虐待と「老老介護」であろう。

3 高齢者扶養の現状と課題

居住形態と扶養

高齢者の居住形態をみると，2002年の子どもとの同居・別居割合は「同居」(52.4%)，「別居」(47.6%) である。これを年齢別にみると，「前期高齢層」(65～74歳) の「同居」(47.1%)，「別居」(52.9%)，「後期高齢層」(75歳以上) の「同居」(60.6%)，「別居」(39.4%) となっている。この日本の全体状況を踏まえて，同居割合の最も高い山形県と別居割合が最も高い鹿児島県を対比すると，山形県は「同居」(73.8%)，「別居」(26.2%) であるが，鹿児島県は「同居」(30.1%)，「別居」(69.9%) となっている。これを年齢別にみると，山形県の「前期高齢層」では「同居」(69.0%)，「別居」(31.0%)，「後期高齢層」では「同居」(80.0%)，「別居」(20.0%) であるが，鹿児島県の「前期高齢層」では「同居」(27.4%)，「別居」(72.6%)，「後期高齢層」では「同居」(34.9%)，「別居」(65.1%) となっている。日本の高齢者は，加齢とともに「同居」する傾向にあるが，地域差に視点をあてて検討すると，「東北日本」では「同居」が多く，「西南日本」と「大都市圏」では「別居」が多いという地域差が存在している [清水 1986，厚生労働省 2003]。これは，「東北日本」は「同居扶養」，「西南日本」と「大都市圏」は「別居扶養」的色彩が強いことを意味している。このような居住形態と扶養形態の地域差を見ると，そこでそれぞれの地域における高齢者扶養問題とそれへの対応策は異なったものになろう。

介護形態，受療率・入院率と居住形態

1998年に住友生命総合研究所は，全国の地方自治体 (3,252自治体) における介護力 (在宅介護力指数) のデータベースを作成した。ここ

でいう「在宅介護力指数」とは、在宅介護を支える三本柱のホームヘルプサービス（訪問介護）、デイサービス（通所サービス）、ショートステイ（短期入所生活介護）について、65歳以上高齢者100人当たりの年間利用日数を偏差値化したものである。つまり、三つのサービスについて全国の年間平均利用日数を算出し、各都道府県・各市区町村の数字が平均値(50)からどの程度隔たっているかを示したものである。したがって、「在宅介護力指数」が大きければ地域の介護力は高く、その指数が小さければ地域の介護力は低いことを意味することになる。

このデータから地域介護力をみると、「西南日本」は「東北日本」よりもサービス水準がきわめて高い地区が多い。これは、同居志向の強い「東北日本」では家族内資源を活用して介護を行っているが、別居志向の強い「西南日本」では家族内部に介護資源力がないために在宅保健福祉サービスに依存せざるをえないことによって生じたとされている［佐藤 2003：31-38］。そこで、この状況を人口規模と高齢化割合が類似している地域を取り上げて比較すると、その点が具象化されている（表2参照）。

また、受診率、入院率（ただし、高齢者に限定されない）も「西高東低」の傾向を示しており、「西南日本」で受診率・入院率が高く、「東北日本」では低くなっているという［地域差研究会 2001］。

この介護形態、受診率・入院率の地域差は、日本の伝統的家族構

表2 居住形態と介護形態の地域差

地域	人口 (高齢化率)	同居率	65歳以上100人当たりのホームヘルプサービス利用日数	65歳以上100人当たりデイサービス利用日数	65歳以上100人当たりショートステイ利用日数
山形県 尾花沢市	22,681 (26.0)	84.9	94.1	130.1	38.0
鹿児島県 加世田市	24,448 (25.7)	35.3	358.0	768.7	35.9

注：介護に関する数値は高橋紘士監修・住友生命総合研究所編 2001 『地域介護力データブック』、人口と同居率は1995年の総務庁「国勢調査」の数値。

造における地域性と深く関わっているように思われる。とりわけ，在宅保健福祉サービス，受療費，入院率の低さは，同居志向性の強固さと適合的に連関して現出してきたと考えられる。これは，高齢者が家族の重い負担に支えられていることを意味している。とすれば，家族の重負担構造にメスを入れるとともに，介護を支えるものの視点に立って介護のあり方を再考する段階にさしかかっているように思われる。というのは，これまで介護問題は，介護されるものの立場を重視し，介護する立場にあるものを無視ないし軽視してきたように思えてならないからである。

介護と高齢者虐待

高齢者虐待とは，親族など主として高齢者と何らかの人間関係にあるものによって高齢者に加えられた行為で，高齢者の心身に深い傷を負わせ，高齢者の基本的人権を侵害し，時に犯罪上の行為を言う［高齢者処遇研究会編 1997］と定義されている。虐待は「身体的虐待」（意図的に物理的力を行使し，身体に傷，痛み，欠損をもたらすこと），「世話の放任」（ケアに関わる約束や義務の不履行），「情緒的・心理的虐待」（侮辱，脅迫，無視などによって心理的・情緒的な苦痛を意図的に与えること），「金銭的・物質的虐待」（許可なく高齢者の金銭，財産，その他の資源を使うこと），「性的虐待」（あらゆる形態における高齢者との合意のなされていない性的接触）と分類されている［多々良編 2001: 17］。

このような高齢者虐待に関する定義と分類を踏まえて実施された調査結果を紹介しておこう。この調査は，1998年と1999年に731機関を対象にして実施されたものであるが，ここで対象となった被虐待者は1,035人になる。その主要な結果をみると，被虐待者の年齢は「後期高齢層」（79.1%）である。この年齢層の虐待内容（複数回答）を見ると，「身体的虐待」（75.6%），「世話の放任」（82.6%）となっている。被虐待者の主たる介護者は「子の配偶者」（40.0%），「子ども」（33.5%），「配偶者」（22.1%）である。虐待のタイプと主たる介護者との関連を見ると，「身体的虐待」は「子の配偶者」（37.7%），

「子ども」（32.4%），「配偶者」（26.9%），「世話の放任」は「子の配偶者」（42.3%），「子ども」（34.6%），「配偶者」（17.6%）の順になっている。さらに，虐待のタイプと虐待者の年齢との関連を見ると，「身体的虐待」は「50〜59歳」（28.0%），「60〜69歳」（21.5%），「40〜49歳」（20.3%），「世話の放任」は「50〜59歳」（34.5%），「60〜69歳」（23.9%），「40〜49歳」（21.9%）の順になっている。この結果をみると，高齢者虐待は「身体的虐待」と「世話の放任」が圧倒的に多く，この虐待が「40〜69歳」層の「子どもとその配偶者」（主に娘と嫁）によって行われていることになる。これは，日本の高齢者介護がこの年齢層の女性によって担われていることに起因している。さらに，介護者（虐待者）の年齢層に着目すると，ここに「老老介護」の状況が垣間見られるように思われる。

それでは，このような高齢者虐待は，どうして生じたのであろうか。その要因を見ると，「さまざまな要因の相互作用」（32.8%），「高齢者と虐待者の不仲」（21.0%），「高齢者を取り巻く環境が原因」（20.6%）が主なものとなっている。さらに，介護者の負担と虐待との関連を見ると，「『介護の負担』は原因の一つ」（66.5%），「『介護の負担』と関係ない」（19.5%）で，重介護負担が虐待の要因になっている状況が窺われる。そこで，家族の高齢者に対する態度を見ると，「介護をいやいやしている」（28.7%），「ただ役割として一応介護している」（27.4%），「介護を拒否している」（21.7%）となっている［多々良編 2001］。このような状況を別の調査（複数回答）で見ると，虐待者側の虐待要因・誘因は「介護が精神的苦痛・ストレス・不安」（49.2%），「過去の人間関係」（46.1%），「介護者の性格・精神障害」（36.6%），「介護が身体的に大変」（34.1%）「家族親族の無理解・無関心」（32.0%）の順になっている［長寿社会開発センター 1997］。

これらの結果を見ると，高齢者虐待は重介護負担と関わって生じたものと考えられる。しかし，被虐待者と虐待者との間に積み重ねられてきた家族内の人間関係の良し悪しも高齢者虐待と深く関わっていると言えよう。とはいえ，高齢者虐待の問題は，家族内におけ

る人間関係の良し悪しの問題として片付けられないのではなかろうか。というのは，高齢者虐待は介護の社会化と深く関わる課題であると考えられるからである。

いずれにせよ，ここで扱ってきた高齢者扶養に関する諸問題を整理し，問題解決の方途を示すと，これらの諸課題は「自助」(本人と家族)，「互助」(地域と民間〈企業等〉)，「公助」(市町村，都道府県，国) との連携に基づいて解決しなければならない段階にきていると言えるのではなかろうか [愛知県高齢化社会対策研究会議 1986, 高尾 2000]。

参考文献
愛知県高齢化社会対策研究会議　1986　『「生き生きあいち」の建設のために　愛知県高齢化社会研究対策会議報告書』愛知県
地域差研究会編　2001　『医療費の地域差』東洋経済新報社
長寿社会開発センター　1997　『高齢者虐待の全国実態調査——主として保健・福祉機関調査より——』長寿社会開発センター
高齢者処遇研究会編　1997　『高齢者虐待防止マニュアル——早期発見・早期対処への道案内——』長寿社会開発センター
厚生労働省統計情報部編　2003　『平成13年国民生活基礎調査』(第3巻　都道府県編　世帯) 厚生統計協会
森岡清美　1997　「老親の扶養」森岡清美・望月嵩『新しい家族社会学 [四訂版]』培風館
那須宗一　1970　「老人扶養研究の現代的意義」那須宗一・湯沢雍彦編『老人扶養の研究——老人家族の社会学——』垣内出版
佐藤秀紀　2003　「過疎地域における老人保健福祉サービスと社会経済的要因との関係」『厚生の指標』50巻2号，厚生統計協会
清水浩昭　1986　『人口と家族の社会学』　犀書房
———　1992　『高齢化社会と家族構造の地域性——人口変動と文化伝統をめぐって——』　時潮社
高橋紘士監修・住友総合研究所編　2001　『地域介護力データブック』中央法規出版
高尾公矢　2000　『高齢者介護支援システムの研究』多賀出版
多々良紀夫編著　2001　『高齢者虐待——日本の現状と課題——』中央法規出版

家族と社会保障

下夷　美幸

Key Words　社会保障　年金　医療　介護　世代間扶養

1　高齢期の社会保障

　高齢期は就労からの引退による所得の喪失や，加齢に伴う心身機能の低下など，生涯の中でも生活リスクの高いライフステージである。このような高齢期の生活リスクに対処するのが，年金制度や医療制度などの社会保障である。社会保障は家族を超えた人々との連帯に基づくものであるが，社会保障の具体的な制度を見ると，「世帯」を単位に設計されているものや，「個人」単位の制度でも，実質的に家族の扶養を前提にしているものがあるなど，社会保障は家族と深く関わっている。

　以下では，高齢期の家族の生活基盤となっている，年金保険，医療保険，介護保険をとりあげ，その内容を概観し，各制度と家族との関連について考えてみたい。

2　高齢期の所得保障──年金保険──

年金制度の仕組み

　高齢期の生活において，欠かせないのが年金である。日本の年金制度はすべての国民が公的年金に加入する，いわゆる「国民皆年金」を特徴としている。公的年金は社会保険方式で運営されており，原則として若いうちから保険料を納めておかなければ，高齢期に年金を受けとることはできない。年金の財政は，当初，積立方式（高齢期の年金に必要な資金をあらかじめ積み立てておくやり方）であったが，現在は賦課方式の要素が強くなっている。賦課方式とは現在の勤労

世代が納める保険料で高齢者の年金給付をまかなうやり方である。この点から，現在の年金制度は個々の親子関係を超えて，子世代が親世代を支える世代間扶養の仕組みと言われている。

公的年金は1985年の制度改正後，いわゆる"2階建て"の構造となっており，1階部分は20歳以上の国民全員が加入する「国民年金（基礎年金）」，2階部分はサラリーマン等が加入する「厚生年金」，または公務員等が加入する「共済年金」である。共済年金は厚生年金とほぼ同様の仕組みとなっているので，以下では国民年金と厚生年金について見ていく。

このように高齢期に受け取る公的年金は，現役時代にどのような職業についていたかによって決まり，自営業者は国民年金のみ，サラリーマンは国民年金と厚生年金の両方となる。これはサラリーマンは自営業者と異なり，一定の年齢になると定年等により収入獲得の手段を一切失うためである。

家族モデルと女性の年金問題

そもそも公的年金は，自営業者とサラリーマンでは異なる家族モデルを前提に設計されている。自営業者が加入する国民年金は，夫婦が家業に従事するという，いわば共働き夫婦をモデルにしており，夫と妻のそれぞれが保険料を負担し，それぞれが年金を受給する，という設計である。

それに対し，厚生年金は「夫・サラリーマン，妻・専業主婦」という片働き家族をモデルにしており，夫と妻のそれぞれの国民年金と夫の厚生年金の合計額を標準にして，年金の給付水準を設定している。また，夫に扶養されている妻については，自分名義の国民年金の受給が保障されているが，その保険料を自ら支払うことはなく，その分は夫が加入する厚生年金が負担する。これは片働き世帯の年金を，共働き世帯や独身者を含む加入者全員で支える仕組みであり，公平性の観点から議論になっている。さらに，このような家族モデルを前提とした年金制度は，専業主婦を優遇するものであり，女性のライフスタイルの選択に中立的でない，という批判も強くなって

いる。

　そこで，現在の厚生年金のような夫と妻をセットにした考え方をやめて，保険料の支払いも年金の受給もどちらも個人単位化すべき，という提案がなされている。国民年金と厚生年金の制度間の整合性という観点からも，個人単位化は合理的な考え方と言える。しかし，女性の雇用環境が整備されていない現状では，就労意欲がありながら十分な収入を得られない妻は，個人単位化によってかえって夫への経済的依存を強めざるをえない，と懸念する意見もある。年金制度の個人単位化には，その基盤となる男女の経済的自立の条件を整えることが必要である。

　こうしてみると，年金制度は核家族化や就労形態の変化などに対応し，親子間の扶養（成人子による老親扶養）の社会化を実現したと言える。そして現在は，女性のライフスタイルの変化や家族の多様化への対応を迫られている段階にある。これは社会保障制度において，夫婦間の私的な扶養関係をどのように扱うか，という大きな問題でもある。

3　高齢期の医療保障——老人保健制度——

医療保険の仕組み

　高齢期は心身機能の低下が避けられず，高齢者の多くが医療サービスを必要とする。日本の医療制度では，年金制度と同様，すべての国民がいずれかの医療保険に加入する，いわゆる「国民皆保険」がとられている。医療保険も社会保険方式で運営されているが，国民年金のような全体のベースとなる制度はなく，大きくみれば"2本建て"の構造になっている。1本は，自営業者等が加入する「国民健康保険」であり，もう1本は被用者保険と称されるものである。被用者保険にはサラリーマンが加入する「健康保険」（主として大企業のサラリーマンは「政府管掌健康保険」，中小企業のサラリーマンは「組合管掌健康保険」）や公務員等が加入する「共済組合」等がある。

　このように医療保険は現在の職業によって分かれており，サラリ

ーマンも定年等で退職すると，それまでの健康保険から国民健康保険に移行する。つまり，医療費をあまり必要としない現役時代は健康保険で，医療費を多く使う高齢期になると，国民健康保険に移るというわけである。このような制度の構造から，国民健康保険では高齢者にかかる医療費負担が大きくなる。そこで，75歳以上の高齢者については，「老人保健制度」が設けられており，高齢者の医療費を国民健康保険だけでなく，各保険で共同して負担する仕組みになっている。

老人保健制度により，75歳以上の高齢者本人の医療費負担は原則1割となっており，一般の原則3割にくらべて，軽い負担で医療を受けることができる。また，高齢者本人の自己負担額についても過度の負担とならないよう，月額の負担金には上限が設けられている。

高齢者の医療費問題

医療保険でも年金と同様に，サラリーマンの夫に扶養されている妻は保険料を支払わずに，医療保険から給付を受けることができる。しかしこの問題に関しては，現在のところ，年金ほど大きな議論にはなっていない。

高齢期の医療に関しては，高齢化の進行にともなう高齢者医療費の増大にどう対処するか，というのが最大の問題であり，前述の老人保健制度に代わる新しい高齢者の医療制度の創設が緊急課題となっている。そこでは，高齢者の医療費を誰が負担するか，というのがポイントとなるが，医療保険についても，年金同様，親子関係を超えた世代を単位とした議論が行われている。具体的には，勤労世代が高齢世代を支える世代間扶養とするか，高齢者同士で助け合う世代内扶養とするか，あるいは両者を組み合わせるか，という考え方でさまざまな制度が検討されている。

こうして見ると高齢期の医療については，社会保障により，医療サービスの提供も医療費の負担も，基本的には家族から外部化されていると言える。

4　高齢期の介護保障――介護保険――

介護保険の仕組み

　高齢者の介護は主として家族が担ってきたが，寝たきりや痴呆など介護を必要とする高齢者の増加，介護期間の長期化，介護者の高齢化などから，家族介護の限界が社会的にも認識されるようになってきた。また，介護サービスの不足などから，治療のためではなく，介護を目的に病院に長期入院する，いわゆる社会的入院も大きな問題となってきた。このような状況を背景に，介護の社会化を目指して，2000年4月より介護保険が実施されている。

　介護保険も年金，医療と同様に社会保険方式で運営される。運営するのは市町村で，40歳以上が加入するが，65歳以上と40～64歳では保険料や給付内容に違いがある。介護保険は医療保険に比べると，利用にあたって制限が多い。医療保険のように，保険証をもって直接病院に行き，制限なく医療サービスを受けられる，という具合にはいかない。高齢者が介護保険を通じてサービスを利用するには，まず市町村に要介護認定を申請しなくてはならない。それから介護認定審査会の審査・判定により，要介護認定が行われ，認定された要介護度に応じて，介護サービスの利用限度額が決まる。

　介護保険の対象となるサービスには，ホームヘルプやデイサービスなどの在宅サービスと，特別養護老人ホームなどの施設サービスがあり，本人がサービスを選択して利用する。その際，介護支援専門員（ケアマネジャー）にどのようなサービスをどこからどれぐらい利用するか，といった介護サービス計画（ケアプラン）の作成を依頼することもできる。利用した介護サービスの費用については，原則として本人が1割を負担し，残りは保険から給付される。給付されるのは利用限度額までだが，限度額を超えるサービスを自己負担で追加して利用することもできる。

家族介護への現金給付問題

　介護保険は介護の社会化の仕組みとして導入されたものであり，

要介護度の認定においては，家族状況に関係なく本人の心身の状態や日常生活の自立度によって判定される。また，介護保険は介護の社会化とともに，介護サービスの促進という観点から，家族介護に対する現金給付は行われない。これは介護保険の導入を検討する段階から大きな議論となっていた点である。なお，ドイツの介護保険では家族介護への現金給付が行われている。

介護保険では家族介護への現金給付は行われないが，実は介護保険実施の直前，政権与党の求めに応じる形で，介護保険とは別に「家族介護支援事業」が創設され，そのなかに家族慰労金事業が設けられている。これにより，2001年度から市町村が一定の要件で家族介護者へ慰労金を支給した場合には，その経費に対して国から助成が行われる。厚生労働省の調査によると，2002年4月現在，家族慰労金事業を実施しているのは2,006自治体，全国3,241市町村の61.9%に相当する（厚生労働省「全国介護保険担当課長会議資料［2002年6月4日］」）。

実際の高齢者介護の多くは，現在もなお家族が担っており，介護保険のなかに家族介護への現金給付を制度化すべきではないか，という主張もある。サービス不足への現実的対処，サービス利用者との公平性，また，家族に介護されたい，家族を介護したい，という当事者に対する家族介護の選択保障という観点から，理論的には制度化が必要だと言える

しかし他方，介護の社会化が進められているなかにあっても，介護者を抱え込む家族も依然として多く，政策的に介護サービスの利用を促進していく必要性も大きい。高齢者介護に関する家族規範が強固な段階での現金給付の導入は，むしろ家族介護を強化する危険もある。介護の社会化という介護保険の原理そのものを後退させることなく，さらに現在の家族介護の問題状況を改善するような現金給付の制度設計ができないか，検討が求められる。

参考文献

厚生労働省　2003　『平成15年版　厚生労働白書：活力ある高齢者像と世代間の新たな関係の構築』ぎょうせい

椋野美智子・田中耕太郎　2003　『はじめての社会保障――福祉を学ぶ人へ――（第2版）』有斐閣

社会保険研究所　2002　『女性と年金（女性のライフスタイルの変化等に対応した年金の在り方に関する検討会報告書）』社会保険研究所

下夷美幸　2003　「高齢者介護とジェンダー――家族支援によるジェンダー変革の可能性――」『国立女性教育会館研究紀要』第7号　独立行政法人国立女性教育会館

IX 家族革命

❶ 産む性としての女と男

舩橋　惠子

Key Words　産育　ジェンダー　母性という制度
男性の生殖責任　両性育児規範

　本節では，産育（子どもを産み育てること）が，男女にいかなる問題をもたらし，どのような家族を作り出すかについて考えよう。

1　育児が家族をつくる

　家族の個人化とネットワーク化が進むにつれて，従来家族が担ってきたケアのうち，高齢者ケアは，しだいに成人子の義務から社会的な支援制度へと重点が移されていく。病気やハンディキャップを持つ人のケアも，本人の自立を社会的に支援する多様な形が模索されている。子どものケアも基本的には同じ変動を被るが，産育には固有の要素がある。

　家族計画の普及は，「望まれた子ども」を生み出した。子どもは

「できる」ものから「つくる」ものになってきた。それは，育児を体験したいという親の意識を強める。子育てを望まなければ，子どもを産まないという選択肢もあるからだ。今，多くの母親は，自分を大切にするからこそ，子育てをしたい思いで揺れている［江原 2000：37-45］。

　子育ては親に喜びをもたらすばかりではない。子育てには，喜びによって帳消しにできないほどのコストがかかる。養育費のような直接的費用だけでなく，育児のために職業を短縮したり中断したりすれば，育児がなかったら得られたはずの機会費用［島田 1992：122-128］がかかってくる。子どもは将来の社会の担い手であることから，育児は，社会の再生産にとって不可欠な活動と考えられる。そこで，子育てをしている世帯にかかるコスト（養育費と機会費用）を社会全体で再分配する家族政策が講じられる。その三本柱は，児童手当，育児休業給付金，および保育制度である。

　このような育児の社会化が進むにつれて，家族は崩壊するのだろうか。実際には，集団としての核家族の凝集性は維持されるようである。父親は仕事で忙しく孤独な育児に追い込まれた専業主婦が「育児のつらさ」を語り，時には子どもから離れたいと望む［山根 2000：28-30］のに対して，保育園に子どもを預けて働く母親の方が，保育士や父親，親仲間との「共育て」を享受しうる。一緒にいる時間が長いほど家族の凝集性が高いとは限らないのである。育児の社会化を極限まで追求したと言われるイスラエルのキブツ*でも，実際には親子の時間と空間を保証している［石垣 1977：94-95］。

　子どもを産むという決定の背後にケア願望があり，その場として何らかの親密な小集団が必要になってくる。その意味で，子育ては「家族」を要請し続けるだろう。問題は，多様な家族的小集団の育児をめぐって，国家と家族と市場がいかなる関係を結ぶべきか，また，育児の男女間シェアはどこまで可能かという点であろう。

2 男性の産育参加の二類型

　男性の産育参加は、今日、出生率低下の影響で、政治的立場の左右を問わず国民的合意となった。特に若い世代では、妻の出産に立ち会い、夫婦で育児をしたいという男性が増加している。しかし、父親の参加が必要な理由に注目すると、二つのタイプに分かれる。

　第一の類型は、「平等シェア」型である［中谷 1999:48-55, 舩橋 1999:96-106］。父親の育児休業取得を推奨している北欧諸国では、育児を男女で平等にシェアすることを目指している。職場における仕事の平等と家庭におけるケア分担の平等とは、社会におけるジェンダー平等を推し進めるための両輪と考えられている。職場で女性が男性と対等に働けないのは、女性が男性より多く家族ケアを負担しているからである。そこで、子どものために、男性にケア責任をもっと分かち合うよう求めている。男女ともに家族をケアしながら働けるような新しい職場のルールができれば、女性の潜在的な力が発揮されて経済的にも豊かになり、結果として男女ともにより満足度の高いシステムができていくと考えられる。

　第二の類型は、「性別特性準拠」型である。母性は子どもを保護し、父性は規範をもたらすと捉え、理念的には男女ともに母性的機能も父性的機能も果たしうるとしながらも、実際には職業活動を通じて社会的経験を積んでいる父親が育児参加することで、父性が復権されると論じる［林 1996：206-229］。日本では、このタイプが多い。けれども、性別特性論に基づく父親の産育参加は、ジェンダーステレオタイプにとらわれている。

　このように「男性の育児」と言っても、ジェンダーの視点から見ると同じではない。ちょうど、女性が職業に就くようになっても、低賃金・不安定身分・女性職にとどまる傾向があることとパラレルである。男性の産育参加とジェンダーは、交差するのである。このことは、性と生殖をめぐるジェンダーの状況において、より複雑な問題を提起する。

3 女性は産む性だろうか

　従来，妊娠・出産・哺乳は，女性に固有の機能であり，それらの器官の有無が生物学的に明らかな性差と考えられてきた。しかし，近年のジェンダー論の展開のなかで，「女性＝産む性」（「男性＝産まない性」）というとらえ方に疑問が呈されるようになった。

　まず，ヒトにおける性別の分化過程は複雑で，男性と女性の中間型がありうることから，性は二値的なものではなく，連続的と捉えられるようになってきた［山内 2000：104-109］。そうなると，産む／産まないという二分法で定義することは，理論的な無理を生ずる。

　また，女性を産む性と定義することは，意図せざる結果として，女性は産むべき性という規範の強制になってしまう。産めない女性，産まない女性，産み終わった女性は，女性ではないことになってしまう。このように，「産む性としての女性」言説は，さまざまなジレンマに直面する。

　もちろん，生殖器の違いによって生物学的性差が認められることは動かしようがないが，ジェンダーとは，生物学的性差に対して社会的に作り出された性差を指し示す概念であると同時に，生物学的性差に対する「知識」を指す概念である［江原 2002：76-88］。女性生殖器を持つヒトに対して，産むのが自然で母であることが幸福の源泉であると社会的に意味付与し，主婦という特定の歴史的存在様式へと差し向けることが，ジェンダーなのである。

　このジェンダー秩序は強力で，女性に内外から圧力がかかる。本当に母であることはすばらしいかと自問するような現実があっても，「幸せな母」幻想は絶えない。また，よい子を産み育てるべきだという社会的圧力がかかる［永田 2000：83］。妊娠しなかったり，障害を持つ子どもの母であることは，母親の際限のない責任を問う社会的まなざしを受けて，女性に痛みと亀裂をもたらす［大日向 1992：289-292, 要田 1999］。そして，子どもを巻き込んだ家族的関係性の秩序［田間 2001：4-6］を生み出し，母親は自らの存在証明のために，子ど

もをパターナリスティックに抑圧せざるをえない。母と子と父がのびやかな関係であるためには、こうした内的・社会的抑圧が取り除かれなければならない。

4 男も産む――男性の生殖責任――

逆に、従来、男性は産む性であるとは考えられてこなかった。男性は性的興奮なしに生殖をなしえないという意味で、女性よりも生物学的に性と生殖の関係が密接であるにも拘わらず、男性の性行動は生殖と切り離されたものとして捉えられてきた。沼崎一郎は、男性は「産ませる性」であり、性行為の結果としての出産・育児に責任を果たす必要があると言う。パートナーと子どもへの責任を果たせるように、労働時間や健康な生活の環境を整える権利を、沼崎は、男性のリプロダクティヴ・ライツと定義している［沼崎2000：15-23］。

生殖におけるこのような男性の位置づけは、ジェンダーステレオタイプに基づく母性と父性のとらえ方を超えていく斬新なアイディアを示している。が、「産ませる性」という表現には抵抗感があるのではないだろうか。英語では"siring sex"（子をつくる雄の性）である。ともすれば男が女に「産ませる」と誤解されそうな表現ではなく、「子作りする性」といった表現の方がよいのではないだろうか。

ただし、男も女も「産む」と言っても、妊娠を継続し、胎児を娩出し、新生児に哺乳するのは、男性ではなく女性であることに変わりはない。そのような男女の非対称性と不平等をふまえて、沼崎は、中絶か出産かの自己決定権を、女性にのみ認め、男性には認めるべきでないと言う。中絶をめぐって、女性の自己決定が胎児の生命と社会的に対峙させられるのに対して、男性の自己決定は胎児の生命と対峙させられないですむからである。

今まで社会は、生殖における生物学的非対称性を根拠に、女性に産育責任を、男性に産育無責任を、割り振ってきた。そのようなジェンダー秩序を変えるためには、女性には自由を、男性には産育責任を促す対抗政策が、戦略として必要である。その点で、スウェー

デンの父親政策（産夫休暇，パパ月，養育費支払制度など）は先駆的である。

5　問われる両性育児規範

　では，産育には男女両性が必要なのだろうか。親子の絆を結ぶ大人と，周囲にその育児を支える複数の大人がいるだけでは，何か問題が起こるのだろうか。子どもを産み育てる家族的小集団とは，必ず両性を含むべきだろうか。ひとり親ではどうなのだろうか，同性愛カップルではどうなのだろうか。人工授精によって女性同性愛カップルが子どもを持つことができ，また養子や離婚後の再構成家族の形で男性同性愛カップルの子育ても見られる現代において，この問いは，両性育児規範を根元的に問い直す。

　根ヶ山光一［2001：187-208］は，この問題に正面から取り組んだ。親の性別，性的志向，性役割が，子どものそれらに影響を与えるかどうかを実証的に追求したアメリカの発達心理学と家族研究の成果をレビューした結果，ひとり親と両親揃った場合とで，子どもの発達や性同一性に差が認められないこと，そして同性愛カップルの元で育てられた子どもに特に同性愛の傾向が高くなるわけではないことを，紹介している。

　また，男性も女性も，両性の性質を持ちうるアンドロジニー説を前提とすれば，ヒトは状況次第で母性的であったり父性的であったり，必要に応じて柔軟に振る舞いうる。あえて母性・父性という言葉を使わず，「扶養」「世話」「規範」「受容」を育児のモメントと考えることもできる［舩橋1998：149］。

　人間の産育は文化であり，社会的発明である。産育が要請する家族は，協働家族から近代家族へ，そしてさらに多様な家族の形へと変化し続けていくだろう。

参考文献

江原由美子　2000　「母親たちのダブルバインド」目黒依子ほか編『少子化時代のジェンダーと母親意識』新曜社

───　2002　『自己決定権とジェンダー』岩波書店

舩橋惠子　1998　「現代父親役割の比較社会学的検討」比較家族史学会監修『シリーズ比較家族Ⅱ─2　父親と家族　父性を問う』早稲田大学出版部

───　1999　「父親の現在──ひらかれた父親論へ──」渡辺秀樹編『変容する家族と子ども』教育出版

林　道義　1996　『父性の復権』中央公論社

石垣恵美子　1977　『キブツの保育』誠信書房

中谷文美　1999　「『子育てする男』としての父親?」西川祐子ほか編『[共同研究] 男性論』人文書院

永田えり子　2000　「母親になるということ」藤崎宏子編『親と子』ミネルヴァ書房

根ヶ山光一　2001　「同性愛の親における母性・父性」早稲田大学人間総合研究センター監修『母性と父性の人間科学』コロナ社

沼崎一郎　2000　「男性にとってのリプロダクティヴ・ヘルス／ライツ──〈産ませる性〉の義務と権利──」国立婦人教育会館『研究紀要』第4号

大日向雅美　1992　『母性は女の勲章ですか?』産経新聞社

島田晴雄ほか　1992　『仕事と暮らしの経済学』岩波書店

田間泰子　2001　『母性愛という制度』勁草書房

山根真理　2000　「育児不安と家族の危機」清水新二編『家族問題──危機と存続──』ミネルヴァ書房

山内俊雄　2000　『性の境界』岩波書店

要田洋江　1999　『障害者差別の社会学』岩波書店

※ 用語解説 ※

キブツ　　イスラエルの共産・共同の農業居住地のこと。キブツはヘブライ語で「集団・集合」を意味する。生産手段の共有、生活諸施設の共用、共同作業によって組織を運営する。子どもには幼児から18歳まで徹底した集団教育を行い、家族生活を一変させた。

2 生殖革命と揺らぐ親子関係

家永　登

Key Words　性と生殖の分離　人工妊娠中絶
補助生殖医療　嫡出推定　認知

1　生殖革命とは何か

　生殖革命とは，1978年イギリスにおける体外受精児ルイーズ・ブラウンさん誕生以降の，生殖技術の人間への臨床応用をさすのが一般的なようである［金城 1996：12, 石原 1998：100］。それまでは自然の成り行きに委ねられていた受精を人為的に操作することが可能になったという意味で体外受精は画期的な出来事であるが，生殖技術の親子関係への影響を検討するうえでは，もっと広く，性行為と生殖との人為的な分離が二つの方向で可能になったことを「生殖革命」と考える必要がある。一つは「生殖なき性行為」であり，もう一つは「性行為なき生殖」である。以下では，性行為と生殖との分離が親子関係にどのような影響を与えているかを法的な側面から概観する。

2　生殖なき性行為

避妊・不妊手術

　生殖なき性行為は，避妊，不妊手術，人工妊娠中絶によって可能となった。避妊や不妊手術の知識や技術は古くから存在するが，近年の低容量ピルの使用や，不妊手術の進歩によって妊娠回避の精度は著しく向上し，かつ女性側の主体性をもたらした。母体保護法は，生殖腺（卵巣・精巣）を除去することなしに生殖を不能とする手術を不妊手術と定義し（2条1項），具体的には精管切除結さつ法*，卵管圧ざ結さつ法*が行われることが多い。不妊手術が許容される要

件は限定されているが（3条），実際には，出産を終えた夫婦間で永久的な避妊を目的として行われる場合が多いようである。

人工妊娠中絶

わが国では明治期以降，妊娠中絶は堕胎罪として処罰されてきたが（刑法212条以下），第二次大戦後の1948年（昭和23年）に制定された優生保護法は，一定の要件を充たした堕胎を「人工妊娠中絶」として合法化した。敗戦直後の食糧難と人口過剰化を背景に，受胎調節や避妊方法の普及などよりも手っ取り早い人口抑制の手段として妊娠中絶が合法化されたのである。

優生保護法は，らい予防法の廃止に伴い1996年（平成8年）に改正され，名称も母体保護法と改められたが，同法は，胎児が母体外で生命を保続することができない時期に（現在は通達によって妊娠22週未満），医師会の指定を受けた医師が，本人（妊婦）および配偶者（事実婚の夫も含む）の同意を得て人工妊娠中絶を行うことができる旨を規定する(14条)。人工妊娠中絶が許容される条件の一つとして，「妊娠の継続・分娩が身体的又は経済的理由により母体の健康を著しく害するおそれのある場合」がある。届出のあった人工妊娠中絶の件数は，近年では年間約40万件程度であるが，約99パーセントが経済的理由によるものである［家永 1994:11-16］。西欧諸国において，一定の条件つきで妊娠中絶が合法化されるのは1967年のイギリス妊娠中絶法や，1973年のアメリカ連邦最高裁ロウ対ウェイド判決以降のことであるから，わが国は早い時期に「生殖革命」を経験したと言える。わが国は婚外子の出生数が全出生数の約1パーセントと諸外国に比べて極端に少ないが，妊娠中絶を容易に受けられることもその理由の一つと考えられている。

3 性行為なき生殖

自然の生殖は，男女間の性行為，受精，着床（妊娠），分娩（出産）の過程を経て進行するが，医学の進歩によって生殖過程の機序が解明されるとともに，生殖過程への人為的な介入の技術も開発され，

やがて不妊治療として人間に対して臨床応用されるようになった（補助生殖医療などと呼ばれる）。現在行われている補助生殖医療としては、人工授精、体外受精・胚移植、顕微授精などがあり、採取した受精卵や未受精卵をいったん凍結してから、後に解凍して使用することもある。

人工授精は、採取した精子を女性の体内に人為的に注入し、受精することを目ざすものである。古くから家畜に対して行われてきたが、20世紀初頭から無精子症など男性側に不妊原因がある場合の治療として人間に対しても行われるようになった。生殖に対する人為的介入という点で一つの画期をなすものと言えよう。体外受精は、精子と卵子を採取して体外で人為的に受精させ、女性の体内に戻して着床・分娩を図る方法である。今日では、受精させたばかりの新鮮胚を女性の体内に戻す方法だけでなく、受精卵（胚）や未受精卵をいったん凍結保存しておき、後にこれを解凍して女性に戻す方法や、受精に際して精子を人為的に卵子内に注入する顕微授精法も行われている。代理母は独自の生殖技術ではなく、子宮の異常や欠損のために妊娠できない女性のために妊娠・出産を代わって行う女性（代理母）に対して精子を人工授精するか、体外受精によって得られた胚を代理母に移植して妊娠させ、出産後に代理母から依頼者に子を引き渡すものである。

人工授精と体外受精に関しては、これが法律婚夫婦の間で行われるかぎりは、法的親子関係への影響は少ないが、夫婦間であっても、採取した精子を選別して男女の産み分けに利用したり、卵割を始めた受精卵の一部を採取して、遺伝疾患や染色体異常を診断したりすることの可否が問われている。日本産科婦人科学会（以下では日産婦学会と略す）は、重篤な遺伝疾患を回避する目的のある場合にのみ、厳格な要件のもとにこれらの検査を認めているが、実際には男女産み分け目的でこれらの検査を実施する医療機関もあるという。

4 生殖補助医療と親子関係

　生殖技術の利用が親子関係に影響を及ぼすのは，不妊の男女が他人から提供された精子，卵子，胚を利用し，あるいは他の女性の子宮を利用して妊娠，出産した場合である（補助生殖と法的親子関係全般について［家永 1995：423-431］）。

精子提供

　日産婦学会の会告は人工授精に関してのみ提供精子の利用（AID）を認め，体外受精に関しては提供精子・提供卵子・提供胚の使用を認めていないが，厚生労働省生殖補助医療部会などではこれを認める方向にある。民法では，法律婚夫婦（民法上の婚姻届出をした夫婦）の妻が出産した子は夫の子と推定され（772 条の嫡出推定），この推定が事実に反して出生子が夫の生物学上の子でない場合は，夫は，子の出生を知った時から 1 年以内に嫡出否認の訴えという訴訟によって出生子との父子関係を否定できることになっている（774 条以下）。AID による出生子は夫の生物学上の子ではないが，妻が AID を受けることに同意した夫は，これによって生まれた子の嫡出性を否定できないとするのが通説・判例の考え方である［東京高裁平成 10・9・16 決定〔判例タイムズ 1014 号 245 頁〕］。提供精子による体外受精によって妻が産んだ子の場合も同様に扱われる。AID の臨床において精子提供者は匿名とされ，生まれた子との間に法的な関係は一切生じないとされてきたが，厚生労働省部会案は，生まれた子に生物学上の父を知る権利（出自を知る権利）を認めることにしている。

　事実婚夫婦（民法上の婚姻届出をしないまま共同生活をしている夫婦）の場合には，法的父子関係は父による任意認知または裁判認知によって成立する（同 779，787 条）。事実婚の妻が夫の同意を得て提供精子による人工授精や体外受精で出産した場合に，夫が子の任意認知を拒否したときは，父子関係が存在することの確認を裁判所に求める裁判認知によるしか夫を子の父とする方法はないが，提供精子による出産に同意した事実婚の夫を出生子の法的な父と認める法律や

判例は現在のところ存在しない。事実婚の妻に対する提供精子の利用は、いったん AID の実施に同意した事実婚の夫が翻意して認知を拒否した場合に、生まれてくる子の法的な父を確保できない危険がある。独身女性に対して匿名の提供精子による人工授精や体外受精を実施した場合には、精子提供者は法的な父とはならないとする今日の通説の立場によれば、生まれた子には法的な父が存在しないことになってしまうから、実施の可否はいっそう問題となる。

卵子提供

卵子提供による体外受精においては、遺伝上の母（卵子提供者）と分娩の母（妊娠・出産する者）とが別人になる。わが国の民法や判例は、法律婚、事実婚、独身を問わず、分娩した者を法的な母と考えているが（772条, 最高裁昭和 37・4・27 判決〔最高裁民事判例集 16 巻 7 号 1247 頁〕）、これは遺伝上の母と分娩する母とが別人になることなど全く考えられなかった時代の考えであり、卵子提供による出産の場合にも分娩した者が当然に子の法的な母と認められるかどうかは明確にはなっていない。

代理母

代理母となる者に対して人工授精する場合（狭義の代理母）はもちろん、体外受精による胚を代理母に移植する場合（借り腹・代理出産）でも、分娩者を法的な母とする現在のルールからは、代理母が子の法的な母とされる。最近日本人夫婦がアメリカで代理出産により得た子を自分たちの嫡出子として出生届をしたところ、法務省は「母」とは子を分娩した者を意味するが、この日本人妻には分娩の事実はないとして、右出生届を不受理とした（2003 年 11 月 7 日付各紙）。代理母による出産を依頼した妻は、養子縁組によって子の養親となるしか法的な母になる方法はない（民法 798 条等）。わが国で行われた代理母のケース（不妊夫婦の胚によって妻の妹が代理出産した）でもそのような扱いがなされたという [根津 2001：41]。

日産婦学会会告や厚生労働省部会案は代理母による出産を禁止しているが、日本人がアメリカや韓国において代理母によって子をも

うけていることは公然の事実であり，代理母出産の可否の議論とは別に，代理母によって生まれた子の法的地位を確定しておく必要がある。妊娠中や出産後に代理母が翻意して子の引渡しを拒否した場合や，逆に，依頼者側が生まれた子の障害などを理由に子の引取りを拒否した場合など，すでに諸外国で生じている紛争への対処も考えておく必要があろう。

5 まとめにかえて――最近の動向から――

「生殖革命」によって，子をもうけるか否かは親となる者の意思によることになった。子をもうけない方向ではほぼ100％，子をもうける方向では体外受精の場合で20％弱の可能性ではあるが，親の意思によって子を得ることができる。補助生殖医療は，a) 親子関係に影響を及ぼすだけでなく，b) 補助生殖医療を受けることができる者の範囲を限定することによって法律婚とその他のカップル形態とを差別するという，より広い影響ももたらす。さらに，c) 補助生殖医療によって子を得ることが可能になったために，旧来からの「子をもうけて女も一人前」といった出産への圧力がかえって強くなることも早くから懸念されている。

a) 生殖補助医療が親子関係に及ぼす影響は，提供精子・卵子・胚の使用や代理母，借り腹の利用によって生ずる。わが国においては，提供精子・卵子・胚による体外受精や代理母による出産は，日産婦学会の会告によって禁止されており，これは「生殖革命」によってもたらされた補助生殖技術を人々が不妊に対する医療として受け入れ，親子関係への影響を最小限にとどめるうえで有効な初期条件を設定したと評価できる。しかし，会告に違反したり，国境を越えたりして卵子提供・代理母利用による妊娠・出産が行われているという現実を前にして［根津 2001：11-, 31-］，提供精子・卵子・胚，代理母利用の可否の再検討や，生まれてくる子の法的地位の明確化が求められるようになった。

法的な親子関係は，①血縁（生物学的ないし遺伝的なつながり），②

分娩や養育の事実，③親になろうとする意思の組み合わせの上に形成されると説明されてきた（なお外国の判例においては，④子どもの最善の利益による決定を加えるものもある［中村 1998：272］）。さらに実親子法は，両親が婚姻関係にあるかどうか（嫡出子か非嫡出子か）によって親子関係の成立要件や法的効果（親権の所在，扶養義務，相続権の存否など）に差を設けている。提供精子・卵子・胚を用いた人工授精や体外受精，代理母によって生まれた子に対して，上の①から④のどれかを重視したルールを設定すべきであり，婚姻との関係をどのように考えるべきかが問われている。

2001年春から法務省法制審議会生殖補助医療関連親子法制部会において，補助生殖医療によって生まれた子の親子関係を規律する法律の検討が始まったが［法制審議会 2001：1 -］，2003年5月に出された「精子・卵子・胚の提供等による生殖補助医療により出生した子の親子関係に関する民法の特例に関する要綱中間試案」は，（1）自己以外の女性から提供された卵子・胚により分娩，出産した場合は，出産した女性を子の法的な母とする（②の分娩の事実の重視）。（2）妻が夫の同意を得て夫以外の男性から提供された精子（提供精子による胚も含む）により妊娠，出産した場合は，夫が子の法的な父となる（③の親になろうとする意思の重視）。（3）精子提供者は出生子と法的父子関係をもたない。すなわち男性側から出生子を認知することも，子の側から提供者に対して認知請求することもできないとしている（③の親になろうとする意思の重視）［法制審議会 2003：15］。全体として，法的親子関係の決定方法としては法学界の通説に従った結論と言える。

b）同要綱は，提供精子（提供精子による胚を含む）を利用できるのは法律上の夫婦に限られるとしているが，このような制限は家族関係（カップル形態のあり方）に影響を及ぼすことになろう。同要綱の制限は，従来の日産婦学会の会告や厚生科学審議会生殖補助医療部会の報告書などと歩調をそろえたものであり，現在の胎児認知や裁判認知に関する民法の規定や判例を前提にすると，出生子に対し

て扶養義務を負う法的な父を確保することの不確実さを理由に，事実婚・内縁の夫婦や，未婚のカップルに対してこれらの方法による妊娠・出産を制限することはやむをえないと法学界では考えられている。しかし，離婚の増加や離婚後の養育義務の不履行など法律婚自体が揺らいでいる今日，扶養義務を負う法的な父の確保の不確実性を理由として法律婚以外のカップルを補助生殖医療から排除するのは合理的でないという主張にも一理ある。そして事実婚夫婦にもこれらの適用を認めると，こんどは安定的な同棲カップル，同性愛カップル，扶養能力のある独身女性らを排除することの妥当性が問われることになろう。

c) 同要綱が，厚生労働省厚生科学審議会生殖補助医療部会の報告書では禁止した代理懐胎（借り腹）や独身女性の場合にも出産した女性を母とする旨を付記している点も問題となりうる。たとえ法律で禁止したとしても，違法承知で，あるいは海外でその手法を用いて子をもうける者が予想される以上，それによって出生した子の法的親子関係の成否を明確化しておくことは子の福祉のうえからは必要なことであるが，そのような法律を制定すること自体が借り腹や独身女性に対する卵子等の提供を助長することになるのではないかと危惧する向きもあるだろう。

d) 卵子，胚，子宮の提供者を匿名とするか，姉妹からの提供を認めるかどうかも問題となる。厚生科学審議会生殖補助医療部会の報告書は，兄弟姉妹からの精子・卵子・胚の提供を認めないことにした［生殖補助医療部会報告書 2003］。提供を認めることによって，姉妹に無言の心理的圧力がかかるのを避けるためである。従来からわが国では血縁のない他人から養子を得ることを嫌い，兄弟姉妹の子を養子に迎える親族養子が多かったが，少子化とともに兄弟姉妹から養子を得ることが困難になったため，兄弟姉妹間の卵子・胚等の提供は親族養子の代用という側面もある（これを「卵養子」などと呼ぶ者もある）。たしかに，姉妹からの卵子提供や代理懐胎は美談仕立てで語られることが少なくないが，法律家の冷めた目から見れば，

兄弟姉妹は相続争いの主役でもあり，家族関係が複雑になることを避けるという同報告書の立場は理解できるところである。

参考文献
法制審議会　2001-　「生殖補助医療関連親子法制部会 HP」
　http://www.moj.go.jp/010424
家永　登　1994　「生命と法」堤口康博ほか編『現代日本の法的論点』勁草書房
────　1995　「日本における人工授精の状況」唄孝一ほか編『家族と医療』弘文堂
石原　理　1998　『生殖革命』筑摩書房
石井美智子　1994　『人工生殖の法律学──生殖医療の発達と家族法──』有斐閣
金城清子　1996　『生殖革命と人権──産むことに自由はあるのか──』中央公論社
中村　恵　1998　「人工生殖と親子関係（2）」『上智法学論集』41巻4号
根津八紘　2001　『代理出産──不妊患者の切なる願い──』小学館
生殖補助医療部会　2003　厚生科学審議会生殖補助医療部会「精子・卵子・胚等の提供による生殖補助医療制度の整備に関する報告書」
　http://mhlw.go.jp/ shingi/2003/04/

※ **用語解説** ※
精管切除結さつ法　母体保護法施行規則1条1号に規定された男性不妊手術の術式で，精管を陰のう根部で精索からはく離して，2センチメートル以上を切除し，各断端を焼しやくし，結さつするものをいう。
卵管圧ざ結さつ法　母体保護法施行規則1条3号に規定された女性不妊手術の術式で，卵管の中央を引き上げ，直角または鋭角に屈曲させて，その両脚を圧ざかん子で圧ざし，結さつするものをいう。

家族革命のゆくえ

森　謙二

Key Words　近代家族　日本型近代家族　家族の個人化
終身雇用制　企業墓　市場原理

1　「近代家族」の揺らぎと家族革命

　「近代家族」の揺らぎによって起こった劇的な変化を私たちは「家族革命」と呼んできた。「近代家族」解体は今なお進行中であり，これからの家族のゆくえについてまだ全貌がわかったわけではない。

　ただ，「家族革命」が起こるにはそれなりの条件があったことは理解できる。まず，資本主義の成熟とともに，家族領域でこれまで行われてきた家事労働や育児，扶養や介護，教育としつけ，そして性や生殖に至るまで多くのことが，市場領域や公共圏に委ねられてきたことである。

　家族の中で個々人が自由度を高め，ことに家事労働から自由になってくると，性別に基づく「父と母」「夫と妻」という役割構造も重要性を失うようになる。家事労働が軽減されると夫も妻も外で働き，残された家事労働を夫と妻で分担することが求められるようになる。現在，「近代家族」の伝統の中で形成された男女の性的分業体制が解体されたとまでは言えないが，本書 128 頁の夫婦の役割構造の図表からもわかるように，近年の意識変化は顕著である。

　また，生涯未婚率が，1980 年には 2％程度に過ぎなかったものが，現在では男性に限ると 10％を超え，2010 年代になると男女とも 20％を超えると言われている（25-26 頁参照）。現代では少子化が社会問題化し，「Ⅳ　少子化と家族」で論じているように，その対策が大きな政策課題になっている。しかし，問題は少子化にとどまるわけではない。少子化問題の前提として「皆婚社会の崩壊」が議論されな

ければならない。つまり、子どもをつくる前提としての結婚制度が危機的な状況にあるのである。結婚しないから子どもが産まれないという意味では、少子化は皆婚社会崩壊の一つの現象形態である。

もっとも、結婚を前提として子どもを作るという枠組みも現在では揺らぎが生じている。この問題は婚外子の制度的な差別の是非について議論されたとき、結婚という制度を前提として「父」を確定するシステムに疑義が向けられた。つまり、嫡出と非嫡出の区別をなくすことによって、父子関係の決定に関して結婚の有無を重要視すべきではないという主張がなされた。

さらに、結婚を前提に子どもを作るという枠組みは「性関係なき生殖」の中で大きな揺らぎを見せる。子どもを持ちたいという欲求は、時として性関係を前提としない生殖技術の利用に向かわせた。生殖技術の多様な展開は、生まれてきた子どもに対し誰を母とし誰を父とするかを相対的なものにした。ここでは、生物学的な親子関係を前提としながらも、出産という事実によって母子関係を決定し、結婚によって父子関係を推定するという近代の親子関係を決めるシステムが大きな揺らぎを見せることになった。その意味では、生殖革命の展開は「近代家族」を超えて展開し、近代の親子関係を決定するシステムを相対化し、結婚の意味さえも相対化しているのである。

2 「日本型近代家族」の揺らぎと日本的経営

Ⅱの3の「日本型近代家族の形成」において、「日本型近代家族」を祖先祭祀の機能を組み込んだ近代家族と規定した。祖先祭祀の機能を組み込むのは、それが内在的な社会の要求というよりも、近代天皇制国家を創設するためのイデオロギー的な要求であった。すなわち、近代天皇制は家（家族集団）を国民道徳としての祖先祭祀を末端において支える装置として位置づけた。したがって、家族は祖先祭祀の機能を担うべきだとして、民法体系の中に祭祀条項を置いたのである。その意味では、日本型近代家族は国家の道徳の担い手

として位置づけられており，もともと国家から自律していたわけではなかった。祖先祭祀を国民道徳として強制するシステムは戦後に解体はしたが，祭祀条項が民法体系から消えたわけではなかった。戦後になっても，家族（子孫）によって死者をケアするという枠組みが維持され，祖先祭祀の機能が家族に委ねられる時代がなお続くことになった。生者（老齢者）のケアは公共圏に委ねられる傾向があるが，死者のケアは公共圏の問題ではなく，現在でもなお私的領域の問題として位置づけられたままである。

また，日本型近代家族は，国家から自律していなかったのと同様に，市民社会＝企業社会からも自律していなかった。日本において資本主義が確立した明治末期以降，企業社会のなかで年功序列の賃金体系と終身雇用制が定着していく。この終身雇用制は安定した労使関係を創り出し，それ以降の日本的経営を象徴するシステムとしてあらゆる企業体に幅広く受容されていった。父（夫）がある企業体に雇用されたとき，父によって扶養される妻や子どもたちなど家族員全員がその企業体に依存する構造が生まれてくることになる。さらに，企業体による家族に対する扶養手当の支給，あるいは社宅の建設や家族が利用できる福利厚生施設等の設置を通じて，企業体は雇用者だけではなくその家族までも自己のテリトリーに組み込みながら，企業体と雇用者家族との依存関係を強めていった。企業体と家族の依存関係は戦後の高度成長期にも維持され，同一企業体に親子が従業員（労働者）として働くという光景もそれほど珍しいことではなかった。

明治天皇制国家の下では，国家・市民社会（企業体）・家族という三者の関係は家族主義的イデオロギーのもとで統合された。家族国家論の展開や企業一家論の展開は国家や企業の家族主義的構成を端的に表現するものであった。昭和初期以降，高野山・比叡山等において物故社員を祀る企業墓の建立ブームとなる。企業体自体が一つの家族（家）であるかのように，祖先祭祀の機能を自らに組み込んだ。企業墓は，戦後の高度成長期の中で建立されはじめ，1980年代

写真　昭和58年に建立された企業墓（会社供養塔）　比叡山延暦寺大霊園（滋賀県）
ここには次のように刻まれている。
「……物故者各位の功績を讃え、永くその冥福を祈るとともに、向後も物故者の精霊を合祀し、その菩提を弔いとこしえにご遺徳を偲びあわせて社業の発展を祈念するものであります」
（この写真は，企業墓の一例として掲載したもので，本文の論点とは無関係です。）

に至るまでそのブームは長く維持された。

　日本型近代家族と日本型経営の象徴である年功序列や終身雇用制の揺らぎは，時期を同じくしてはじまると言ってもよい。「日本型近代家族」についても祖先祭祀の機能が維持できなくなるときにその解体がはじまる。祖先祭祀に対する意識はきわめて強固であり，この意識に揺らぎが見られるようになるのは，20世紀の最後の10年である（44-45頁）。わが国で家族の祖先祭祀の機能に揺らぎが生じるのは，祭祀承継者（アトツギ）が少子化のために確保できなくなるという物理的な事由であり，少子化という外的要因が祖先祭祀に対する意識の揺らぎを規定した。

　年功序列の賃金体系や終身雇用制の揺らぎも，一般には資本主義のグローバル化という外的要因に規定されたものだとされる。「日本型」と呼ばれるシステムがともに外的要因によって崩れることも興味深いが，ここでは「日本型近代家族」と「日本型経営」の揺らぎは相互に対応したものであることに注目したい。

つまり，企業体が従業員だけではなくその家族をも包摂するという日本的経営の枠組みは，「夫は外で働き，妻は家庭をまもる」という性的分業体制を前提としたものである。なぜなら，夫（父）の職場が家族全員を包摂するのは，妻が夫の仕事を影で支えるという仕組みを前提にしているからである。夫も妻も外で働くとすれば，家族員全員が特定の企業体にアイデンティティを持たなくなるだろう。つまり，この性的分業体制の崩壊によって，従業員家族は企業体から離れていくことになる。

むしろ，近年では企業と家族の利害が対立し，それを調整する必要もでてきた。家族のライフサイクルに対応した年功序列の賃金体系や終身雇用制が崩れ，家族は賃金カットやリストラにおびえるようになったこと，企業の従業員に対する一方的な転勤の命令は単身赴任を引き起こし，家族を分断するケースも出てきたこと，育児休業制度ができてもこの制度の利用が昇進などに不利益に働くのではないかという不安もでてきた。また，男女雇用機会均等法等に見られるように雇用における男女平等の実現の要求もこの変化に対応したものであった。日本型近代家族の揺らぎは，企業と家族の関係を否応なく変質させることになり，両者の関係の新たな模索が始まったと言えるだろう。

3 「家族の個人化」のゆくえ

「近代家族」の揺らぎによる変化については多様なことばで表現されてきた。「家族の個人化」「家族のライフスタイル化」「家族の多様化」「夫婦制家族から任意制家族へ」……，ここでは結婚や家族が自らの人生にとって選択の問題であることが強調される。特に，この文脈の中では女性たちの新しい生き方が話題となる。つまり，女性が「近代家族」の束縛から解放されることによって「妻たちの個人化」が始まり，家族に埋没するライフスタイルから脱却するようになった。もっとも，女性のライフスタイルに関しては世代間の格差が大きい。この問題は，「Ⅶ　中年期の生活と家族」のなかで，具体

的に分析されている。

　現実にライフサイクルが多様化してくると，定型化された概念で現実を捉えることができなくなる。その一つが，標準世帯の概念である。この概念は，夫と妻と二人の子どもからなる世帯であり，この世帯の有業者は一人である。ほとんど全ての人々が結婚をして，二人の子どもをもつことが普通であった時代(昭和30〜40年代に20歳〜40歳であった世代)には「標準世帯」という概念も現実性を持ったが，今日では空虚に響く概念である。現在でも「標準世帯」は統計上の分析概念として用いられるが，非婚化が進み少子化が進む社会のなかでは「標準世帯」は分析概念としても有効性を持たないだろう。しばしば減税政策を実施する際にその効果を示すときに「標準世帯」が持ち出されるが，たとえば35〜39歳の男性の有配偶率は1990年（平成2）から2000年（平成12）の10年間に83.2％から69.5％にまで低下していることを考えると，「標準世帯」ではその効果を計ることはできないのではなかろうか。

　また，家族・福祉・経済政策を展開するときに，皆婚社会を前提とした枠組みそのものが有効性を持たなくなるだろう。現在，扶養控除など専業主婦の税金や年金の優遇政策に批判が集まっているが，非婚化・少子化の中では子育ての費用を負担する者と負担しない者の格差の方が不平等性をより表現しているように思える。このように，「近代家族」の揺らぎはたんに家族領域に関わる問題だけではなく，家族・福祉・経済政策のパラダイムの変化をも求めている。

　そして，問題は「近代家族」の揺らぎの中でおこる「家族の個人化」をどのように評価し，どのように受け取るかである。家族やジェンダーの比較的若い研究者の中にはこれを肯定的に捉えている人が多いように思う。女性を家族の束縛から解放すること，家族に関しても自己決定が尊重される社会，規範化された役割構造から男女とも解放され，自己実現が可能になること，ここでは民主化された社会のなかでの「個人主義の勝利」を表明しているように思える。しかし，果たしてそうであろうか。

私たちは「個人化」現象を手放しで肯定できるのであろうか。近代家族は高度に資本主義が発展するなかで家族領域において行われてきた多くのものを市場や公共圏に委ねることによってその機能を縮小・解除し、その結果として人々は「自由」を確保してきた。つまり、家族領域で行われていたことが、道徳的・倫理的価値を度外視して、市場原理の支配する領域で行われるようになったのである。個人主義の勝利は商品化＝市場原理の勝利でもあった。人々の肥大化する欲望は市場原理の中で充足されることになる。生殖技術の展開の中で見られるように、「いのち」そのものが市場原理に委ねられようとしている現実をどのように考えるかである。

　また、家族機能が縮小・解除されてきたとき、その機能を代替する社会的装置は用意されてきたのであろうか。歴史的に見れば家族集団がつねに家族員をまもるための「避難所」であったわけではないが、「近代家族」は家族員が精神的な安らぎを得る場所＝避難所として期待されてきた。しかし、今日ではしばしば家族が子どもを虐待する場であったり、家庭内暴力（DV）の場であったりする。私たちの社会は、家族集団に代わる「避難所」をどのように用意してきたのだろうか。

　家族の教育の機能も低下している。社会化・教育の担い手は誕生から乳幼児期にかけては家族であり、就学年齢に至って学校が加わり、次第に優位になっていくとされる（159頁参照）。しかし、社会化・教育の担い手が学校に移っていくにしたがい、登校拒否問題・引き籠もり問題が起こり、しばしば子どもたちが暴力的で反社会的な行動になって暴発することがある。この要因を家族にだけ押しつけることはできないが、子どもの社会化の過程に何らかの問題があるものと考えざるをえない。家族の変化に応じて、子どもの社会化・教育体制をどのように構築していくのか、それが問われなければならないだろう。

　この種の問題を取り上げればきりがない。もっとも、家族の変化に対応する新たな社会的装置も少しずつ登場している。例えば、地

方自治体と関係づけられた家族支援センター等と呼ばれる機関である。しかし，この取り組みがどのような成果を上げるかはなお未知数であろう。

「家族の個人化」現象が，個人の自己決定を強調してアナーキズム的混乱をうみ，個人主義の行き詰まりを示すか否かは今後にかかっている。私たちが他者との関わりのなかで生きていかざるをえない限り，つまり個々人の欲求の充足が他者の労働に依存するという構造をもつ限り，「自己決定」には自ずから限界があると言わざるをえない。

参考文献
目黒依子・渡辺秀樹編　1999　『講座社会学2　家族』東京大学出版会
落合恵美子　2000　『近代家族の曲がり角』角川書店

事項索引

＊太字の数字は，各節のキーワードとして挙がっている頁数を示す．

あ

愛情 …………………………………**54**
愛情イデオロギー ………………57,59
愛情観 …………………………………155
愛情表現 …………………………………58
あととり …………………………………81,83

い

家制度 …………………………**29,68**,185
家制度の変化 …………………………78
生きがい …………………………………**193**
育児 …………………………………………214
育児休業制度 …………………………103
位牌分け …………………………………40,41
医療 …………………………………………**207**
医療保険 …………………………………209

う

ウェルビーイング ……………**92**,95
氏 …………………………………………31,47
生まれ変わり …………………124,125
生まれ変わりとしての結婚 ………**121**

え

エスニシティ …………………………163
M字曲線 …………………………………131
エンゼルプラン ………………**113**,114
エンプティ・ネスト（空の巣）期 …175

お

親子関係 …………………………………155

か

介護 …………………15,185,204,**207**
介護形態の地域差 ……………………**200**
介護保険（制度） ………………198,210
介護保障 …………………………………210
介護ボランティア ……………………4
皆婚社会（の崩壊） ……2,6,**19**,20,230
改姓・改名の禁止 ……………………31
家業 …………………………70,122,123,153
家業・家産・家名一体継承 ………70,81
核家族化 …………………………………**75**
家事労働 …………………………3,5,133
家族介護 …………………………………210
家族革命 …………………6,11,13,231
家族機能 …………………………………77
家族キャリア …………………………90
家族国家論 ……………………………232
家族支援センター ……………………237
家族周期論 ………………………………94
家族制度復活論 ………………………73
家族と職業の調整 ……………………**86**
家族の解体 ………………………………55
家族の多様化 …………………………234
家族のライフスタイル化 ……………234
家族変動 …………………………………**75**
家族名（family name）………**29**,31
学校 …………………………………………158
学校化 ……………………………………162
学校化社会 ………………………………**158**
学校基本調査 …………………………78
合葬式共同墓 …………………………44
家庭内暴力（DV） ………………2,236

(→ドメスティック・バイオレンス)
家庭領域（家内領域）と公共領域の分離
　　　　　　　　　　　　　　　　56, 61
家督……………………………………42
家督相続………………………………42
家内的親密領域 ………………………3
家父長制……………………………56, 72
関係の質………………………………92
感情中立的関係……………………161
感情表出的関係……………………161
感情マネージの装置………………130

き

企業一家論…………………………232
企業墓……………………………230, 232
基礎年金……………………………208
キブツ………………………………215
キャリア・ウーマン…………………86
旧民法…………………………………70
教育……………………………………68
協議離婚……………………………138
共済組合……………………………209
業績主義（業績制）…………………163
居住形態の地域差…………………200
寄留者（寄留民）…………………68, 72
近代家族……………………1, 2, 3, 5, 29, 54,
　　　　　　　　59, 68, 127, 129, 230

け

ケア役割………………………………61
経済的自立…………………………193
結合と分離（学校と家族の）………158
結婚退職………………………………21
結婚のライフスタイル化……………19
健康維持……………………………193
健康管理………………………………72
健康保険……………………………209
顕微授精……………………………223

こ

高学歴専業主婦……………………165
公共的親密圏…………………………4

合計(特殊)出生率………13, 43, 100, 106
公助…………………………………206
工場法…………………………………63
厚生行政基礎調査……………………82
厚生年金……………………………208
高齢者虐待 ……………96, 200, 204, 205
高齢者社会対策大綱………………198
高齢者の生活と意識に関する国際比較調
　　査………………………………196
高齢者扶養………………………200, 201
高齢者扶養者負担指数……………200
国勢調査………………………………78
国民生活基礎調査…………82, 194, 195
国民生活選好度調査……………119, 136
国民年金……………………………208
戸主…………………………………122
互助…………………………………206
個人化(家族の)
　　　　　………3, 4, 6, 92, 230, 234, 237
個人情報の登記………………………47
戸籍……………………………………47
戸籍筆頭者 ………………………48, 49, 51
戸籍法…………………………………49
子育ち子育て支援…………………119
子育て…………………………102, 145
子育て支援…………………………113
子育てネットワーク…………………4
子供と家族に関する国際比較調査…156
子どもに頼らない…………………184
子どもの育ち………………………113
子どもの非行 …………………………2
子どもの未来21プラン研究会……113
コミュニケーション………………135
ゴールドプラン21…………………198
婚外子(差別)……………………47, 231

さ

祭祀承継………………………………38
祭祀条項…………………………37, 231
在宅育児手当………………………103
在宅介護力指数……………………202
在宅子育て層………………………102

事項索引

裁判離婚 …………………………………138
産育 ……………………………………**214**
産育参加 …………………………………**216**
産業化 ……………………………**54**,**55**,129
産業社会 ……………………………**54**,123
散骨………………………………………**44**
3歳児神話 ……………………………**127**
三世代同居率 …………………………14,118
サンドイッチ世代…………**167**,171,184

し

ジェトロ…………………………………89
ジェンダー …57,**127**,134,163,**214**,216
ジェンダー格差 ………………………**174**
ジェンダー役割意識……………………21
自己決定 ……………………………8,**237**
自己実現 ………………………………**193**
自己主張する母親………………………**86**
事実婚夫婦 …………………………224,228
自助 ……………………………………**206**
市場原理 ………………………………**230**
次世代育成支援対策推進法 …116,117
しつけ……………………………………95
シティズンシップ ………………………**9**
児童虐待 …………………………………**8**
支配と従属（学校と家庭）……………**158**
社会化 …………………………………**158**
社会参加 ………………………………**197**
社会保障 ………………………………**207**
（国立）社会保障・人口問題研究所…152
終身雇用(制)……134,186,**230**,232,233
修身の教科書……………………………**70**
住民票……………………………………51
熟年離婚 ………………………………**135**
受験競争 ………………………………165
出嫁女……………………………………42
出嫁女の生家……………………………**32**
出生コーホート……25,78,**106**,107,109
出生力転換 ……………………………109
授乳 ……………………………………147
主婦の誕生………………………………**61**
主婦役割の大衆化………………………58

生涯未婚率…………………2,**19**,**25**,100,110
少産少死…………………………………13
少子化……2,4,15,**38**,**99**,106,**233**,235
少子化影響論……………………………**99**
少子化社会 ……………………………118
少子化対策基本法 …………………116,117
少子化対策プラスワン …………102,117
少子化対策論 …………………………**99**
少子化要因論 …………………………**99**
情緒関係 ……………………………**135**,141
情緒的援助 ……………………………**193**
商品化………………………………3,4,5,**236**
職業キャリア……………………………**90**
庶子 ……………………………………123
女子教育 …………………………………72
女性の帰属 ………………………………**29**
女性の自己実現 ………………………**167**
女性のネットワーク …………………**174**
女性のライフコースの変化……………20
新エンゼルプラン ……………………**113**
シングル・マザー………………………93
人口移動…………………………………**38**
人口学……………………………………99
人口革命…………………………………13
人工授精 ………………………………**223**
人口置換水準 ………………………43,106
人口転換 ………………………………106
人口と家族………………………………**99**
人工妊娠中絶 …………………110,**221**,222
人口問題審議会 …………………102,114
新宗教……………………………………72
壬申戸籍…………………………………50
親族ネットワーク ……………………180
審判離婚 ………………………………138
シンボリックバイオレンス …………164

す

ステップ・ファミリー …………………6,93

せ

姓…………………………………………31
生活世界 ………………………………**174**

精管切除結さつ法 …………………221
性行為なき生殖 ………………5,222
生殖革命 …………………………221
生殖家族 ……………………………38
生殖責任 …………………………218
生殖補助医療 ………………224,226
成人期 ………………………………77
成人期への移行………………………**75**
性的分業・性別(役割)分業
　……3,54,57,**127**,129,130,230
性道徳のダブルスタンダード(二重基準)
　………………………………………123
性と生殖の分離 …………………**221**
青年期 …………………………**152**,154
成年後見制度………………………96
世代間扶養 ………………………**207**
専業主婦………………110,**127**,129,133
専業主夫家庭………………………11
専業主婦率 ………………………178
全国母子世帯等調査結果 …………136
「先祖になる」……………………**68**
選択縁 ……………………………182
選択制夫婦別氏(姓)制……………29

そ

属性主義 …………………………163
祖先祭祀 …………**38**,**68**,71,231,233
祖先崇拝 ………………………38,39

た

体外受精 …………………………223
第三の人生 ………………………**193**
代理母 ……………………………225
多重役割 …………………………169
太政官法制局………………………31
脱制度化(家族の) …………3,7,**92**,93
団塊コーホート …………………178
団塊(の)世代 ………44,167,**184**,186
男女雇用機会均等法………………87
男性の生殖責任 …………………**214**

ち

地位付与 …………………………**158**
痴呆性高齢者 ……………………195
地方版エンゼルプラン ……………114
嫡出推定 …………………………**221**
中年期 ……………………………167
中年期家族 ………………………174
中年(期)夫婦 ………………167,169
長寿社会 …………………………194
調停離婚 …………………………138
直系家族制………………………83

つ

妻の就労状況 ……………………178

て

定位家族 …………………38,160,163
ＤＶ　→ドメスティック・バイオレンス
ＤＶ法　→配偶者からの暴力の防止及び
　　被害者の保護に関する法律
DINKSカップル …………………11
出来ちゃった(結)婚 …………12,126
適齢期………………………………20

と

同棲カップル ………………………7
同性結婚 ……………………………7
同年出生集団　→出生コーホート
トウマイリ ……………………40,41
ドメスティック・バイオレンス …8,95

な

内縁の夫婦 ………………………228

に

日本型近代家族 …………35,71,**230**
任意制家族 ………………………234
妊娠・出産経験 …………………144
認知 ………………………………221

ね

- ネットワーク …………178, 180, 181, 182
- 年金 ……………………………………**207**
- 年功序列(制) …………134, 186, 232, 233
- 年齢構造と扶養 ………………………**200**

は

- 胚移植 …………………………………223
- 配偶者からの暴力の防止及び被害者の保護に関する法律……………………96
- 配偶者選択 ……………………………122
- 配偶者選択意識 ………………………124
- ハイ・モダニティ ……………………**8, 9**
- 破綻主義 ………………………………138
- PACS法………………………………27
- パートタイム就労 ……………………**174**
- パートナーシップ ……………**174**, 182
- 母親ネットワーク ……………180, 181
- ハビトゥス ……………………………164
- パラサイト・シングル ………2, **152**, 187
- パラサイト・シングルの不良債権化 ……………………………………157
- 晩婚化……………………2, 15, 78, 79, 100, **106**, 109, 110, 125

ひ

- 非婚化 …………………2, 15, **106**, 110, 235
- 非嫡出子…………………………………27
- 一人一名主義……………………………31
- 一人親家族 ………………………………6
- 避難所 …………………………………236
- 避妊 ……………………………………221
- 標準世帯 ………………………………235

ふ

- ファミリー・サポート・センター事業 ……………………………………115
- ファミリー・ライフサイクル論………94
- 夫婦イデオロギー ……………………56, 59
- 夫婦家族制 …………………**54, 55**, 83
- 夫婦家族制モデル ……………………175
- 夫婦制家族 ……………………………234
- 夫婦同氏 …………………………………35
- 夫婦の役割分担 ………………………**174**
- 夫婦別氏（姓） …………………………**29**
- 複檀家制 ………………………………40, 41
- 父性 …………………………………**144**, 149
- 不登校問題 ……………………………165
- 扶養 ……………………………………**200**
- 扶養の社会化 …………………………209
- 分牌祭祀 ………………………………40, 41

ほ

- 保育園 …………………………………102
- 法典論争 …………………………………70
- 法律婚制度………………………………29
- 法律婚夫婦 ……………………………224
- 補助生殖医療 …………………………**221**
- 母性 …………………………**144**, 145, 148
- 母性愛 …………………………**144**, 148
- 母性イデオロギー ……………………132
- 母性神話 ………………………………127
- 母性という制度 ………………………**214**
- 母乳 …………………………………**144**, 147
- ボランティア活動 ……………180, 197
- 本籍地………………………………**47, 48, 49**, 51

み

- 未婚化 …………………………78, **121**, 125
- 未婚期の長期化…………………………**19**
- 未婚のカップル ………………………228
- 未婚率 …………………………………100
- 苗字………………………………………31
- 民法（現行民法） …………………35, 37
- 民法典論争………………………………69
- 民法の一部を改正する法律案要綱……30

む

- 無縁墳墓 ……………………………**38, 43**, 74
- 結び合わされる人生 …………………**167**

め

- 明治民法 ……………………………33, 70

明法会 …………………………………72
面接交渉権 ……………………………142

も

モラトリアム …………………………90

や行

役割モデル……………………………**86**
友愛家族………………………………59
優生保護法 ……………………………110
有配偶率 ………………………………100
余暇活動 ………………………………197

ら

ライフイベント ………………………90
ライフコース …20,21,**75**,**92**,174,184
ライフコース・スケジューリング
　　　　　　　　　　　………**184**,188
ライフコース論………………………94
ライフサイクル論……………………94
ライフスタイル ……………………5,7
ライフステージ ………………………174
卵管圧ざ結さつ法 ……………………221

り

離婚 ……………………………………**135**

離婚率 …………………………………2,135
離婚率の上昇 …………………………**135**
立身出世………………………………**68**
良妻賢母教育…………………………72
両性育児規範 …………………**214**,219
臨時法制審議会………………………73

れ

霊友会 …………………………………72
恋愛結婚 …………………**121**,124,129
恋愛結婚成立 …………………………123

ろ

老後 ……………………………………193
老後の保障 ……………………………186
老後への準備 …………………………**184**
老人保健制度 …………………………210
労働力調査……………………………65
老老介護 ………………………………205

わ

若者のホームレス化 …………………156
若者宿 …………………………………123

執筆者紹介（目次順・＊印は編者）

＊森　　謙二（もり・けんじ）　　1947 年生まれ。茨城キリスト教大学文学部教授
＊岩上真珠（いわかみ・まみ）　　1949 年生まれ。聖心女子大学文学部教授
＊山田昌弘（やまだ・まさひろ）　　1957 年生まれ。中央大学文学部教授
＊清水浩昭（しみず・ひろあき）　　1943 年生まれ。日本大学文理学部教授
　岡本朝也（おかもと・あさや）　　1969 年生まれ。関西大学ほか非常勤講師
　西村純子（にしむら・じゅんこ）　　1972 年生まれ。明星大学人文学部准教授
　安藤由美（あんどう・よしみ）　　1958 年生まれ。琉球大学法文学部教授
　嶋﨑尚子（しまざき・なおこ）　　1963 年生まれ。早稲田大学文学学術院教授
　岩澤美帆（いわさわ・みほ）　　1971 年生まれ。国立社会保障・人口問題研究所室長
　森田明美（もりた・あけみ）　　1951 年生まれ。東洋大学社会学部教授
　永田夏来（ながた・なつき）　　1973 年生まれ。明治大学大学院兼任講師
　渡辺秀樹（わたなべ・ひでき）　　1948 年生まれ。慶應義塾大学文学部教授
　柳　　信寛（やなぎ・のぶひろ）　　1970 年生まれ。首都大学東京非常勤講師
　菊池真弓（きくち・まゆみ）　　1970 年生まれ。いわき明星大学人文学部准教授
　下夷美幸（しもえびす・みゆき）　　1962 年生まれ。東北大学大学院文学研究科准教授
　舩橋惠子（ふなばし・けいこ）　　1949 年生まれ。静岡大学人文学部教授
　家永　　登（いえなが・のぼる）　　1950 年生まれ。専修大学法学部教授

家族革命

平成 16 年 4 月 15 日	初版 1 刷発行
平成 24 年 4 月 15 日	同　5 刷発行

編　者　清水浩昭・森　謙二
　　　　岩上真珠・山田昌弘
発行者　鯉　渕　友　南
発行所　株式会社　弘文堂　　101-0062　東京都千代田区神田駿河台1の7
　　　　　　　　　　　　　　TEL 03(3294)4801　　　振替 00120-6-53909
　　　　　　　　　　　　　　http://www.koubundou.co.jp
装　幀　笠　井　亞　子
組　版　堀　江　制　作
印　刷　港北出版印刷
製　本　井上製本所

Ⓒ 2004　Hiroaki Shimizu, et al. Printed in Japan.

Ⓡ　本書の全部または一部を無断で複写複製（コピー）することは，著作権法での例外を除き，禁じられています。本書からの複写を希望される場合は，日本複写権センター（03-3401-2382）にご連絡下さい。

ISBN 4-335-55094-4